問題解決

ビジネスや人生のハードルを乗り越える37のツール

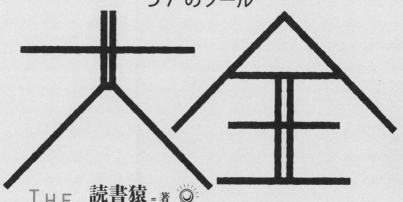

大全

読書猿=著
DOKUSYOZARU

THE
PROBLEM SOLVING
SKILLS DICTIONARY

フォレスト出版

まえがき──問題解決を学ぶことは意志の力を学ぶこと

未来を変えるツール

　本書は、困難や窮状を「問題」として捉え直し、その対処法や目標へ到達するための手段・方法を発見・実行することで、未来を変える方法と知恵を集めた道具箱である。

　未来を変えるには、アイデアだけでは足りない。新しい考えは確かに我々の思考やものの見方を変え、そのことを通じて行動を変える力を持つ。しかしまた、多くのアイデアは生まれはしたものの、世界に何の影響も与えずに、そのまま消えていく。これまでにないアイデアを得るために、自身の内なる制約を外して発想を広げたとしても、実現の前に立ちふさがる制約は、自分の外にも、つまり世界の中にも数多く存在するからだ。

　自分の外にある制約は、基本的に我々の自由にならない。

　そのため、前著『アイデア大全』（フォレスト出版、2017）では自分の内にある制約を外す方法を探求したが、本書では自分の外にある制約をどのように扱うかについて学ぶ。

　アイデアを実現し、未来を変えるためには、我々自身の外へと向かう必要があるためだ。

問題解決はノウハウ以上のもの

　本書は『アイデア大全』とは異なるテーマを扱った書物であるが、その動機づけとスタイルは共通している。

　本書もまた、実用書であると同時に人文書であることを目指してい

る。つまりハウツーを提供するだけでなく、問題解決の歴史を振り返り、その本質を掘り下げ、ルールをつくり社会をつくる人間という生き物が、なぜ問題解決を必要とするのかという問いにも答えるべきだと考える。

問題解決の書物が、実用を目的とすることは当然である。読者が抱えている問題、直面している困難、脱しようとしている窮状に対して何の効果もないのであれば、問題解決という技術はほとんど価値を持たないだろう。

しかしまた、問題解決の技術はノウハウ以上のものである。むしろ既存のノウハウでは歯が立たない状況でこそ、問題解決は要請されるといえる。

それまで取り組まれたことのない新しい問題や、旧知ではあるが有効な手立てが見つかっていない難問に対して、既存の解決策がないからこそ、これまでにない解決策を発見し実現する問題解決の技術が必要となる。

未解決の問題の多くは、「解決に何が必要か」すらわからぬ問題である。そうした問題に対処するためには、問題解決の技術は特定の問題や分野に限定されず、さまざまなニーズに対応できる汎用性を備える必要がある。

もちろん、問題解決は汎用的であることを目指しはするものの、決して完全でも万能でもない。

それはちょうど図書館と似ている。どれほど巨大な図書館もその蔵書は有限であり、すべての書物を収蔵することはできない。しかし個人の蔵書と異なり、誰が来るかわからない図書館では、たとえ有限の蔵書であっても、どのようなニーズにも対応することを目指さなくてはならない。そのため、限られた予算とスペースという制限の下で、できるかぎり幅広いニーズに応えることができるよう、図書館の蔵書は構築される。

しかし問題解決では、図書館のような〈数による網羅〉というアプローチが取れない。全知でも全能でもない有限の存在である我々にとって、あらゆる問題を想定し、解決策をあらかじめ用意しておくことは不可能である。

方法を生み出す方法

したがって問題解決の汎用性は、図書館とは異なる仕方で追求される。

一つのアプローチは、多種多様な問題に適用できる、抽象的なアプローチを用いることである。

たとえば、問題を「目標と現状のギャップ」として定義することがこれにあたる。この定義は十分に抽象的であるために、特定の分野に限定されず、さまざまな種類の問題に適用できる。そして、この問題の定義に基づいて開発された問題解決法は、その抽象性のおかげで、多種多様な問題の解決に用いることができるだろう。

この最も知られる問題の定義を与えたハーバート・A・サイモンは、問題解決のプロセスを「目標の設定、現状と目標との間の差異の発見、それら特定の差異を減少させるのに適当な、記憶の中にある、もしくは探索による、ある道具または過程の適用という形で進行する」と記述する。

抽象度の高い説明だが、それゆえに特定の分野やジャンルに縛られない問題解決の技術を考えるのに役立ってくれる。多くの問題解決技法が、このサイモンの定義を受け入れているのがその例証となるだろう。

しかし、相当に抽象度が高い（ためにカバーできる範囲がそれだけ広い）この定義にも、後述するように当てはまらない問題や問題解決が存在することも確かである。

そこで本書では「大全」の名にふさわしく、あらゆる問題解決を取り扱えるように、さらにもう一段抽象度の高い、別のアプローチを採用し

た。

　それは"再帰性"を問題解決の本質であると捉え直すことである。

　再帰とは、数学・言語学・コンピュータ科学等で用いられる、英語の recursion とその派生語の訳にあてられる言葉だが、同じ構造を繰り返し入れ子的に用いることができる性質を指していう。再帰は、たとえば、有限個の言葉によって無限個ある自然数を構成するのに用いられるが[＊1]、有限の手段によって無限を扱うところにはどこでも、この再帰が働いている。

　問題解決の技術が、習得可能な有限の手法の集まりに過ぎないのにもかかわらず、この先登場するであろう多種多様で無数の問題に応じる汎用ツールたり得るのは、再帰的に構成されているから、もう少しわかりやすい言葉で言い直せば、〈方法を生み出す方法〉であるからである。

　つまり、新たに出現した問題が、既存の方法で対処できないのであれば（これが問題解決が要請される場面である）、対処できる方法をその都度つくり出せばいい。そのために、問題解決の道具箱には〈道具をつくる道具〉を備えておくべきだろう。

　問題解決の技術が持つべき、この再帰性は、それを必要とする人間の本質（すなわち限界）から要請されるものである。

　我々が全知全能であれば、そもそも問題解決の技術は不要である。しかし有限の地位に甘んじて、未定の未来に挑むことを断念するならば問題解決は不可能である。

　問題解決の技術は、人間が限界ある存在であることを自覚しながら、今の能力を超えた問題から逃げず、立ち向かおうとするところに生まれる。

　そのため、問題解決の技術は〈方法を生み出す方法〉であることが不可欠なのである。

[＊1]『数の概念について』（ペアノ、共立出版、1969）。

巨人の肩の上で問題を解く

　我々が生きる世界には、人間が生み出した創造物が溢れている。

　建造物や機械のような目に見える物体はもとより、学校教育のような制度、そこで享受されるさまざまな知識、知識を伝達する書物やそれを生み出す印刷などの技術、そして文字や言葉自体も、人間がつくり出し継承してきたものであり、すべてが何らかの問題解決の成果である。

　つまり我々は、過去の問題解決者がつくり出した〈未来〉に生きている。

　1つだけ身近な例をあげよう。

　ウィリアム・フェルプス・イーノ（William Phelps Eno、1858-1945）の名を知る人は今日では多くない。その著作[＊2]を読んだ人となれば、もっと限られるだろう。しかし彼が立案した問題解決の成果を知らない人は少ないはずだ。

　「交通安全の父」として知られるこの人物は、世界で最も早く交通渋滞が生じたニューヨーク市で生まれ育った。彼は成人し、道路交通に関わる諸問題の解決に取り組んだ。交通信号や一方通行や歩行者のための安全帯などが、彼が提案し、実現した問題解決の成果である。

　重要なのは、イーノが問題解決に成功したことだけではない。彼は、それまで多くの人々が「問題」として捉えなかった、言い換えれば、不都合ではあっても解決すべきものとは受け取られていなかった交通渋滞や交通事故を、改めて「問題」として捉え直した。イーノ自身に力が足りず、あるいは機会に恵まれず、それら問題のすべてを解決できなかったとしても、その後に続く解決の努力を導くよう課題（アジェンダ）を設定し、それによって世界を変えたのだ。

　イーノの名は忘れられても、彼の努力は、今も我々の世界の一部となっている。

　もちろん、こうして今もはっきりとその姿を残している問題解決の成

[＊2]イーノの著作は1920年代に早くも邦訳されている。『交通整理の科学』（ウキリヤム・エノー、自警会図書部、1926）、『交通整理の原理』（エノー、清水書店、1927）、『交通整理の簡易化』（エノー、1934）。

まえがき

果ばかりではない。ほとんどの問題解決の成果は今では跡形もなく消えてしまっているだろう。しかし、形を失ったとしても、継承は消えた訳ではない。より優れた問題解決の成果に置き換えられたとしても、後から生まれた問題解決の前提となり、礎となったのである。問題解決の登場を準備したのは、より以前に試みられた問題解決への挑戦なのだ。

問題解決の技術が〈方法を生み出す方法〉であることは、単に未来の問題に開かれているだけでなく、未来へとその方法を受け渡し、また過去の問題解決を継承する者として問題に挑むということでもある。

これが、本書が過去の問題解決から方法と知恵を汲み取ろうとする理由である。

幸い、前著『アイデア大全』と同様さまざまな知的営為と実践から素材を得ることができた。

おかげで問題解決や創造性研究に関わる心理学研究やビジネスの実践はもとより、哲学、宗教、神話、歴史、経済学、人類学、数学、物理学、生物学、看護学、計算機科学、品質管理、文学などに由来する技法を収録することができた。

リニアな問題解決とサーキュラーな問題解決

問題解決には、問題を理想と現状のギャップとして捉えるもの以外にも、問題を一種の悪循環として捉えるものがある。

本書では、問題解決の手法をリニア（直線的）な問題解決とサーキュラー（円環的）な問題解決の2つに大別して取り上げた。

	世界観	問題観	問題解決者の位置
リニアな問題解決	直線的因果性（原因へと一方向へ遡れる）	問題＝目標と現状のギャップ	問題の外（客観的）
サーキュラーな問題解決	円環的因果性（因果ループ）	問題と偽解決の悪循環	問題の内（合意とコスモロジーの再建）

リニアな問題解決は、直線的な因果性を基礎に置く問題解決の総称である。

　このアプローチでは、因果関係を直線的に遡ることができ、究極の原因にたどり着けると想定する。この究極原因を除去したり、変化させることができれば、その結果もまた変化し、問題は解決すると考えるのである。

　これに対して、サーキュラーな問題解決は、たとえば鶏と卵の関係のように、原因と結果の関係がループしている（因果ループができている）ことを重視する。この場合、因果関係を遡ろうとしても、ぐるぐると巡って究極原因にたどり着かない。したがって、究極原因の除去・変化とは別の解決アプローチをとることになる。

　リニアな問題解決では、通常、問題解決者は問題の外に位置し、問題状況を客観的に見ることができると想定する。また、問題解決に必要なリソースは、問題状況の外から持ち込まれる。リニアな問題解決は、多くのものを問題の外に置くことで、問題解決に必要なことだけに絞り込み、シンプルに考えるアプローチだとも言える。人間の認知能力は限られているから、この単純化は正当化される。

　これに対して、サーキュラーな問題解決においては、問題解決者も、問題解決に投入されるリソースも、問題を構成する一部として考える。

　問題解決者は、問題を構成する因果ループの一部に組み込まれており（その意味で、問題状況に巻き込まれており）、問題についての認知もまた、因果ループの一部として再生産されており、問題とは独立していない。

　また、問題解決のリソースを含めて、問題状況の一環と考える以上、「リソース不足」を問題解決できないことの言い訳にはできない。なぜリソースが足りないのか、それにはどうすればいいのかまで含めて、問題解決を構想することになる。

リニアな問題解決の解決アプローチは、目標と現状のギャップを何らかの形で埋めたり（現状を一歩一歩変化させて目標に近づける）、より「上流」の悪原因を取り除いたり、と日常的な思考と陸続きで理解しやすいものが多い。

　これに対してサーキュラーな問題解決は、例外や逸脱を強めて因果ループのほころびを広げたり、逆説的な介入で因果ループに揺さぶりをかけたりと、日常的な思考から見ると、なぜこれで解決するのかわかりづらいものも少なくない。

　しかし問題解決を実践する上では、両者は切り離せない。どちらも理解した上で用いることができれば、問題解決の幅を広げることになる。

　弧が円周の一部分であるように、リニアな因果関係はサーキュラーな因果関係の一部を切り取ったものである。

　そのため、リニアな問題解決法は、サーキュラーな問題解決法の一部として埋め込むことが可能である。

　リニアな問題解決では、因果の連なりの中で、より「上流」にある原因を変えなくては、より「下流」にある結果は変わらないと考える。考察する範囲で最も「上流」にあるのが根本原因であり、これを変えることができれば、それより「下流」にある結果たちすべてに影響を与えることができると想定する。

　これに対して、サーキュラーな問題解決は、因果ループのどこか一部を変えることができれば、その影響はループを通じて全体に行き渡ると考える。喩えは悪いが、一箇所の傷口から入った毒が血液の循環を通じて全身に回るように全体に影響を与えるのである。ループの中では「上流」も「下流」もない。このため介入すべき部分は、リニアな問題解決が考えるよりも広く、数多くの中から選ぶことができる。

　問題を円環的因果性の観点から捉えることができれば、問題のどこか

一部を変えるために、リニアな問題解決法を使うこともできる。

問題解決を学ぶことは意志の力を学ぶこと

　問題解決をできるだけやさしく、また広く定義すれば、自分で定めた目標に向かってうまく行動すること、言い換えれば「〜したい」と思うことを実現すること、だと言える。

　目標を抱くこと、その実現のために自分の行動を計画し実行することはまた、人間の能力であると同時に人間が人間たるための条件でもある。

　我々が互いを一人前の人間として扱うのは、互いに責任を問える存在として考えられるとき、すなわち責任主体と見なせるときに限られる [＊3]。

　そして人が責任主体となるのは、その人が自由に自身の意図を抱くことができ、その意図を実現するために行動することができる場合である。

　この意図の実現を目指す行動を我々は問題解決と呼ぶ。

　つまり人が責任主体であることは、問題解決者であることを前提とする。

　しかし、お互いを責任主体＝問題解決者として取り扱うということは、思った以上に厳しい要求を我々に突きつける。

　成功したときだけのこのこ出てきて、失敗した場合には逃げ隠れる者を、我々は責任主体とも問題解決者とも呼ばない。問題解決者として扱われるということは、問題解決の成功はもちろん、失敗についても引き受けるよう求められることだ。

　しかし我々は、問題に関するすべてを把握できるわけでもコントロールできるわけでもない。人間は全知でも全能でもない。失敗の原因には、

[＊3] 我々は、どれほど賢い犬であっても、その行動を裁判にかけたり、罪や責任を問うたりしない。同様に、どれほど処理能力の高いコンピュータであっても、その処理結果が他の機械（たとえば他国を攻撃するミサイル）に接続されて、取り返しのつかない深刻な事態を招いたとしても、責められたり糾弾されるのは、そのシステムやプログラムをつくった／つくらせた人間の方である。

まえがき

我々には知り得なかったもの、予見できたとしてもどうすることもできなかったものも、含まれうる。

　つまり問題解決者は、問題解決の結果について責任を負うならば、自身の知や力を超えた事柄についても、その帰結を引き受けなくてはならないことになる。

　予見もコントロールもできなかった事柄とその帰結についてすら、自らの責任として引き受けることは過大な要求ではある。しかし、人はそうすることで、将来における同種の行動についてのコントロールの可能性を増大させ、自身の自由の範囲を拡張することができる。

　全知でも全能でもない人が自由でありうるのは、この限りにおいてである。

　そして問題解決が自身を拡張する再帰性を備える意義は、ここに存する。

　言い換えれば、ある時点での失敗を引き受け、未来の自由を拡張する糧とするために、〈方法をつくるための方法〉としての問題解決の技術は存在する。

　思えば失敗は「〜したい」という意図を、何らかの意志を持たなくては不可能なことだ。これは苦境や困難を「問題」として捉え直すためには、「〜したい」という意志を持つのが不可欠であることと関連する。

　問題解決は人をその限界に、「〜したい」ことの先にある「できないこと」や失敗の危険に、直面させる。

　それでもなお、進もうとする意志が問題解決を要請する。

　問題解決を学ぶことは意志の力を学ぶことである。

CONTENTS
問題解決大全

まえがき 問題解決を学ぶことは意志の力を学ぶこと　002

本書の構成について　019

第Ⅰ部　リニアな問題解決　023

第1章　問題の認知 ·· 024

01 100年ルール　024
THE 100-YEAR RULE
大した問題じゃない

02 ニーバーの仕分け　032
NIEBUHR'S ASSORTING
変えることのできるもの／できないもの

03 ノミナル・グループ・プロセス　041
NOMINAL GROUP PROCESS
ブレスト＋投票で結論を出す

04 キャメロット　050
CAMELOT
問題を照らす理想郷という鏡

05 佐藤の問題構造図式　062
SATO'S PROBLEM STRUCTURE SCHEME
目標とのギャップは直接解消できない

06 ティンバーゲンの4つの問い 069
TINBERGEN'S FOUR QUESTIONS
「なぜ」は4種類ある

07 ロジック・ツリー 081
LOGIC TREE
問題を分解し一望する

08 特性要因図 091
FISHBONE DIAGRAM
原因と結果を図解する

第2章 解決策の探求 ―――――――――――――――――― 101

09 文献調査 101
LIBRARY RESEARCH
巨人の肩に乗る

10 力まかせ探索 113
BRUTE-FORCE SEARCH
総当たりで挑む万能解決法

11 フェルミ推定 122
FERMI ESTIMATE
未知なるものを数値化する

12 マインドマップ® 136
MIND MAPPING®
永遠に未完成であるマップで思考プロセスを動態保存する

13 ブレインライティング 143
METHODE 635
30分で108のアイデアを生む集団量産法

CONTENTS

14 コンセプトマップ 149
CONCEPT MAP
知識と理解を可視化する

15 KJ法 159
KJ METHOD
混沌をして語らしめる、日本で最も有名な創造手法

16 お山の大将 167
KING OF THE MOUNTAIN
比較で判断を加速する

17 フランクリンの功罪表 177
MERIT AND DEMERIT TABLE
線1本でつくる意思決定ツール

18 機会費用 184
OPPORTUNITY COST
「選ばなかったもの」で決まる

19 ケプナー・トリゴーの決定分析 195
DECISION ANALYSIS
二重の評価で意思決定する

第3章　解決策の実行 202

20 ぐずぐず主義克服シート　202
ANTI-PROCRASTINATION SHEET
先延ばしはすべてを盗む

21 過程決定計画図　210
PROCESS DECISION PROGRAM CHART
行動しながら考える思考ツール

22 オデュッセウスの鎖　220
CHAIN OF ODYSSEUS
意志の力に頼らない

23 行動デザインシート　231
BEHAVIOR DESIGN SHEET
過剰行動の修正は不足行動で

第4章　結果の吟味 244

24 セルフモニタリング　244
SELF-MONITORING
数えることで行動を変える

25 問題解決のタイムライン　255
PROBLEM SOLVING TIMELINE
問題解決を時系列で振り返る

26 フロイドの解き直し　262
SOLVE AGAIN FROM SCRATCH
解き終えた直後が最上の学びのとき

CONTENTS

第II部 サーキュラーな問題解決 271

第5章 問題の認知 272

27 ミラクル・クエスチョン 272
THE MIRACLE QUESTION
問題・原因ではなく解決と未来を開く

28 推論の梯子 283
THE LADDER OF INFERENCE
正気に戻るためのメタファー

29 リフレーミング 291
REFRAMING
事実を変えず意味を変える

30 問題への相談 305
CONSULTING THE PROBLEM ABOUT THE PROBLEM
問題と人格を切り離す

31 現状分析ツリー 314
CURRENT REALITY TREE
複数の問題から因果関係を把握する

32 因果ループ図 326
CAUSAL LOOP DIAGRAM
悪循環と渡り合う

第6章 解決策の探求 341

33 スケーリング・クエスチョン 341
SCALING QUESTION
蟻の一穴をあける点数化の質問

34 エスノグラフィー 352
ETHNOGRAPHY
現場から知を汲み出す

35 二重傾聴 366
DOUBLE LISTENING
もう1つの物語はすでに語られている

第7章 解決策の実行 375

36 ピレネーの地図 375
A MAP OF THE PYRENEES
間違ったプランもないよりまし

37 症状処方 384
PRESCRIBING THE SYMPTOM
問題をもって問題を制する

問題解決史年表 394

索引 405

CONTENTS

イラスト…………富永三紗子
デザイン…………河村　誠
DTP・表組作成…野　中　賢（株式会社システムタンク）

本書の構成について

　前述したとおり、本書に収録した技法を、リニアな問題解決とサーキュラーな問題解決の2つに大別し、それぞれを概ね問題解決の各ステップ順に配列した。

　多くの論者が問題解決のプロセスをいくつかの段階に分けて考えている。たとえばグレーアム・ウォーラスは、「創造的過程の4段階モデル」として、①準備期、②孵化期、③啓示・開明期、④検証期の4ステップがあることを指摘した[＊1]。ジョージ・ポリヤは『いかにして問題をとくか』[＊2] の中で、①問題を理解すること、②計画をたてること、③計画を実行すること、④振り返ってみること、の4つのステップを提案している。J・D・ブランスフォードらは「理想的（ideal）」とも読めるアクロニム（Identify 問題の同定、Define 問題の定義、Explore 解の探索、Anticipate & Act 予測と実行、Look back & Learn 振り返りと学習）で問題解決のステップをまとめている[＊3]。

　キース・ソーヤーはこれらの先行研究やビジネスの分野で提案された諸段階を集め、8つのステップにまとめたが[＊4]、これにはジョン・デューイの探究の6段階説や川喜田二郎のW型問題解決など日本で知られたものが参照されていない。

　そこで本書では、ソーヤーが参照していない問題解決のステップについても包含できるよう構成しなおし、大きくは4段階、詳細には14段階に問題解決のステップを整理した。

　まず「問題の認知」があり、次に「解決策の探求」が続く。最終的に

[＊1] Wallas, G. (1926). The art of thought. London: Cape.

[＊2] Polya, G. (1945). How to solve it. Princeton: University Press.

[＊3] Bransford, J. D., & Stein, B. S. (1984). The IDEAL problem solver: A guide for improving thinking, learning, and creativity. NY: WH Freeman and Company.

[＊4] Sawyer, R. K. (2011). Explaining creativity: The science of human innovation 2nd ed. Oxford University Press. ,p.89 Table 5.1: Sawyer's Eight Stages of the Creative Process, and How They Correspond to Other Process Models.

選ばれたものが「解決策の実行」で実施され、その結果が「結果の吟味」で検討される。

「問題の認知」では、「目標設定」が行われ、問題があることが気づかれる（「問題察知」）。この2つは同時に行われることも、どちらかが先行することもある。目標を設定したからこそ現状の問題が浮かび上がる場合があるし、また問題があることが察知されたからこそ改めて目標を定めようという動機づけが生まれることもある。

　問題の存在が確認できたら、改めて「問題定義」が行われる。しかし問題についての理解が不十分では、うまく定義できないだろう。この場合「問題理解」が先に行われる。

「情報収集」は「解決策の探究」の第一歩であると同時に「問題理解」の一部でもある。一続きで行われることも多く、また「問題理解」が十分なら飛ばされることもある。

「解の探索」には、既存の解決策を探すことと、新規の解決策を発想・創造することが含まれる。「問題理解」の段階で問題を分析すれば、そのまま解決策に結びつくこともあるが、多くはそれ以上のものが必要となる。

　こうして出てきた解決策は、そのままでは使えないことも多い。複数の案を組み合わせるなど「解決策の改良」が必要となる。

　こうして並べた複数の案の中から、最後に「解決策の選択」を行う。

　こうして選ばれた解決策は実行に移されるが、まず「結果を予測」し、必要ならば「実行計画」を立て、「進行管理」を行う。

　解決策を実施した後は、「結果の検証」を行い、今回の問題解決を「反省分析」して総括し、ここから得られる知見を「学習・知識化」する。

　これらは問題解決のアウトラインを示すものであり、問題解決の進行をある意味理想化したものだが、現実の問題解決はこの通りに進むことはないだろう。実際には、これらのステップの行きつ戻りつを繰り返しながら、あるステップを飛ばしたり省略することもありうる。

　しかし理想は現実的ではないからこそ、これらのステップは、問題解決の最中、どちらへ進むべきか迷った際に導きとなる。

本書の構成について

このステップに、本書に収録した技法を配置したものが次の表である。
なお、サーキュラーな問題解決の各技法が「問題の認知」に集中し「解

		第Ⅰ部　リニアな問題解決		第Ⅱ部　サーキュラーな問題解決	
問題の認知	目標設定	01 100年ルール	→24ページ	27 ミラクル・クエスチョン	→272ページ
		02 ニーバーの仕分け	→32ページ		
		03 ノミナル・グループ・プロセス	→41ページ		
	問題察知	04 キャメロット	→50ページ		
	問題定義	05 佐藤の問題構造図式	→62ページ	28 推論の梯子	→283ページ
		06 ティンバーゲンの4つの問い	→69ページ	29 リフレーミング	→291ページ
				30 問題への相談	→305ページ
	問題理解	07 ロジック・ツリー	→81ページ	31 現状分析ツリー	→314ページ
		08 特性要因図	→91ページ	32 因果ループ図	→326ページ
	情報収集	09 文献調査	→101ページ	33 スケーリング・クエスチョン	→341ページ
				34 エスノグラフィー	→352ページ
解決策の探求	解の探索	10 力まかせ探索	→113ページ	35 二重傾聴	→366ページ
		11 フェルミ推定	→122ページ		
		12 マインドマップ	→136ページ		
	解決策の改良	13 ブレインライティング	→143ページ		
		14 コンセプトマップ	→149ページ		
		15 KJ法	→159ページ		
	解決策の選択	16 お山の大将	→167ページ		
		17 フランクリンの功罪表	→177ページ		
		18 機会費用	→184ページ		
		19 ケプナー・トリゴーの決定分析	→195ページ		
解決策の実行	結果予測	20 ぐずぐず主義克服シート	→202ページ		
	実行計画	21 過程決定計画図	→210ページ	36 ピレネーの地図	→375ページ
				37 症状処方	→384ページ
	進行管理	22 オデュッセウスの鎖	→220ページ		
		23 行動デザインシート	→231ページ		
結果の吟味	結果の検証	24 セルフモニタリング	→244ページ		
	反省分析	25 問題解決のタイムライン	→255ページ		
	学習・知識化	26 フロイドの解き直し	→262ページ		

決策の探求」が手薄なのは、このアプローチが問題自体を変えるというより、我々の問題解決を、その中でもとくに問題の認知を変えることに重きを置くためである。

　問題を維持する悪循環には、我々の問題についての認知が不可欠の要素として埋め込まれている。問題自体を直接変えることが難しくとも、我々の問題についての認知を変えることで、悪循環に変化をもたらし、間接的に問題を変えることをサーキュラーな問題解決は目指している。そのため解決策がなかなか見いだせない難問こそ、サーキュラーな問題解決は有効である。

THE PROBLEM SOLVING SKILLS DICTIONARY

第Ⅰ部 リニアな問題解決

THE 100-YEAR RULE

01

100年ルール

大した問題じゃない

難易度

開発者

サミュエル・ジョンソン（Samuel Johnson, 1709 - 1784）
ジリアン・バトラー（Gillian Butler, 1942 -）

参考文献

Butler,G. and Hope,T.(1995), Managing Your Mind: The Mental Fitness Guide,Oxford University Press.

用途と用例

◎ 自分の判断を見直すとき。

◎ 自分の悩みの大きさを見直すとき。

◎ 自分の問題の重大さを考え直すとき。

第I部　リニアな問題解決

レシピ

■ **問題を前にしたとき、災難に見舞われたとき、不安で仕方なくなった
ときに、以下のように自問自答する。**

☞「これは 100 年後にも重大なことか？」
「これは 100 年後にも誰かに記憶されていることか？」

☞100 年が長すぎる場合は、30 年や 5 年など、より短い時間を用い
てもよい。

☞この変種で、極めて短い時間を設定するものもある。こちらも予
期不安から問題を過大視している場合に効果がある。
「これは 5 分後も重大な問題か？」
5 分後という短い確定した時間内では、不安をもたらす何事も現実
には生じないことが確認できる。

サンプル

テストに対する不安を解消したい

テスト不安［＊1］は多くの人が経験する一般的なものだが、こじれる
と試験のための準備も手につかず、そのせいでさらに不安が高まる、と
いう悪循環に陥ってしまう。最悪の場合、不安から逃れるため、試験を
受けることを放棄するようになる。

［＊1］心理学では 1950 年代からサラソンらによって、テスト場面やそれに類似した事態で生じ
る不安が研究されてきた。初期の文献に、Mandler, G. & Sarason, S. B., A Study of Anxiety and
Learning, Journal of Abnormal and Social Psychology, 47, 1952. や Sarason, I. G., The Test Anxie
ty Scale : Concept and research, 1978 (Spielberger, C. D. & Sarason, I. G. (eds.), Stress and Anxie
ty, vol. 5, 1987) がある。

なんとか試験期間を耐えしのげば、当然、一時的には不安は消えるだろう。しかし、次の試験まで何の対策もせずに過ごすと、数ヶ月後、また同じ悪循環に陥ることになる。

　テスト不安の背景にはテストに失敗することへの恐れ、成功せねばという信念と、ここから生まれる緊張、他者に評価されることへの心配などが存在する。

　不安のために準備が手につかないという状況を打破するため、ここでは「100年ルール」では長すぎるので、5年ルールを使ってみよう。
　☞ **Q**「次のテストは5年後にも重大なことか？」
　　A「5年の間にはもっと重要な入学試験が過ぎている。次回の小テストはそれに比べれば影響があるにしてもずっと小さい」

さらに5分ルールもやっておこう。
　☞ **Q**「次のテストは5分後には重大な問題か？」
　　A「5分後にはテストはまだ始まっておらず、今と状況は変わってない。テストまで、あと48時間以上ある。……恐れているのはテストの結果が悪いことで……だから、少なくともテストまでは、いやテストの結果が返ってくるまでは、実際のところ何か悪いことが起こるわけではない」

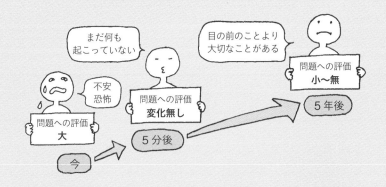

レビュー

※高みからのジョンソンの問い

18世紀イギリスにおいて「文壇の大御所」と称され、今も敬愛の念を込めて「ドクター・ジョンソン」と呼ばれる文人サミュエル・ジョンソン（1709 - 1784）であるが、現在では座談家としての評価や彼自身の人気が文学的名声を凌ぐほどである。クラブ向きの男（Clubbable man）と呼ばれ、クラブでの談論風発を好んだ典型的イギリス人として知られるジョンソンの人物像は、彼の伝記『サミュエル・ジョンソン伝』の描写に負うところが大きい。

日記風にジョンソンの言行を描くこの伝記を書いたのが、ジョンソンが1763年に出会った30歳年下の友人ジェイムズ・ボズウェルである。心理学者のジリアン・バトラーによれば、サミュエル・ジョンソンはこのボズウェルにこんな問いを投げたことがあったという。

" Will this matter in 100 years from now? "（こいつは100年後にも重要か？）
[＊2]

我々が出会う大半の問題が消し飛ぶほどの高所から見下ろしたパワー・クエスチョンだが、認知行動療法（→ぐずぐず主義克服シート、202ページ）の専門家であるバトラーはこの問いを、セルフヘルプで不安をうまく取り扱う（距離を置いて扱えるようにする）方法として用いている。

[＊2] Butler, G., & Hope, R. A. (1995). Manage your mind: The mental fitness guide. New York: Oxford University Press.,P.177. なお、筆者が全文検索で確認したところ、ジョンソンの数々の警句を収めた『サミュエル・ジョンソン伝』に、この一句は見当たらなかった。

※ブレットの短い問いと妖怪の長い目

同様の思考は他のところにも発見できる。

近年には、2006年、書き手が90歳と誤認されてTwitterやFacebookなどのSNSで拡散した「45 Life Lessons Written by a "90-Year-Old" Woman（90歳の女性が書いた45の人生教訓）」の24番目にも、よく似た質問がある。

24. Frame every so-called disaster with these words: "In five years, will this matter?"

（とんだ災難にイライラしたらこう自分に問いかけて。「これは5年経っても大事なこと？」）

これを書いたレジーナ・ブレットは、当時、実際は45歳であり、乳がんを化学療法で克服した経緯を書いたコラムでNational Headliner Awardを

水木しげる（1922-2015）。漫画家、妖怪研究家。本名は武良茂。大阪で生まれ、鳥取県で育つ。夜間中学3年生時に召集され、太平洋戦争下のニューギニア戦線・ラバウル方面に出征、左腕を失う。復員後、紙芝居作家を経て上京、1958年に貸本マンガ『ロケットマン』で漫画家デビュー。貸本業界が衰退する中、漫画雑誌『ガロ』で執筆。その後、貸本時代から手掛けていた『墓場の鬼太郎』『河童の三平』が『週刊少年マガジン』『週刊少年サンデー』に掲載され、一躍人気作家となった。特にテレビアニメ化された『ゲゲゲの鬼太郎』（『墓場の鬼太郎』を改題）は妖怪ブームを生み、各地に伝承された妖怪に具体的なイメージを与え、全国的な存在にした。（写真：AFP＝時事）

第I部　リニアな問題解決

受賞した作家・コラムニストである。

彼女はこの人生教訓を拡張し、『God Never Blinks: 50 Lessons for Life's Little Detours』[＊3] という書籍として出版し、「ニューヨーク・タイムズ」のベストセラーとなった。

ちなみに出典を探し当てることができなかったが、漫画家の水木しげるによる「何百年生きる妖怪にとっては人間の悩みなど問題というに足りない」との趣旨の発言を聞いた覚えがある（もし出典が明確になっていれば、「人間原理」の向こうを張って、この節の技法名を「妖怪原理」とするところだった）。

※ 人は神にも妖怪にもなれない

この技法が実際に力を発揮すれば、ほぼ最強の問題解決ツールとなるはずである。

なにしろ、我々が出会うような問題は、ジョンソンの100年（それが駄目なら、妖怪の数百年）のスケールを持ってすれば、ほとんど霧散してしまうからである。

つまり、手順を踏んで問題を解決するのでなく、物の見方を変えるだけでほぼ一瞬で解消してしまう。問題の察知、定義、分析、解決策創案、選択、実行といったステップを踏んで、地道に行う問題解決が馬鹿らしくなるだろう。

あいにく（そして幸いにして）、日常という地べたを這う我々には、妖怪となることも、その視点を得ることも叶わない。我々が妖怪になり変わることがありえ

付喪神・一反木綿のルーツではないかと民俗学者・小松和彦が仮説を立てた古典『百鬼夜行絵巻』（土佐光信作）に登場する布の妖怪。付喪神は長い年月を経た道具などが宿ったものの総称で、「付喪神」という表記は、室町時代の絵巻物『付喪神絵巻』に見られる。100年を経過した器物に霊が宿るといい、「百年に一年たらぬ」ことから「九十九」（つくも）と呼ばれる。

[＊3] 邦訳は『人生は、意外とすてき――私をいつくしむための50のレッスン』（レジーナ・ブレット、講談社、2011）

たとしても、付喪神（九十九神）のように長い時間（99年）の後か、あるいはもっと長く数百年後のことになるだろう。

そのとき、問題は確かに消えてしまっているだろうが、我々もまた違った何かになり果てている。

では、この問いには児戯以上の何の意味があるのだろうか？

※ 思考実験としての100年ルール

もし100年後から（あるいは妖怪の目で）目下の問題を眺めたら、どのように見えるだろうか、と考えることは、一種の思考実験 [＊4] と見なすことができる。

この思考実験を通じて、我々は問題の重大性やその成り立ちが、何に依存しているかに光を当てることができる。

たとえばテスト不安は、実はテスト自体ではなく、採点後の結果が望んだレベルに達しないのではないかという恐れ、成功せねばという信念から生まれる緊張、他者に評価されることに関する心配などから生じている。

そうした不安が、テストを受けることや、テスト勉強にまで拡大していることから、テスト不安は問題化する。

100年（5年）ルールは、そうした不安の過大評価を和らげ、5分ルールは本来の場面から波及した不安を、元の限定された場面に押し返す効果がある。

※ 問題との間に距離を取ること

困難や問題に直面すると、それらの困難・問題は動かしがたい現実と

[＊4] 思考実験（英語:thought experiment、ドイツ語：Gedankenexperiment）とは、実際に実験器具を用いて測定を行うのではなく、ある状況で理論から導かれるはずの現象を思考のみによって演繹し結論を引き出し、理論の矛盾を検討したり、仮定が含む含意を明らかにするものである。この言葉自体は、エルンスト・マッハによって初めて用いられたが、「アキレスと亀」をはじめとするゼノンのパラドクス、ガリレオの「重いものほど速く落下する」という考えを否定する思考実験など、哲学や数学、のちには自然科学でも用いられてきた。

第Ⅰ部 リニアな問題解決

して、全面的に自分の行く手を遮るように思われることが少なくない。

困難・問題に圧倒されてしまうと、自分の意志を貫くことは差し控えられ、注意や記憶、思考能力を十分に問題解決に振り向けることも難しくなる。

問題を重大なもの、あるいは問題を問題たらしめている背景や前提を明らかにすることは、問題との間に距離をとること、隙間をあけることである。

100年ルール（あるいは5年ルール）が設ける100年（5年）という時間の隔たりは（あるいは妖怪という人外からの視点は）、問題との間に距離を置くことを助け、問題に圧倒されることから問題解決者を救い出す。

すなわち100年ルールは、不安や恐怖に圧倒され、問題解決のパフォーマンスを落として、なおさら不安・恐怖に陥る悪循環から、〈距離をとる〉効果によって、抜け出すための技法である

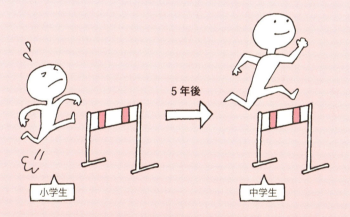

NIEBUHR'S ASSORTING

02
ニーバーの仕分け

変えることのできるもの／できないもの

難易度

開発者

ラインホルド・ニーバー（Reinhold Niebuhr, 1892 - 1971）

参考文献

Niebuhr, R. (1986). The essential Reinhold Niebuhr: Selected essays and addresses. Yale University Press.

Bailey, J. (1990). The serenity principle: Finding inner peace in recovery. Harper Collins.

用途と用例

◎ 問題や困難に圧倒されるとき。

◎ 問題のどこから手をつけていいかわからないとき。

レシピ

1 問題や課題を細分化する。
☞問題はより細かく細分化するほど、変えやすい部分を見つけやすい。しかし問題に取り組んでみないと、どのように分ければいいかわかりにくいので、当初は大雑把に分けておき、後でやり直すといい。

2 細分化したそれぞれの部分について、変えやすさ（可変度）について点数づけする（表にするとわかりやすい）。
☞なぜその点数にしたか、根拠をメモしておく。

3 可変度がゼロか低いものは（少なくとも当面は）受け入れるしかない。
☞変わらないことを前提に他の部分に手をつけることを考える。

4 可変度の高いものについて問題解決に着手する。
☞すでに細分化できているので容易さと重要度を評価すると、ぐずぐず主義克服シート（→202ページ）になる。ぐずぐず主義克服シートは、動機づけや進行管理に使える。

5 いくつかの問題の部分に手をつけた後や、時間が経った後に、もう一度この表をつくり直してみる。
☞改めて問題に取り組んでみると、さらに細分化できることが多い。

02 NIEBUHR'S ASSORTING

細分化が進むと、かつては変えられないと思えたものの一部にいくらか変えやすい部分が発見できる。

サ ン プ ル

レポートを書く

これは可変度の高い（変えやすい部分が多い）例である。締切やテーマは守らねばならないが、テーマの解釈、題材の選択、構成はかなり可変度が高い。

レポートを書く

問題の部分	可変度	可変度の根拠
締切	0	締切後の提出は認められない
枚数	2	多少の増減可
テーマ	0	固定だが↓
テーマの解釈	5	広く受け取ることも、その一部分だけに集中することもできる
題材	8	テーマに関連しさえすれば OK
構成	6	指定なし、しかしレポートとして必要な要素は備えていること、自由感想不可

息子の引きこもりを解決する

こちらはかなり解決の難しい問題であり、可変度が低い（変えやすい部分が少ない）例である。

「他人の行動は変えられない」とすれば、この部分を細分化しても、可変度の高いものはほとんど出てこない。

しかし人の行動は単独では成り立たず、相互行為として生起することを考慮すれば、息子に対する周囲の行動もまた、問題の一部として取り

第 I 部　リニアな問題解決

上げるべきである。

このように細分化を進めることで、可変度の高い部分を探すことができる。

これらの分析は、絶望的な問題状況の中で「何ができるか」を探すのに役立つ。スケーリング・クエスチョン（→341ページ）やミラクル・クエスチョン（→272ページ）も参照のこと。

息子の引きこもり

問題の部分	可変度	可変度の根拠
息子が部屋から出てこない	5	トイレには（家族が知らないうちだが）出てきている
息子が働かない	1	見込みがありそうに思えない
息子が家族と食事しない	2	見込みがありそうに思えないが「働くこと」に比べればまし
息子が家族と会話しない	3	見込みがありそうに思えないが「食事をすること」に比べればまし
私（母）が息子の食事を用意する	8	やめることはできる。息子が暴れるかもしれないので難しいと感じるが
父が息子に話しかける	5	会話にならないまでも、話しかけるならできるかもしれない。しかし父にその気が乏しい

レビュー

※ 平静の祈り

この技法は、ニーバーの祈り（Serenity Prayer）として知られる次の言葉を技法化したものである。

God, grant me
the SERENITY to accept the things I can not change;
COURAGE to change the things I can;
and WISDOM to know the difference.

神よ、与えたまえ。
変えられないものを受け入れる平静な心を、
変えられるものを変えていく勇気を、
そして、その両者を見分ける知恵を。

　原語の serenity を邦訳して、日本では「平静の祈り」「静穏の祈り」とも呼称される［＊1］。

※ニーバーのキリスト教的現実主義

　この言葉の作者とされるラインホルド・ニーバーは、アメリカのプロテスタント神学者、倫理学者であり、カール・バルトやパウル・ティリヒと並び称される20世紀の代表的神学者であるだけでなく、知識人から政府中枢に至るまで、世俗的世界に対しても広範な影響を与えた現代では稀有のキリスト教思想家である。

　その思想は、とくに政治学界でジョージ・フロスト・ケナンやハンス・

ラインホルド・ニーバー（Reinhold Niebuhr, 1892 - 1971）はアメリカのプロテスタント神学者。主著『人間の本性と運命』は20世紀アメリカの代表的神学書であるが、本人は神学者と呼ばれるのを好まず、現実社会の問題に積極的に発言し、プロテスタントの立場から、当時のアメリカのリベラリズムや理想主義を批判。その立場は〈キリスト教的現実主義〉と呼ばれ、影響力は知識人から政府当局まで及んだ。写真は1949年9月17日、ユネスコの第4回総会、パリのホテル・ラファエルでの記者会見で撮影されたもの。左から、外交官のジョージ・アレン、カンザス州立大学学長ミルトン・S・アイゼンハワー、スウィート・ブライヤー大学学長マーサ・ルーカス、（椅子の後）ラインホルト・ニーバー、政治学者のルーザー・H・エバンス。（写真：©www.bridgemanimages.com/amanaimages）

1762年、ニコラス・セバスチャン・アダム作のプロメテウス像（ルーブル美術館蔵）。ギリシア神話のティタン（巨人）神の一人。その名は Pro（先に）＋ mētheus（考える者）、「先に考える男」「先見の明を持つ者」を意味し、問題解決者の理想像でもある。実際、ヘシオドス『神統記』には、神から火を盗み人間にもたらした一種の文化英雄として描かれ、アイスキュロスの悲劇『縛られたプロメテウス』では、天文・数・文字という知識を人間に教えた恩人とされる。一方、プロメテウスの物語は、神に頼らず自らを救おうとする人の（問題解決者としての）性向、さらには神だけが持つ力（火）を持とうとする人の傲岸さも示しており、たとえば「プロメテウスの火」という表現は、原子力など人間の力では制御できないほど強大な力（科学技術）の暗喩として今でも用いられる。

モーゲンソーやアーサー・シュレジンジャーらいわゆる〈現実主義者（リアリスト）〉たちの〈父〉と目されるほどの影響力をもった。

　ニーバーの神学は、自由主義神学や、そこに含まれる近代的で楽観的な人間観への批判を含んでいた。

　人間についての近代的楽観主義は、人間の善への期待から理想主義へと進むが、ニーバーはこの理想主義に自己愛の発露を見いだした。自己の善良さへの着目が高じると、人間が独力で善良さを達成しうるという結論へと飛躍することになる。ニーバーはこの飛躍をプロメテウス的思い違いと呼び、厳しく批判した。この思い違いこそが、理想主義（ユートピアニズム）やメシアニズム、その他の人間の完全性に対するあらゆる信仰の根となるものである。

　ニーバーはこうした理想主義に対抗して、プロテスタントの伝統から、罪は世界の一部であること、それゆえ、正義は愛に優先すること、平和主義は愛の尊い象徴であるが悪を防ぐことはできない、という思想を引き出す。

　歴史に究極の目的を与えることや、不和も対立もない社会をつくることは、人間の力で叶わぬことである、人間には神の代わりはできない、

[＊1] 高橋義文（1994）「ニーバーの『冷静さを求める祈り』（The Serenity Prayer）：その歴史・作者・文言をめぐって」『聖学院大学総合研究所紀要』No.4.

人間の完全性を信仰する思想は、傲慢の罪を負っている──。

　しかし楽観主義の否定は、悲観主義でも、世界の悲惨に対する諦念でもない。人間の善への期待が理想主義へと赴いたのに対して、ニーバーの悪の存在についての注視は、彼を現実主義の方向へ導いた。

　またリベラリストが理想主義ゆえに扱いそこねた社会における利害の対立や権力の問題についても、罪（悪）を世界の一部とするニーバーは、その存在を認めることなしには、社会の有り様を認識し分析することも、そこに正義を実現することもできないと断じる。

　社会における正義とは、競合し合う集団の均衡をもたらすものであって、永遠の平和や対立なき社会を約束するものではない。けれど、見通しのきかないこの世界にあっても、有限の存在に過ぎない我々が手にできる、ささやかだが大切なものである。

　ニーバーの祈りは確かに、こうしたリアリストが説くにふさわしい言葉に思える。

＊変える勇気──問題解決が少なすぎる

　一般の人たちが実用できる心理学・認知科学の知見を、問題解決を軸にしてまとめた「Ideal Problem Solver」[＊2]の著者である心理学者のブランスフォードは、この書の冒頭、問題と問題解決の機会は見過ごされがちであり、実際の必要に比べて問題解決の試みは足りていないと指摘している。

　認知されずに見過ごされた問題についての統計は存在しないが、身近な例証としてJ・D・ブランスフォードは、カタログショッピングにあるさまざまなアイデア商品を挙げている。カタログに載るさまざまな発明商品の多くは、その商品を見るまでは気づかなかった（意識に上ったことがあっても忘れていた）ニーズがどれほど我々の日常に転がっているか（そしてほとんどは放置されているか）を示しているという。

　なぜ多くの問題は認知されずに見過ごされるのだろうか。

[＊2] Bransford, J. D., & Stein, B. S. (1984). The IDEAL problem solver: A guide for improving thinking, learning, and creativity. NY: WH Freeman and Company. 邦訳は『頭の使い方がわかる本──問題点をどう発見し、どう解決するか 問題解決のノウハウ』（HBJ出版局、1990）

第Ⅰ部　リニアな問題解決　　　　　　　　　　　　　　　　　　038

理由の1つは我々の認知の偏りにある。

社会心理学、災害心理学などで言われる正常性バイアス（Normalcy bias）は、災害や事故に関して自分にとって被害が予想される状況下にあっても、都合の悪い情報を無視したり、「自分は／今回は／まだ大丈夫」などと危険度を過小評価したりしてしまう傾向をいう。

もう一つ考えられるのは、問題解決自体が、問題と同じぐらいに厄介事として扱われる可能性である。

問題解決は、多くの場合、これまでと異なる行動を必要とし、実際に行うことが多い。これは、互いに予期しうるお決まりのパターンを逸脱することにつながる。

実のところ、周囲が問題とせずやり過ごすところで立ち止まり、これは問題だと言挙げすること自体、人びとの期待を超える行動なのだ。人びとの期待をかき乱し、これまでになかった行動を円滑な日常の中に挟むのは、勇気がいる。問題解決者は、多くの人が気づきながらもやり過ごすところで、あえてリスクを取る人である。

※ 見分ける知恵

ある問題が解決可能かどうかを事前に判断することは容易ではない。

というのも、我々が問題の全容を知るのは、かなり深く問題解決に取り組んだ後であることも珍しくないからである。

哲学者のカール・ポパーは、その計画が

カール・ライムント・ポパー（Karl Raimund Popper, 1902-1994）。オーストリア生まれでイギリスで活躍した哲学者。ウィーン学派と関わった後、その論理実証主義に対する批判へと転じ、「反証可能性」の理論に基づく科学哲学を構築、広く影響を与えた。その「誤りから学ぶ」ことにより一歩一歩真理に近づく視点は、ユートピア的な社会構想を「全体主義」として批判することに繋がり、マルクス主義に対する批判者として社会哲学の分野でも大きな影響力をもった。（写真：©Topfoto/amanaimages）

ユートピア的か否かを判断する基準は、計画の立案と実施に必要な事実的知識を我々が持ち合わせるかどうかだと考えたが（→キャメロット、50ページ）、問題解決に際して何が必要な知識であるかも、問題解決を進めてみなければわからないことが多い。

ニーバーの祈りが求めるのは、これとは別の基準であり、変えられるものと変えられないものを見分けることである。

しかし、この見分けもまた簡単なことではない。ある事象を変えられるか否かは、さまざまな状況や関連事象によって変わり、ある意味、程度の問題だともいえるのである。

ならば、変えられるか否かの二分法にとらわれず、変えやすさを数値のスケールで判断した方が実用的であると考え、「ニーバーの仕分け」として技法化を行った。

変えられないもの、変えられるもの

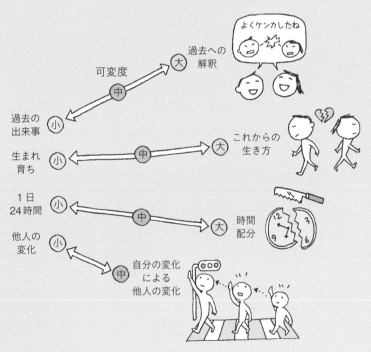

NOMINAL GROUP PROCESS

03
ノミナル・グループ・プロセス

ブレスト＋投票で結論を出す

第1章 問題の認知

難易度

開発者

アンドレ・デルベク （André L. Delbecq, 1936 - 2016）
アンドリュー・ファン・デ・フェン （Andrew H. Van de Ven, 1945 - ）

参考文献

Delbecq, A. L., & Van de Ven, A. H. (1971). A group process model for problem identification and program planning. The Journal of Applied Behavioral Science, 7(4), 466-492.
『ファシリテーター型リーダーの時代』（フラン・リース、プレジデント社、2002）

用途と用例

◎ 参加者の意見やアイデアをとりまとめたいとき。

◎ 集団で意思決定したいとき。

◎ 集団で目標を決めたいとき。

レシピ

❶ グループづくり

☞この技法は数人のグループで行う。

テーブルや机を囲むように座ると作業がしやすい。

参加者が多い場合には、5～7人ずつのグループに分かれる。

グループ内で自己紹介し、進行係と記録係を決めておく。

❷ アイデア抽出

☞テーマについて15分間程度、グループのメンバーは各自で考え、アイデアを書き留めておく。

☞提出用のメモには1枚に1つだけアイデアを書き留める。メンバーは1つ以上ならいくつでもアイデアを考えてよい。

❸ アイデア発表

☞グループ内で、メンバーは1回に1つずつ各自の考えたアイデアを手短に発表し、書き留めたメモを提出する。発表中の人以外は、批判や意見を述べず、発表されたアイデアを聞く。

☞一巡してもまだアイデアを持っているメンバーがいるなら、発表を続ける。全員のアイデアが出尽くすまで続ける。

❹ アイデア整理

☞アイデアが出尽くしたら、みんなで整理する。類似するアイデアは1つにまとめる。具体的過ぎるアイデアはより抽象的なものに併合し、逆に抽象的過ぎるアイデアは具体化して分割する。

☞こうして比較しやすいように、アイデアの抽象度や精度を揃えて

第I部　リニアな問題解決

いく。

5 アイデア議論
☞ こうしてまとめられたアイデアについて、1つずつ取り上げ、全員で意見を述べ合う。
☞ ここでの議論は何かを決定するためでも、特定のアイデアを批判し取り除くためでもない。一つひとつのアイデアについて、いろんな視点から検討し、さまざまな側面を知っておくために行う。

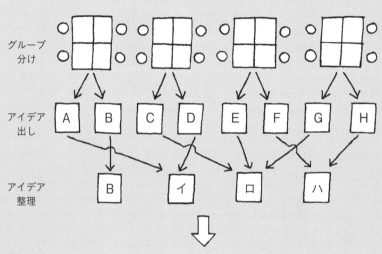

6 投票
☞ すべてのアイデアについて議論を終えたら、参加者はそれぞれ、自分が最も良いと思うアイデアを5つ選び、その中で1位から5位までランキングをつけておく。
☞ 全員で投票を行い、結果を集計して、総得点数によってアイデアを順位づけする。1位が5点で5位は1点として集計する。参加人数が多くて、複数のグループに分かれている場合は全体で投票する。

決選投票

7 まとめ

☞ 投票結果について発表し、上位のアイデアについて紹介し、全体で結果を共有する。

サンプル

住民参加で公園をつくる

新しい公園をつくるために住民参加型ワークショップが開催された。

4回のワークショップで公園の基本的なデザイン（どこにどんなゾーンや遊具などをつくるか）を決めて、設計に反映させる予定で、今回の第1回目では、今後のワークショップの前提になる全体の方向性を決めていきたい。

行政の担当部局の職員や設計を委託された設計事務所の担当者に加え、長年この地域で公園の必要を訴えてきた市民グループ、そして公園の建設予定地の周囲に住む住民など、さまざまな立場の人が参加することとなった。

近年、公園は、周辺住民からは迷惑施設として受け取られることも多く、今回の方向性を決めるワークショップが最初の山場になることが予想された。

1 グループづくり

☞参加者が35人となったため6つのグループに分かれた。

☞グループの編成は、行政職員、市民グループ、住民の人がグループごとに同じような比率となるように、カテゴリー別のくじをつくってグループ分けを行った。

2 アイデア抽出

☞「○○のような公園だったらいいな」をテーマに、15分間の時間をとって、メンバー各自で考えてもらった。

☞メンバーにはそれぞれ「＿＿＿＿＿＿＿＿＿ような公園」と印刷したカードを3枚配り、考えたアイデアを記入してもらうことにした。

3 アイデア発表

☞グループごとに、右回りで、カードを1枚ずつ前に出してもらいながら、各自の考えたアイデアを手短に発表してもらった。

「〈たくさんの生き物と出会える〉ような公園」

「〈ゲートボールや球技もできる、使い方にはっきり区別をつけた〉ような公園」

「〈あまり人が手を入れてない原っぱ〉のような公園」

「〈見通しがよくて安全である〉ような公園」

「〈夜間に人が集まったりしない〉ような公園」

などの多くのアイデア（意見）が出された。

4 アイデア整理

☞アイデアはカードの形で出ているので、同種のアイデアは、最もいい表現のカードを一番上にして重ねてまとめた。

5 アイデア議論

☞まとめたアイデアについてグループごとに理解を深めるための議論を行った。

03 NOMINAL GROUP PROCESS

6 投票

☞グループ別に分かれたため、投票のやり方は以下のように工夫した。

投票のために、グループごとに出たアイデアを集め、全体進行を行うファシリテーターが同種のアイデアを再度まとめて模造紙に書き出し、各グループから出たカードを貼りつけ、ワークショップ会場の壁に貼り出した。

参加者ごとにシールが10枚配られ、参加者は貼り出されたアイデアを眺めながら、良いと思ったアイデアに手持ちの数以内なら何枚でもシールを貼ってよいというやり方で投票を行った。

7 まとめ

☞最後にファシリテーターから、投票結果について、票が集まったアイデアについて紹介があり、会議の結果が共有された。

市民グループの公園に対する期待も、周辺住民の公園ができることについての不安も、いくつかのアイデアとして表現され、それぞれに票を集めた。

「他のグループも同じ不安（期待）を持っているのがわかった」「投票の間に他のグループのメンバーの声が聞けたのがよかった」といった感想が聞かれた。

レビュー

※ブレインストーミングとブレインライティングから生まれた方法

ノミナル・グループ・プロセスとは、アンドレ・デルベクとアンドリ

ユー・ファン・デ・フェンによって1970年代に開発されたグループに
よる意思決定のための方法である。

　ブレインストーミング法とブレインライティング法（→143ページ）を
元に、投票のプロセスを加えて発展させたもので、自由な流れで行うグ
ループディスカッションに比較して、捻出されるアイデアの質や判断
の正確さ、参加する人の達成感の高さの点で優れているとされる［＊1］。
そのため、とくに集団としての目標を決めたいときに効果を発揮する。

　決定に至るすべてのプロセスに参加者全員が関わり、プロセスを共有
することで、手続きの透明性と合理性を担保している。

　その一方で、フリーのグループディスカッションで声の大きな者が場
を独占してしまい、グループ全体の方向性が左右される危険をできるだ
け小さくしている。

　相互交流を部分的に制限することで、声の小さい者の意見／アイデア
を、全体決定に反映させる余地を生み出すところは、ブレインライティ
ングとも共通する特徴である。

※ なぜ集団で目的を決めるのか

　目標が必要になるのは、集団で事に当たる場合である［＊2］。

　我々は皆、それぞれに異なる意見と利害と認知を持つ独立した存在で
あり、ただ放っておくだけで互いの行動がうまく噛み合うことは期待で
きない。

　集団に何らかの〈旗〉が必要なのは、このためである。

　それは、時に集団で共有されるビジョンであり、掲げられた目標であ
る。

　けれども、何かを目標として集団のメンバーに共有させ、目標として
機能させることは、必ずしも容易でない。

[＊1] Harvey J.Brightman, Group Problem Solving: An Improved Managerial Approach, Georgia
　　 State University Business Press,1988
[＊2] 個人で事に当たる場合にも、時間を経た自分は他人と見なすべきであるから、長期にわた
　　 って一貫性を持って行動するためには目標が必要になる（→オデュッセウスの鎖、220ページ）。

03 NOMINAL GROUP PROCESS

あなたが独裁者として他のメンバーに自分の決定を押しつける力を有しているなら、あるいは類まれなカリスマ性を備えていて提示しさえすれば誰もが追随してくれるなら、話は簡単である。ただ「目標はこれだ」と示して見せさえすればいい。

　しかし我々の多くは独裁者でもなければ、カリスマでもない。

　さらに多様な人びとが参加するワークショップでは、通常の組織にあるような上司－部下の関係すらない。何かを指示したり命じたりできる権限はここには存在しない。

　こうした場面で、人びとが共通の目的を抱くことはどのようにして可能なのか。

　方法の１つは、目的を抱いてもらいたい人たち自身に、当の目的の制作をやってもらうこと、少なくとも関わってもらうことである。

　自ら生み出した目標には、人は愛着と責任を含めたコミットメントを感じる。自らが生み出したという事実自体が、目的の尊重と遵守を生み出すのである。

　集団でもって目的を決める最大の理由がここにある。

※ 集団で目的をつくるのに必要なこと

　考えの違う「赤の他人」が集まって目的を決めることは簡単なことではない。

　しかし、バラバラな意見と利害と認知（ものの見方）を持った人たちが、とにかく一堂に会した時点で、大きな一歩を踏み出している。

　相反する利害を持つ人たちも、共通の対象について関心を持っている点では一致している。

　異なるものの見方が集まることは、対立を生み出すばかりでなく、１

つの物事の多様な側面に気づかせてくれる機会となりうる。
　多様性を、対立ではなく、創造性に結びつけるためには、お互いの交流をある部分で／場面に応じて、いくらか制限する方法が有効である。
　交流を制限し続けることは、ストレスを生むから、制限の方法は次々に変えていくほうがいい。今は意見を書くだけで互いに話さない、今は意見を出すだけで批判しない、今は意見を出すのでなく、批判するのでもなく、投票で評価する、といった具合にである。
　ある場面でアイデアや意見の表出が制限されたとしても、次の場面では制限が別のものに切り替わることで、さっき出せなかったアイデアや意見が出せるようになる。こうして制限を変化させることで、普通のディスカッションでは意見が出しづらい人にも意見表出の機会と自由を提供することができる。
　ノミナル・グループ・プロセスは、そうした変化する制限をうまく利用した集団意思決定の方法の1つである。

CAMELOT

04
キャメロット
問題を照らす理想郷という鏡

難易度

開発者

ケント・セルツマン（Kent Seltzman）

参考文献

Higgins, J. M. (1994). 101 creative problem solving techniques: The handbook of new ideas for business. New Management Publishing Company.

『フランス中世文学集 02　愛と剣と──ランスロまたは荷車の騎士』（クレティアン・ド・トロワ、白水社、1991）

用途と用例

◎ 何が問題かわからないとき。

◎ 何から手をつければいいかわからないとき。

第 I 部　リニアな問題解決　　　　　　　　　　　　　　　　　　　　　　050

レシピ

1 理想の状態を想像する。

☞次の〈導きの問い〉を自問自答する。まずは思いつく限り書き出
してみる。

◎要するにどうなればよいか？

◎問題が全くないとしたら、それはどういう状態か？

2 理想状態と現在の状態を比較する。

☞書き出した理想状態から1つを選ぶ。あるいは幾つかを1つにま
とめる。

☞選んだ理想と現在の状況を比べて、どこがどう違っているか？
を思いつく限り書き出す。

**3 リストアップされたそれぞれの違いについて、以下のような観点から
分析する。**

☞◎なぜその違いがあるのか？　その原因は何か？

◎違いを生んでいるのはどんな問題か？

◎違いを生んでいるのはどんな条件／機会か？

サンプル

自動車衝突のキャメロット（シートベルトの発明）

1 理想

☞a.自動車の衝突時にも乗員の体の位置は通常の運転中と変わらな
い。

b. 自動車の衝突時に乗員の体が投げ出されても、元に戻る。

c. 自動車の衝突時に乗員の体が投げ出されても、怪我をしない。

……このうちaとbを選び、次のステップへ進んだ。cを選べば、たとえばエアバッグ等の問題解決へ至ったかもしれない。

❷ 理想と現状の比較

☞自動車の衝突時には、

◉乗員の体がシートから離れ、前方へ投げ出される。

◉乗員の顔がハンドルやフロントガラスなどに衝突する。

◉乗員の顔に縫合手術が必要なほどの怪我をする。

❸ 違いの分析

☞原因：衝突により自動車本体は停止するが、乗員の体は慣性の法
　　　　則で進行方向へ飛ばされる。

条件：乗員の体はシートに乗っているだけで固定されていない。

レビュー

※ 名称の由来

キャメロットは、伝説にいうアーサー王の王国ログレスの都であり、彼の居城があった場所である[*1]。この伝説にちなみ、幸福に満ちた牧歌的で理想的な場所や時代を指す言葉[*2]となった。

つまり、チベットにあるとされたシャンバラ（これを元にジェームズ・ヒ

[*1] キャメロットの名は、フランスの吟遊詩人クレティアン・ド・トロワの詩『ランスロまたは荷車の騎士 Lancelot, le Chevalier de la charrette』（1177年 - 1179年、1181年とも）が初出である。この詩は、アーサー王物語群（サイクル）の中で最も完成されたものであり、人気を博し、後世に大きな影響を与えた。たとえば、この詩で扱われた王妃グニエーヴルを救う騎士ランスロのモチーフは『ランスロ＝聖杯サイクル Lancelot-Grail』に継承され、さらにトマス・マロリーの『アーサー王の死』にも組み込まれ、アーサー王と円卓騎士団の伝説における主要エピソードとなった。

[*2] さらに転じて、英語では限定的に、J.F. ケネディが大統領の職にあった1961 - 1963年のワシントン（合衆国政府）を指すこともある。

第Ⅰ部　リニアな問題解決

ルトンが描いたシャングリラ)、サミュエル・テイラー・コールリッジがうたうモンゴルの夏の都ザナドゥ、遠くはトマス・モアのユートピアやプラトンのアトランティス、伝説上のキリスト教国プレスター・ジョンの国、荘子の無可有郷と同じく、理想郷を指す言葉である。

『101 Creative Problem Solving Techniques』の著者であるヒギンズの学生だったケント・セルツマンは、理想を現実にぶつけて問題を浮かび上がらせる、多くの人が無意識に行っている方法に、アーサー王伝説に由来する、この名前をつけた。

ギュスターヴ・ドレが描いたキャメロット。テニスン『国王牧歌』の挿絵として描かれたもの。イギリスの詩人テニスンの『国王牧歌』(Idylls of the King, 1856-1885) は、アーサー王伝説を題材にした12の物語詩からなる作品。フランスの画家だったドレは、当時すでに国際的に名声を得た版画家・挿絵画家であり、フランスのみならず、イギリス、ドイツ、ロシアの書籍にも多くの挿絵を提供している。

※ 問題＝理想と現実のギャップ

　問題をあるべき姿と現状のギャップとして捉え、このギャップを減少・解消していくことが問題解決であるというアプローチは、ハーバート・A・サイモンらが採用したものである。サイモンは、著書『意思決定の科学』（産業能率大学出版部、1979）で、「問題解決は目標の決定、現状と目標（あるべき姿）との差異（ギャップ）の発見、それら特定の差異を減少させるのに適当な、記憶の中にある、もしくは模索による、ある道具または過程の適用というかたちで進行する」（邦訳95ページ）と述べている。

　アレン・ニューウェルとサイモンは、問題を解く前の状態「初期状態」から解決した状態「目標状態」を含んだ一種の状態空間（問題解決空間）を考え、このとき空間内で状況を更新する手続を「操作子（Operator）」と呼んだ。

　操作子はそれぞれの状態において実行可能な行動に対応しており、いわば、問題解決空間という迷路の中を進む一歩一歩を指している。当然その道行きには、行き止まりに至るものや元いた場所に戻る間違ったものもある。問題を解決することとは、問題解決空間という迷路を解くこと、すなわち初期状態から目標状態に一歩一歩近づき、最終的に正しく初期状態から目標状態へ至る経路を探索することだと、サイモンらは定義したのである。

　サイモンたちは、1957年、この定義を足がかりに、コンピュータ上に問題解決できるプログラム General Problem Solver（GPS：一般問題解決器）を実装した［＊3］。このプログラムは特定の問題に限定されず、正しく定義づけられた問題であれば、定理証明、幾何学問題、ハノイの塔

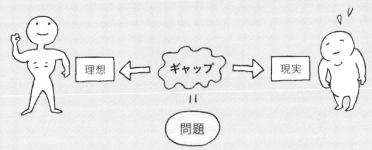

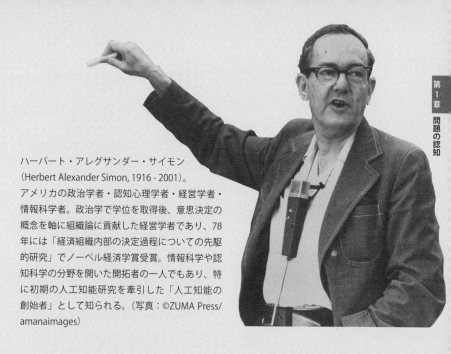

ハーバート・アレグサンダー・サイモン
(Herbert Alexander Simon, 1916 - 2001)。
アメリカの政治学者・認知心理学者・経営学者・情報科学者。政治学で学位を取得後、意思決定の概念を軸に組織論に貢献した経営学者であり、78年には「経済組織内部の決定過程についての先駆的研究」でノーベル経済学賞受賞。情報科学や認知科学の分野を開いた開拓者の一人でもあり、特に初期の人工知能研究を牽引した「人工知能の創始者」として知られる。(写真：©ZUMA Press/amanaimages)

といったパズルなどを解くことができる汎用の問題解決プログラムであり、チェスをプレイすることもできた。

　GPS のコアにある、このアプローチは、後に手段目標分析(Means-Ends Analysis、MEA)［＊4］と名づけられた。1950 年代から人工知能の分野で使われる最古参の技術であり、工学分野の設計手法にも用いられている。

※ 文学における理想と現実

　問題を、あるべき姿と現状のギャップとして捉えることは、サイモンらに実用化される以前から、多くの人たちによって当然のように繰り返されてきた。

［＊3］ Newell, A.; Shaw, J.C.; Simon, H.A. (1959). Report on a general problem-solving program. Proceedings of the International Conference on Information Processing. pp. 256-264.
［＊4］ 手段目標分析では、初期状態と目標とのギャップを埋める手段を選択するために、その下位目標を設定し、下位目標についてもさらに手段・目的分析を行って……というように、下位レベルの分析を再帰的に繰り返していく。Simon, H. A. (1981). The sciences of the artificial. Cambridge, Mass: MIT Press. 邦訳『システムの科学』(パーソナルメディア、1999)

このことは、理想と現実のギャップを放置することができず、ギャップを解消するよう動機づけられてしまう、問題解決者としてのヒトの仕様におそらく関わっている。
　先に挙げた、多くの理想郷（ユートピア）の物語はその例証である。
　さらに言えば、理想を1つの世界観として構築しないまでも、理想と現実のギャップというテーマは古来から文学の主題の1つだった。
　理想と現実のギャップを放置できないがために、物語の登場人物は問題に巻き込まれ、読み手はそうした登場人物と物語に引き込まれる。
　ギリシア神話に登場するキプロス島の王ピグマリオンは、現実の女性に失望し自ら理想の女性・ガラテアを彫刻する（これがピグマリオンの問題解決である。この解決から生まれる新たな問題のほうがこの神話の主題なのだが）。
　ミゲル・デ・セルバンテスが創作した一対の人物、騎士道物語の読み過ぎで現実と空想の区別がつかなくなった狂える理想主義者ドン・キホーテと、五感で確かめられることしか信じない現実主義者サンチョ・パンサの物語は、その旅が進むごとに、サンチョはドン・キホーテの抱く空想世界に惹きつけられ、ドン・キホーテが逆に現実的な世界に近づくことで、人物の創造や性格の

ギュスターヴ・ドレによる挿絵から。右がドン・キホーテ、左がサンチョ。セルバンテスの長編小説『ドン・キホーテ』（1605〜1615）は、騎士物語を読みすぎて自分が騎士であるという妄想にとりつかれた田舎郷士アロンソ・キハーダがドン＝キホーテと名乗り、この世の不正を正そうとみずから遍歴の騎士になって、従者サンチョ＝パンサとともに冒険と失敗の旅を続ける物語。もともとは騎士道物語のパロディとして書かれたが、近代文学を開いた先駆的作品とされる。

変化に重点を置く近代小説の誕生を告げるものとなった。

　実を言えば、ドン・キホーテが憧れた騎士たちにしても、封建制下で封土を持たなかった貧しい下級貴族階級に属しており、騎馬槍試合で得た戦利品の分配にあずかって何とか生計を立てるという生活を送っていた。多くの理想郷（ユートピア）の物語が現実の裏返し＝批判として理想を構築したように、騎士たちもまた、自身の現実を裏返し、その理想と夢を騎士道物語に託したのである。

※ 禁酒法という失敗

　ほとんど人間の本性に刻まれたものとすら思える、理想と現実のギャップを放置できない志向は、しかし、理想の選び方によっては、問題を解決するどころか、かえって拗らせ、拡大再生産さえしてしまう危険性をはらんでいる。

　よく知られた例は、アメリカ合衆国で立法化された国家禁酒法（ボルステッド法、1919）及びアメリカ合衆国憲法修正第18条（1920）と、その顛末だろう。

　「酒が及ぼす害を社会から取り除く」という理想は、消費のためのアルコールの製造、販売、輸送を全面的に禁止する法律と憲法改正を実現したが、結果として、酒の密造・密輸の拡大、ギャングの凶悪化といった弊害を生んだ。酒場の数も「もぐり化」することでむしろ増加し、飲酒運転の摘発にいたっては、禁酒法施行直後（1920年）に比べ1927年には467％もの増加となっている［＊5］。

　禁酒法の失敗は、一度きりの特殊事例とは言い切れない。

　フリードリヒ・ヘルダーリンは、人が国を天国にしたいと思うそのことが、かえって国を地獄にするのだ、と指摘する。

　カール・ポパーもまた同様の主張を行う。

［＊5］『酒の話』（小泉武夫、講談社現代新書、1988）

04 CAMELOT

「地上に天国をつくろうとする企ては不可避的に地獄を産み出す。その企ては不寛容を導く。その企ては宗教戦争に至り、そして、魂の救済を異端審問を通じて行うに至る」[＊6]

　ポパーは、求めるべき理想的な善が何かは議論で決められず、それゆえに抽象的な善を求めるユートピアの実現には、議論で決められないものを決着づけるために暴力（革命）が必要になると指摘する[＊7]。

　それに対して、「我々の社会での最も我慢ならぬ悪は何であるか」については、議論を通じての合意が可能であり、政治は悪の除去を目指すべきである、とする。

　国家や社会の全体を善きものとなるよう改革するのがユートピア的だとしても、より小さな悪を除く問題、たとえば、飲酒の悪を取り除くことはどうなのか。

　確かに、禁酒運動ではキャリー・ネイションのようなバンダリズムを除けば暴力は使われなかったし、禁酒法の成立は暴力革命を必要とせず、選挙を含む民主政治の制度内で実現可能だった。

[＊6]『開かれた社会とその敵　第2部——予言の大潮：ヘーゲル、マルクスとその余波』（カール・R・ポパー、未来社、1980）218ページ

[＊7]『推測と反駁——科学的知識の発展』（カール・R・ポパー、法政大学出版局、2009）収録「ユートピアと暴力」、662-663ページ。

ポパーは、その社会改良がユートピア的か否かの基準は、計画の立案と実施に必要な事実的知識を我々が持ち合わせるかどうかによると考える［*8］。

禁酒法についていえば、酒類の販売・流通をすべての国境やもぐり酒

キャリー・ネイション（Carrie A. Nation, 1846 - 1911）の活動を描いた風刺画。前禁酒法時代のアメリカの禁酒主義活動家の一人。時に単独で、時に賛美歌を歌う女性たちを伴って、アルコール飲料を販売している施設に向かって行進してゆき、まさかりで備品や在庫を粉砕しながら歌と祈りを捧げた。彼女は「キリストの足元を走り、彼が好まないものに対して吠えかかるブルドッグ」を自称し、バーの破壊による禁酒主義の推進を神聖なる儀式だと主張した。破壊活動で逮捕される度に、彼女の活動は知れ渡り、自身でも「The Smasher's Mail」（粉砕者通信）という機関紙と「The Hatchet」（まさかり）という名の新聞を刊行し、講演活動も行った。逮捕されるたびに彼女の人気は高まり、キャリー自身もそれを運動に利用した。さらに、彼女の人気を利用しようとするものは、敵側にも現れた。酒場が「キャリー・ネイション、ここに暴れる」と宣伝し、キャリーがグッズとして売っていた〈キャリーの名が刻まれたまさかり〉を通信販売で購入して店に飾った。一口飲むとキャリーのようにエネルギーに溢れ怖いものがなくなるという触れ込みで「キャリー・ネイション・ウィスキー」なるものを売るウイスキー会社まで現れた。

場で監視し、流通品を没収する能力は政府当局にはなく、また酒類の流通を非合法化することで生じる副作用 [＊9] についても予想はされていなかった。後世からの評価となるが、政府当局は、アルコールの流通を禁じるために必要な知識も能力も欠いていたと言わざるをえない。その意味で、この問題解決はユートピア志向であり、問題の解決よりも問題を生み出す危険をはらんでいた。

[＊8]『開かれた社会とその敵——第1部：プラトンの呪文』（カール・R・ポパー著、未来社、1980）160-161ページ。
[＊9] 多額の酒税が失われたことや、アルコール醸造業者の失業などの直接的なものの他に、①ギャング等の非合法組織に莫大な資金が流れ込んだこと、②それら組織がその莫大な利益を防衛するためには、非合法組織ゆえに警察や裁判所などを頼るわけにもいかず、自前で武装しなければならなかったこと、③これら武装した組織間で激しい抗争が生じ、ギャングのみならず、捜査官や市民にも多数の被害が出たこと、など広範な悪影響が生じた結果、禁酒法は同時代人からも激しい批判にさらされた。

※ 理想からはじめる意義

しかし、危険があるとはいえ、問題を捉えるためには、何らかの理想を描かざるをえない。

外界から我々に浴びせられる無数の刺激から、何を捨て何を選ぶのかは、我々がどのような目的を、そして目標を、抱くかに左右される。

何が解決に役立つのか、どの選択肢を選ぶべきなのかも、どんな目的、目標を持つかによって決まる。

極めて困難な状況にある人や、繰り返しうまくいかない問題解決を経験した人は、この目的・目標を持つこと自体をあきらめ、意識に上らせまいとする場合がある。

スティーヴ・ド・シェイザーたちが考案したミラクル・クエスチョン（→ 272 ページ）は、キャメロットとよく似た質問をクライエントに投げかけ、停止していた目標と未来の捜索への足がかりをつくる。

「もし奇跡が起きて、目が覚めたときにはすべてが解決していたとしたら、何が違っているでしょう？」

この質問を投げかけられた人の認知は、少なからず動揺する。

なぜなら、理想と現実のギャップを放置することができないのは、人の奥底に根ざす傾向であるからだ。

そして認知を動揺させることは、それを飲み込む悪循環をも揺らすことにつながる。

SATO'S PROBLEM STRUCTURE SCHEME

05
佐藤の問題構造図式
目標とのギャップは直接解消できない

難易度

開発者

佐藤允一（さとういんいち、1934-）

参考文献

『問題構造学入門』（佐藤允一、ダイヤモンド社、1984）

用途と用例

◎ **問題の構造をつかむ。**

◎ **問題と原因の関係を整理する。**

第Ⅰ部　リニアな問題解決

レシピ

■次の図式に問題状況を整理する。

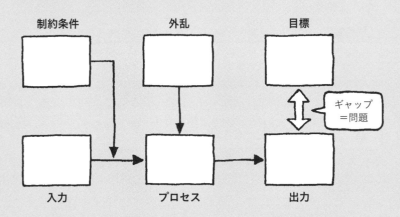

- ◎〈目標〉は、実現すべき状態や期待される結果である。
- ◎問題解決者にコントロールできるのは、〈プロセス〉への働きかけであり、これを〈入力〉と呼ぶ。入力に応じて〈プロセス〉から生じる結果を〈出力〉と呼ぶ。
- ◎〈制約条件〉は、〈入力〉の時点で存在する客観的事実で、〈入力〉と〈プロセス〉を制約するものである。
- ◎〈外乱〉は、〈入力〉の後に生じた、偶発的一時的なもので〈プロセス〉の働きを撹乱するものである。
- ◎問題とは、〈目標〉と〈出力〉のギャップである。

サンプル

自動販売機でジュースが出てこない

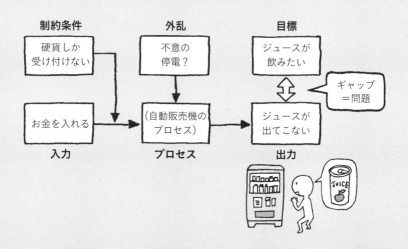

売上不振

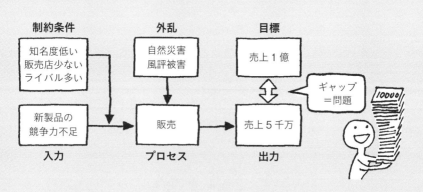

レビュー

※ ギャップだけでは問題とはいえない

　サイモンが定式化した「問題＝目標と現状のギャップ」という見方は、ほとんどの問題解決本で取り上げられる（→キャメロット、50ページ）。

　しかし、現実の問題解決においては、これだけでは不十分である。というのも、目標と現状のギャップは解消すべきものであるが、通常の問題解決では、我々は直接このギャップを埋めることはできないからだ。もしできるなら、そのギャップは取り組む必要がないほど軽微なものであり、すぐに容易に解消されてしまうために、そもそも問題として誰も取り上げない。

　たとえば、郵送しようとしている封書と切手が机に並んでいるとしよう。切手は封書に貼ってあるべき（目標）で、その意味でここにギャップがある（今はまだ切手は机の上にある）。しかし、何の制約もなければ、切手を封書に貼りつけることで、すぐにこのギャップは解消する。わざわざこれを問題として原因を分析することもなければ、解決策を複数考えることもない。

　取り組むに値する問題は、ギャップ解消の方法がたとえ存在しても、その方法をすぐ適用できなかったり、そのままでは用いることができないなど、何らかの障害がその適用を邪魔しているはずである。

※ 問題解決者は魔法使いではない

　佐藤は、工場のような生産プロセスを抽象化したモデルを用いて、問題の成り立ちについて、「問題＝目標と現状のギャップ」よりも踏み込んだ考察を与えている。

　魔法使いなら、魔法の杖を一振りするだけで馬車を目の前に出現させることができるかもしれない。しかし現実に生きる我々は、材料を生産プロセスに投下して、製品として馬車ができるようにしなければならない。

　これと同様に、我々は目標と一致させるべき結果を、いきなり出現させることも、直接コントロールすることもできない。もしできるならすべての問題は瞬殺され即時解決されるはずである。

　我々にコントロールできるのは、〈プロセス〉に働きかける〈入力〉だけである。

　我々にできるのは〈入力〉と〈出力〉の関係を考え、時には試行することで確認しながら、〈入力〉を調整して、望ましい〈出力〉を得ようとすることだけだ。迂遠なやり方であるが、これが魔法使いならざる我々に許された行為である。

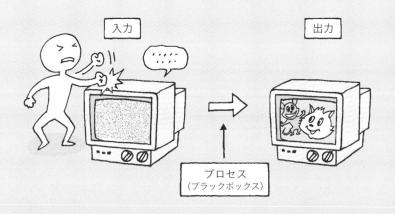

※ **立場によって問題の構造は異なる**

　同じ状況を見ても、どのような問題構造図式を描くかは、置かれた立場や抱える目的等によって当然異なってくる。

　とくに重要なのは、〈目標〉と〈制約条件〉とは立場によって変わる（時に入れ換わる）ことである。

　たとえば組織のトップにとっては自ら設定する〈目標〉であるものが、中間管理職にとっては受け入れるしかない〈制約条件〉になる。

　また〈外乱〉は、〈入力〉の後に生じた、偶発的一時的なもの、予測も回避もできないものであるが、恒常化した外乱は〈制約条件〉に含めるべきだろう。

　〈外乱〉の存在は、我々の想定外であったものから不意打ちをくらったことを意味している。恒常化したものに対して準備しないのは、単なる不作為の誤りである。天候の変化など、我々にとってコントロールできないものであっても、何らかの予想が立つものに対しては、あらかじめ考慮し〈制約条件〉に織り込むべきである。

※ **羅列思考（Laundry List Thinking）を越えて**

　問題の原因を考える際に、日常的な思考を素朴に用いると、思いついた〈悪いところ〉をそのまま並べがちである。これを羅列思考（Laundry List Thinking）という（→因果ループ図、326ページ）。

　たとえば飲酒運転をしていて事故にあった事例について、その「原因」を思いつくまま列挙すると次のようになる。

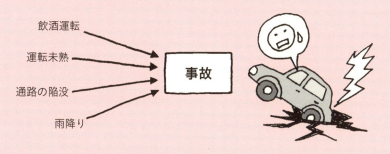

羅列思考（ランドリーリスト思考）による図解

05 SATO'S PROBLEM STRUCTURE SCHEME

図解するまでもないが、これらの「原因」間の関係が無頓着のまま扱われている様を表示するために、あえて描いてみた。
　これに対して、問題構造図式をつかって同じ「原因」の関係を整理したものが次の図である。

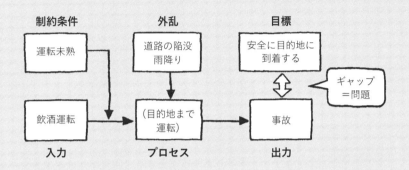

　「原因」として並列されていたものが、〈入力〉〈制約条件〉〈外乱〉に整理され、振り分けられている。
　飲酒運転のように責任の所在が（問い直すことも不要なほど）明白な事象であっても、こうして図解化することで〈出力〉が生まれる条件の複合性や依存関係がよくわかるようになる。
　我々が直面し対処しなければならない問題の多くは、初見か類似例が少なくて、その構成も最初はわからないことが多い。
　問題構造図式は、そうした場合に、我々の問題についての見方を整理し、欠けている情報や理解を明確化してくれるツールである。

TINBERGEN'S FOUR QUESTIONS

06
ティンバーゲンの４つの問い

「なぜ」は４種類ある

第 1 章　問題の認知

難易度

開発者

ニコ・ティンバーゲン（Nikolaas Tinbergen, 1907 - 1988）

参考文献

『ティンバーゲン動物行動学』（上下巻、ニコ・ティンバーゲン、平凡社、1982-1983）

『生き物をめぐる４つの「なぜ」』（長谷川眞理子、集英社新書、2002）

用途と用例

◎ 理由・原因を厳密に考える。

◎ 問題に対する複数のアプローチを整理する。

レ シ ピ

❶ 検討したい対象と事象を決める。

☞ある個人の失敗を検討する場合は、対象：その個人、事象：その
失敗、とする。

A社が経営破綻したケースについて検討する場合は、対象：A社、
事象：経営破綻、となる。

**❷ 事象（問題）について、次の4つの視点から「なぜそうなったか」を考
える。**

☞対象の内部を問う。

① 至近要因（機構）：対象内のどのようなメカニズムでそうなるの
か？　その行動を引き起こしている直接の要因は何か？

② 発生要因（発達）：対象内に蓄積されたどのような履歴（成長や学
習）のせいでそうなるのか？　その行動は、動物の一生の中で、
どのような過程をたどって形づくられたものなのか？

☞対象の外部から問う。

③ 系統進化要因（進化・歴史）：対象を越えた、どのような履歴（歴
史的経緯）のせいでそうなるのか？　進化の過程で、その行動は、
祖先からどういった道筋で現れてきたのか？

④ 究極要因（機能・適応）：対象を越えた、どのような適応的価値
（環境における有利さ）を持っているのか？　その行動は、生存や
子孫を残すために、どのような機能をもっているのか？

第Ⅰ部　リニアな問題解決　　　　　　　　　　　　　　　　　　　　070

サンプル

ホシムクドリはなぜ春になるとさえずるのか？

☞対象：ホシムクドリの個体、事象：さえずり

☞① 至近要因（機構）：対象内のどのようなメカニズムでそうなるのか？

〈日照時間が延びると、ホシムクドリの体内のホルモンバランスが変化する。その影響によって、ホシムクドリの体に変化が起き、声帯が震えるようになるために、さえずりが生じる〉

〈感覚器官が日長と気温の変化を感受し、神経系が刺激を伝え、内分泌系が変化し……（この間にも複数のメカニズムが介在するが省略）……さえずる〉

☞生物学では、生理学の分野がこの要因を探究する。

☞② 発生要因（発達）：対象内に蓄積されたどのような履歴（成長や学習）のせいでそうなるのか？

〈ホシムクドリは、親鳥や他の仲間のホシムクドリたちから、さえずることを学習したため〉

生物学では、発生学の分野がこの要因を探求する。

星椋鳥（ホシムクドリ）。名称は、緑系の黒色の身体に星の形の斑点があることに由来する。全長21cmとムクドリよりもやや小型。原産地はヨーロッパだが、南アメリカ、オーストラリア、ニュージーランド、オセアニアに輸出されたものが定着し、旺盛な繁殖力により世界の侵略的外来種ワースト100選定種にも選定されている。（写真：PaulLomax）

☞③ 系統進化要因（進化・歴史）：対象を越えた、どのような履歴（歴史的経緯）のせいでそうなるのか？

〈ホシムクドリの祖先が春にさえずる性質を持っていたのを受け継いだから〉

〈単純なさえずりをする原始的な鳥から、音に変化をもたせる鳥が出現し、さらにリズムなども複雑に変わって、現在のホシムクドリのようなさえずりをするようになったため〉

☞生物学では、系統学（系統分化の歴史を研究する）の分野がこの要因を探究する。

☞④ 究極要因（機能・適応）：対象を越えた、どのような適応的価値（環境における有利さ）を持っているのか？

〈さえずりによってメスを引き寄せ、繁殖する〉

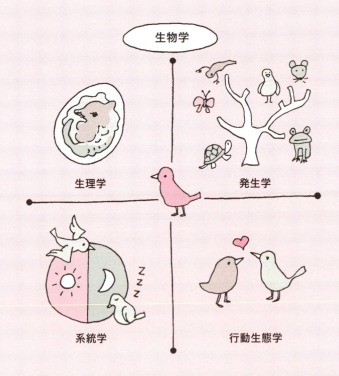

〈鳥が暮らす環境において、さえずりによって異性を引き寄せることが繁殖に有利だから〉

〈春に繁殖したほうが、それ以外の季節に繁殖するよりも、自然淘汰上有利だったから〉

☞生物学では、行動生態学の分野がこの要因を探究する。

レビュー

※ 生物の行動を理解する

　動物行動学（ethology）を確立した業績で後にノーベル生理学・医学賞を受賞することになる生物学者ニコ・ティンバーゲンは、同じ業績で同時にノーベル賞を受賞することになるコンラート・ローレンツの60歳の誕生日にささげる論文 [＊1] において、動物行動学を「行動の生物学的研究（the biological study of behaviour）」であると定義した上で、4つの問いを提起し、ある行動を「理解した」というためには、これら4つの問いのすべてに答える必要があると主張した。

　その行動を可能にする生理学的なメカニズムを問う問い（至近要因）、その行動が個体に発現するようになった過程即ち発達過程を問う問い（発生要因）、その行動が祖先種のどのような行動から派生してきたかという系統的な進化の道筋を問う問い（系統進化要因）、その行動がどのような適応度つまり淘汰上の有利さがあったから進化してきたかを問う問い（究極要因）である。

　これら4つの問いは、その後に発展・展開した生物行動を研究する複数の分野（動物行動学、行動生態学、比較認知科学、社会生物学、進化心理学、人類学など）に研究の枠組みを提供するものである。

[＊1] Tinbergen, Niko (1963) "On Aims and Methods of Ethology," Zeitschrift für Tierpsychologie, 20: 410–433.

ニコ・ティンバーゲン（左）とコンラート・ローレンツ（右）。
ティンバーゲン（1907-1988）はオランダ、ハーグ生まれの動物学者。ライデン大学で学位を取得後、1947年より同大学教授。第二次大戦中、ナチのユダヤ人政策に反対し、オランダの収容所に送られる。1949年にイギリスへ渡り、66年オックスフォード大学教授に。動物への影響を最小にした、シンプルで巧妙な野外実験を工夫することに優れ、理論肌のローレンツとのコンビで、動物行動学（エソロジー）の分野を開拓した。
ローレンツ（1903-1989）はオーストリア出身の動物学者。1940年よりケーニヒスベルクのアルベルトゥス大学心理学教授。第二次大戦に軍医として従軍し、ソ連軍捕虜となるが、1948年に帰国。1961年から1973年までマックス・プランク行動生理学研究所長を務める。自らは多くの実験をしなかったが、日常的に動物と接しながら理論構築に取り組む研究者であり、「刷り込み」現象、生得的な固定的行動型を解発させる「リリーサー」などの概念を提唱し、動物行動学（エソロジー）を基礎づけた。（写真：Gerbil）

　本来が、研究すべき領域を示唆するものであるため、4つの問いすべてに何らかの答えが得られている生物の行動は今でも決して多くない。これから研究すべきことが、まだまだたくさん残っている。
　その意味で、ティンバーゲンの問いは、比較的容易に答えられる質問

群で思考を誘導してくれるビジネス・フレームワークの類とは、隔絶したものである。

※個体の内と外にあるもの

ティンバーゲンの4つの問いは、次のような2×2の表に整理できる。

ティンバーゲンの4つの問い

	至近 個体内／ 個体の一生より短い	究極 個体外／ 個体の一生より長い
プロセス 順序とパターンは？	発生要因（発達・学習）	系統進化要因
メカニズム 起こる仕組みは？	至近要因（機構）	究極要因（機能・適応）

この表をまず縦に見ていこう。

至近的なグループは、対象の内部に関わるものを問うている。

生物についていえば、個体内のメカニズムを問う「至近要因（機構）」と、個体内の発達・学習に原因を求める「発生要因」がこれに当たる。

生物学では、個体内のメカニズムを問う「至近要因（機構）」については生理学が、個体内の発達・学習に原因を求める「発生要因」については発生学が、それぞれカバーする。

学習は、個体が環境からの刺激を受けて行うものだが、この場合の環境は個体が生きている間に接する範囲のものである。

これに対して究極的なグループは、対象を越えた外に関わるものである。生物についていえば、先祖から継承される「系統進化要因」と、進化の歴史の中で生き残った理由（適応的価値、環境における有利さ）である「究極要因（機能・適応）」がこれに当たる。

個体を越えたところに、つまり一個体を越えた時間と空間の広がりの中に、要因を求めるのが、こちらのグループである。

複数の生物が同じ特徴を持つ理由が、「共通の祖先を持つから」というのが「系統進化要因」であり、「同様の淘汰圧による（自然選択による）」

と考える場合が「究極要因（機能・適応）」である。

　生物学では、「系統進化要因」については系統学が、「究極要因（機能・適応）」については行動生態学が、それぞれ扱う。

＊プロセスとメカニズムから見る

　次にこの表を横に見てみよう。

　「発生要因」と「系統進化要因」は、生物の行動を過去の経緯から問うものである。

　ただし両者は、扱う過去のタイムスパンは異なる。「発生要因」にとっての過去は、その個体が経験してきた限りの時間であるが、「系統進化要因」にとっての過去は、先祖たちが経験してきた時間であり、個体が経験できるタイムスパンを越えている。

　ホシムクドリのさえずりについて「発生要因」を調べるには、雛が成長するプロセスに介入し、親や仲間から隔離して育てたホシムクドリのさえずりがどう変化するかを調べる。

　ホシムクドリのさえずりについて「系統進化要因」を調べるには、系統樹的に近い他の鳥に同種のさえずりが見られるかどうかを調べる。

　両者は、古くから「生まれか育ちか」という二項対立で考えられてきたものに関連している。

　「系統進化要因」は生物として遺伝によって引き継いだものと関連しており、「発生要因」の中には学習等の生まれ落ちてからその生物が環境から受ける影響が関連している。

　当然のことながら、生物のどんな行動も、「生まれ」と「育ち」、あるいは遺伝と学習の、どちらか一方だけで説明し尽くされることはない。

　社会的／文化的側面を強調するあまり、系統進化によって引き継いできている生物的側面を無視する傾向のことを、大野克嗣は（自然主義的誤謬 [＊2] をもじって）「人文主義的誤謬」と呼んでいる [＊3]。しかし人間の家族から大集団まで社会を形成するさまざまなものは、有性生殖や養

育行動はもとより、利他行動や階層性や党派性に至るまで、人間の専売特許とはいえず、それぞれに系統進化要因を求めることができるものばかりである。

「至近要因（機構）」と「究極要因（機能・適応）」は、生物の行動を、その因果メカニズムから問うものである。

ただし両者は考慮する領域が異なる。「至近要因（機構）」では、生物ならばその個体内の因果関係が問われるが、「究極要因（機能・適応)」では個体外の環境を含めた全体の中での因果関係が問われる。

「至近要因（機構）」と「究極要因（機能・適応）」も、どちらも一種のメカニズムが問われているので、その仮説はメカニズムの一部を取り除いたり阻害することで、行動や生存に関わる状況に変化が生じるかを調べることで検証できる。

たとえばホシムクドリのさえずりについて「至近要因（機構）」を調べるには、体内のエストロゲンの濃度が関連あるとの仮説を立てた上で、エストロゲンの濃度を人工的に増減させてさえずり行動にどんな影響が出るのか調べられる。

同じくホシムクドリのさえずりについて、「究極要因（機能・適応)」を調べるには、さえずれなくしたホシムクドリのナワバリがどう変化するか、あるいはホシムクドリを捕まえて代わりにさえずりの録音を流した場合にはナワバリはどうなるかを観察する。

[＊2] 20世紀初頭に哲学者のG. E. ムーアが著書『倫理学原理』で導入した概念。ヒュームの法則と混同され「事実判断から価値判断を導く誤り」と解釈されることが多いが、ムーアによれば、「善い（good）」はそれ以上分析できない単純概念であるため、何か他のことによって定義することがそもそも誤りであり、快楽や進化といった自然に観察される性質で「善い（good）」を説明するのも、その一種だというもの。

[＊3] 『非線形な世界』（大野克嗣、東京大学出版会、2009）。ただし、人文主義は人間性なるものを前提とする一種の本質主義であり、生物的側面の無視はむしろ社会科学（とくに社会学）に顕著であるので、進化心理学者のコスミデスらが命名した「標準社会科学モデル（Standard Social Science Model）」という悪口のほうが適切である。社会学と生物学の間の「断絶」は、社会ダーウィニズムと社会生物学論争という二つの歴史的経緯によるもので、それ自体ある意味「系統進化要因」によるものと言えなくもない。

※ 組織問題を扱うためのアレンジ

　ティンバーゲンの問いは、生物行動の研究を導くものであり、容易に答えが出るものではないため、そのままでは人間の問題を扱うことは難しい。

　経営学者の今村英明は、「系統進化要因」を組織としての経緯、「発生要因」を組織メンバーの学習・経験と振り分けることで、シャープやソニー等、苦境に陥った日本企業の原因を分析している[*4]。

　たとえば日本で創業された電機メーカーであるシャープが、中華民国・鴻海精密工業によって買収された原因を、ティンバーゲンの4つの問いで読み解いたものが次の表である。

なぜシャープは鴻海（ホンハイ）精密工業に買収されたのか？

シャープの「身売り」	至近	究極
プロセス 順序とパターンは？	発生要因（組織メンバーの学習） アイデアと創意工夫、製品開発者の思考・行動→液晶コンビナートの工程管理者の思考・行動→（買収後は？）	系統進化要因（組織自体の経緯・伝統） 亀山工場（亀山モデル）の成功→堺工場の建設→亀山・堺両工場の赤字化
メカニズム 起こる仕組みは？	至近要因（直接原因） 液晶・太陽電池事業の失敗→巨額の累積赤字（1兆円超）、連結決算で2兆円近い借金→自主再建策の失敗	究極要因（何のために） 企業破綻の回避→有利な買収条件

　まず至近要因としては、買収の直接の引き金となった、液晶事業と太陽電池事業の失敗→巨額の赤字と負債→自主再建策の失敗→（鴻海による買収）という因果系列が挙げられている。

　究極要因として、この買収をシャープから見た場合の「何のために」という問いへの答えは、企業破綻の回避であり、それを可能とする鴻海

[*4]「ティンバーゲンの4つのなぜ」が教える企業生き残りのカギ http://www.nikkeibp.co.jp/atcl/column/15/317968/080500032/

第I部　リニアな問題解決　　　　　　　　　　　　　　　　　　　　　078

側から提示された有利な買収条件が挙げられている。

では、その液晶事業と太陽電池事業の失敗の背景にあった系統進化要因（組織自体の経緯・伝統）は何か？

2002年2月に、三重県の企業誘致政策により、三重県90億円、亀山市45億円の計135億円の補助金が投じられ、シャープ亀山工場が誘致された。約1000億円かけて建設されたこの巨大工場から生まれた液晶テレビは、液晶ディスプレイの生産からテレビの組み立てまでを国内で行い高品質を売りとした「亀山モデル」と呼ばれ、消費者が指名買いするほどのヒットとなり大成功した。

この成功を受け、世界最大規模（敷地面積約120ha）の液晶パネル及び太陽電池の工場としてシャープ堺工場が建設され、2009年に稼動する。

2004年、三重県亀山市のシャープ亀山工場、稼働開始。1月28日に初出荷されたAQUOS（アクオス）Gシリーズは当時業界最高の105万画素を誇る大型液晶を用いたものだった。（写真：時事）

しかし、巨額の投資にもかかわらず液晶パネルや太陽電池の市場トレンドの読み違いから、設立以来巨額の赤字を垂れ流し、稼働率が低下した亀山工場とともにシャープの経営危機を招くことになる。

　最後に発生要因（組織メンバーの学習）については、「目のつけどころがシャープでしょ」のCMのとおり、ユニークなアイデア家電の開発・提供を得意としてきた技術者たちは、会社をあげて「液晶コンビナート」化に注力するようになる中、これまでのアイデア・創意工夫を旨とする思考・行動パターンから、歩留まり率や稼働率を重視する液晶コンビナートの工程管理者の思考・行動パターンへの適応を求められた。買収後は、さらにこれまでとは違う企業文化を学習しなければならないだろう。

ⓘⓒⓞ 71ページと74ページの写真はCC-BYライセンスによって許諾。ライセンスの内容の確認は以下を参照。http://creativecommons.org/licenses/by/4.0/deed.ja

LOGIC TREE

07
ロジック・ツリー

問題を分解し一望する

難易度 🔍🔍🔍🔍🔍

開発者

カール・ドゥンカー (Karl Duncker, 1903-40)

参考文献

Wojick, D. (1975). Issue analysis—An introduction to the use of issue trees and the nature of complex reasoning. URL : http://www.stemed.info/reports/wojick_issue_analysis_txt.pdf
『企業参謀──戦略的思考とはなにか』(大前研一、ダイヤモンドタイム社、1975)

用途と用例
◎ 問題の原因を系統的に分析する。
◎ 解決策を系統的に網羅する。

第1章 問題の認知

07 LOGIC TREE

レ シ ピ

❶ 出発点になる質問を決め、図の上端または左端に書く。

☞問題の原因を分析する際は、「なぜ○○なのか？」という問いが出発点になる（診断ツリー、why-why ツリー）。

☞問題への解決策をつくり出す場合は「○○するには、どのようにすればよいか？」という問いが出発点になる（解決ツリー、how-how ツリー）。

❷ 出発点の質問に対して複数の答えを考え、質問から枝を伸ばして書く。

☞答えは、重複を避けること（mutually exclusive= no overlaps）。

☞質問に対して、ありうる答えを網羅すること（collectively exhaustive = no gaps）。

☞この2つを合わせて MECE（Mutually Exclusive & Collectively Exhaustive）の原則という。

❸ 答えを質問に変えて、さらに複数の答えを考え、枝を伸ばしていく。

☞同種の質問（why-why ツリーなら「なぜ○○なのか？」、how-how ツリーなら「○○するには、どのようにすればよいか？」）を繰り返す。

☞why-why ツリーの場合は、答えの「△△であるから（because ～）」を、「△△であるのはなぜか」と質問に変換する。

☞how-how ツリーの場合は、答えについて「△△するには、どのようにすればよいか？」とさらに問い、答えをもう一段階具体化する。

❹ 結論にたどり着くまで、❸を繰り返す。

第Ⅰ部　リニアな問題解決　　　　　　　　　　　　　　　　　　　082

サンプル

診断ツリー（why-why ツリー）の例

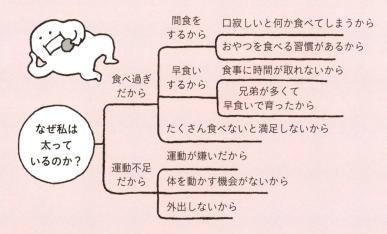

解決ツリー（how-how ツリー）の例

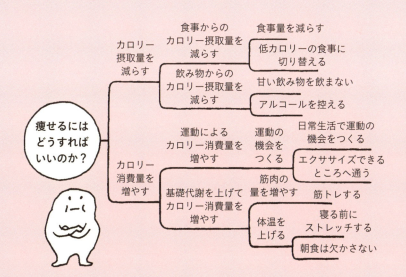

07 LOGIC TREE

レビュー

※ ロジカルなロジック・ツリー

ロジック・ツリーの由来ははっきりしない。どう見ても論理的にはほど遠い「ロジカル・シンキング」とともに、なぜ「ロジック」なる言葉をつけるのか不明である。

実は、工学の分野には、ビジネス書に登場するものとは似て非なる、由来のはっきりしたロジック・ツリーが別に存在する。

こちらはツリーの分岐に AND や OR などを示す論理（ロジック）ゲートを描くもので、「ロジック」の名称はここから来ている。

こちらのロジック・ツリーは、フォルト・ツリー解析 [＊1] の故障木図（フォルト・ツリー）の一種である [＊2]。

フォルト・ツリー（fault tree）がその名のとおり、失敗や事故のようなネガティブな事象を扱うのに対して、ポジティブ事象もあつかうツリーに、「フォルト（失敗、故障）」とつけるのをやめて、価値中立的な「ロジック」という修飾語に置き換えたのである。

これらのツリーは、頂点に置かれた事象を分解することで木を描き、その葉先にあたる基礎事象からの積み上げで頂点事象の発生確率を計算することが目的である。そのため、下位事象と上位事象の関係は論理的に曖昧さを残さず明確化される必要があり（でないと計算ができない）、論理ゲートを描いて論理的関係を明示するのもそのためである。

複数の下位事象が AND で上位事象と結ばれている場合は、それら下位事象のすべてが生じないと上位事象は生じない。したがって、上位事

[＊1] フォルト・ツリー解析は、1961 年に開発されたミニットマンミサイルの信頼性評価・安全性解析を目的として、その協力先であるベル研究所の H・A・ワトソンのグループが考案した。文献は Watson, H.A.(1961), Launch Control Safety Study, Section VII, vol. 1. Bell Labs, Murray Hill, New Jersey.

[＊2] たとえば DeLong, T. W. (1970). A fault tree manual. ARMY MATERIEL COMMAND TEXARKANA TX INTERN TRAINING CENTER. には Logic tree が登場している（図は翻訳したもの）。

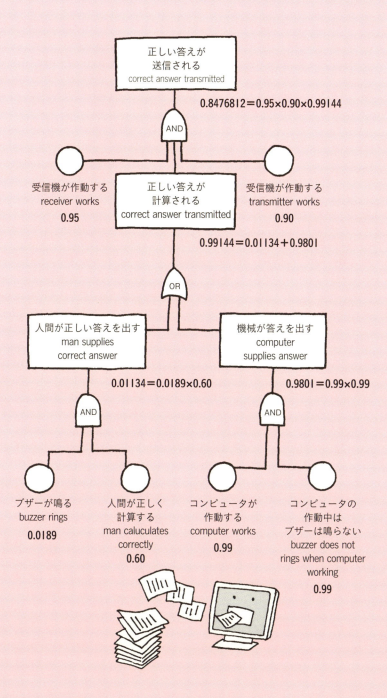

07 LOGIC TREE

象の発生確率は、下位事象の発生確率をすべて掛け合わせたものになる。

複数の下位事象が OR で上位事象と結ばれている場合は、それら下位事象のいずれかが生じれば上位事象は生じる。したがって、上位事象の発生確率は、下位事象の発生確率をすべて足し合わせたものになる。

これらの確率計算が成り立つには、下位事象の間でダブりがあってはならない。また漏れがあっては正しい確率が算出されない。そのため MECE の原則は厳格に要求される。

※ ロジカルでないロジック・ツリー

これに対して、ビジネス書に登場するロジック・ツリーでは、上位項目と下位項目の関係は厳密に追求されることはなく、お題目として唱えられる MECE も努力目標として扱われる程度で、多くの実例で守られていない。

こちらのツリーは、むしろイシュー・ツリーと呼ぶべきかもしれない。事実、Wojick, D. (1975). Issue analysis—An introduction to the use of issue trees and the nature of complex reasoning. や、大前研一『企業参謀——戦略的思考とはなにか』(ダイヤモンドタイム社、1975) では、今日でいうロジック・ツリーにあたるものを導入し、それぞれこれをイシュー・ツリー (issue tree) と呼んでいる。大前は MECE の原則についても紹介し、同書の第2章では同じツリーを (何の解説もつけず) ロジック・ツリーと呼び直している。

大前の書物は彼のマッキンゼーでの経験から得た知見をまとめたものだが、同じくマッキンゼー出身のバーバラ・ミントは、イシュー分析をマッキンゼー・アンド・カンパニーの David Hertz と Carter Bales が 1960 年代に開発したもの [*3] と主張している。

※ 問題と解決のツリーの起源

しかし、問題や解決の候補を分割していき、ツリー状に描く技法は、

さらに以前から用いられてきた。

最も有名なものは、機能的固着の概念を提起した「ロウソク問題」で知られるカール・ドゥンカーが、1935年に発表した「放射線問題」の研究に登場する（原書1935年、英訳1945年）[＊4]。

ドゥンカーの論文の英訳には、「a sort of "family tree" of the solution of the radiation problem.（放射線問題の解決についての一種の系図〈ファミリー・ツリー〉）」という表現がある（次ページの図は英訳に掲載された図を翻訳したもの）。

ロウソク問題

ロウソクと画鋲とマッチがあります。
テーブルにロウが垂れないように、壁にロウソクを付けてください。

ドゥンカーの「解決の木」では、頂点に取り組むべき問題が置かれ、そこから下へ分岐し、伸びる枝に解決策が書かれる。

ドゥンカーは、問題の一部を変えることで解決が得られると考えており、さらに抽象的な解決の一部を変更することで具体的な解決が得られるとしている。

多くの共通点を持ちながら一部が異なるものが上位の項目から複数つくり出される過程を、ドゥンカーは親子の関係になぞらえて考えた。それゆえ、親子関係を図示した系図（ファミリー・ツリー）を参考に、解決の木を考案したと思われる。

※ 問題の分割と網羅的列挙

そもそもロジック・ツリーの目的は、問題を分割した上で、それらを網羅的に列挙すること、この作業をツリー状の図に描くことで行うこと

[＊3] 当初、手書きのレポートだったものが後に出版されている。Carter F. Bales and Mary C. Falvey(1969), A Guide to Issue Analysis, McKinsey § Co.

[＊4] 原著はDuncker, Karl (1935). Zur Psychologie des produktiven Denkens. これが英訳され、英語圏の問題解決者に広まった。Duncker, K., & Lees, L. S. (1945). On problem-solving. Psychological Monographs, 58(5).

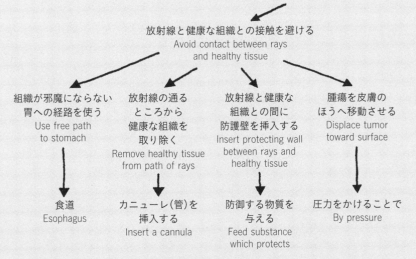

である。

　ここまで確認できれば、ルネ・デカルトの『方法序説』(1637) に登場する有名な4規則を思い出すことは難しくない。

　若いころ、論理学や幾何学・代数学を学んだデカルトは、それら学問の煩雑な規則を捨てて、その代わりに学問と思考のしっかりとした基礎となる規則をまとめた。

　ロジック・ツリーは、デカルトの規則の2つ目と4つ目、すなわち問題の分割と網羅的列挙を行うものだといえる。

　デカルトはまた、「学問の樹」などを示したライムンドゥス・ルルス (→マインドマップ、136ページ) についても学び、自身も『哲学原理』(1644) の中で、哲学全体を1つの樹木に喩えて、根に形而上学、幹に自然学、枝に諸々のその他の学問を割り当て、枝には医学、機械学、道徳という哲学の成果 (果実) が実るという考えを示している。

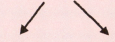

健康な組織を脱感作する Desensitize the healthy tissue		健康な組織を通る途中で 放射線の強さを下げる Lower the intensity of the rays on their way through healthy tissue	
脱感作する 化学物質を注射する Inject desensitizing chemical	弱い放射線で 馴れさせて 免疫をつくる Immunize by adaptation to weak rays	腫瘍に達するまでは 放射線をフルパワーで 照射しない Postpone use of full intensity until tumor is reached	周辺には弱く照射し 腫瘍の場所に 照射を集中する Give weak intensity in periphery and concentrate in place of tumor

　樹形（ツリー）についても、こうした見解を持っていたデカルトであったが、先の4規則と結びつけた証拠はない［＊5］。

デカルトの4規則

明証性の尊重	第1は、私が明証的に真理であると認めるものでなければ、どんな事柄でもこれを真実として受け容れないこと。
問題の分割	第2は、私が検討しようとする難問を、必要に応じて、多数の小部分に分割すること。
単純性の尊重	第3は、最初は最も単純で認識しやすいものから始めるということ。段階を追って最も複雑なものの認識に至り、秩序を仮定しながら、私の思考を秩序だって導いていくこと。
網羅的列挙	最後に、自分は何1つ見落とさなかったと確信するほど完全な列挙と、広範な再検討を行うこと。

［＊5］デカルト以前には、『弁証論的分割法』（1543）や『弁証法』（1555）でピーター・ラムス（ピエール・ド・ラ・ラメー）が、二分法のツリー図を用いている。

※ロジック・ツリーの限界

　問題解決の技法として広く知られたロジック・ツリーであるが、長所は、人気の理由と同じく、その簡便さにある。

　問題を分割していけば単純で取り扱い可能なものに行き当たることを前提としており、言い換えれば原因究明が可能である単純な問題に向いている。因果関係がループしたり、因果ループの影響が無視できないような複雑な問題には向かない。

　ロジック・ツリーでは、同じ要素がツリー上の異なる場所に登場することを予定しておらず、いかに緩くしか守られない MECE でも、ここまでの破格は認められない。

ロウソク問題の答え

　しかし原因と結果がループしている問題の場合、原因究明のためにツリーを伸ばしていけば、同じ要素が下位レベルにも登場するはずである。

　こうした複雑な問題の分析には、因果ループ図（→ 326 ページ）や現状分析ツリー（→ 314 ページ）を用いるべきである。

FISHBONE DIAGRAM

08
特性要因図

原因と結果を図解する

第1章 問題の認知

難易度

開発者

石川馨 （いしかわかおる、1915 - 1989）

参考文献

『品質管理入門』（石川馨、日科技連出版社、1956）

用途と用例

◎ **目標到達のために必要な事柄を確認したいとき。**

◎ **問題の原因と考えられるものを網羅したいとき。**

レ シ ピ

❶ 特性（魚の頭）を決める。

☞特性（effect）を決め、右端に端的な言葉で書き表し、大きく枠で囲っておく。

☞解決したい問題やなんとかしたい不都合を分析する場合は、特性とは、問題があることによって生じる結果のことである。たとえば「売上低迷」とか「パイプからのオイル漏れ」などがこれにあたる。

☞何か求めるもの（成果や目標）がある場合には、それを特性としてもよい。たとえば「数学の成績向上」だとか「創造的な組織づくり」などがこれに当たる。

❷ 大分類（大骨）を記入する。

☞右端に書いた特性から左端までまっすぐ線を描く。これを魚の背骨に見立てて、大骨を加えていく。大骨の先に選んだ要因の分類を枠で囲んで書く。

☞特性に影響を与える要因（＝問題の原因）を考える。詳細は後回しにして、まず大きな要因を考えていく。これはより詳細な要因を考える際に、思考を導く要因の大分類になる。大分類は普通3つ〜6つくらいになる。

☞よく使われる大分類には、工程別や5M（Man：人、Machine：機械設備、Material：材料、Method：作業方法、Measurement：測定）などがある。

第I部　リニアな問題解決　　　　　　　　　　　　　　　　　092

3 中骨、小骨を記入する。

- 大骨の要因は、大まかな特性であり、具体的なレベルに要因を掘り下げる必要がある。要因を具体化・詳細化していき、出てきたものを中骨、さらに小骨の要因を書きこんでいく。
- 要因の詳細化には「なぜそうなのか？」や「それを実現するには何が必要か？」といった問いが導きになる。具体的な対策がとれるレベルまでこの掘り下げを進める。

4 要因を確認する。

- こうしてできた特性要因図を点検し、漏れはないか、また特性と要因の関係が確かであるかをチェックし、必要な修正や追加をして仕上げる。

5 重みづけする。

- 完成した特性要因図を見直し、影響が大きいと思われる要因を選んでいく。選んだ要因は枠で囲むなどして目立たせる。

6 詳細化する。

- 必要なら、そうした重要要因について、改めて特性として取り出し、別に特性要因図を作成する。

08 FISHBONE DIAGRAM

サンプル

遅刻が多い要因を特定する

❶ 特性（魚の頭）を決める。

☞特性を決め、右端に端的な言葉で書き表し、大きな枠で囲む。

❷ 大分類（大骨）を記入する。

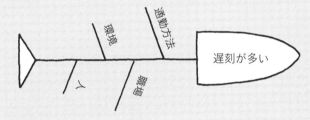

❸ 中骨、小骨を記入する。

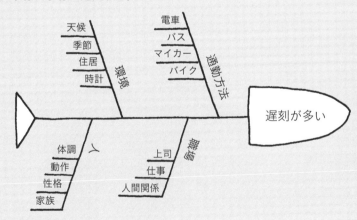

❹ 要因を確認する。

5 重みづけする（図では重要な要因に赤い旗をつけた）。

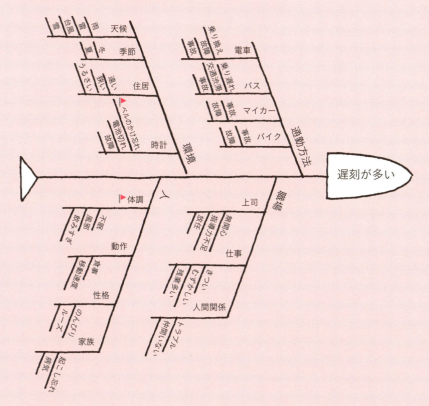

6 詳細化する

☞新たな特性として「体調」を取り出し、改めて特性要因図をつくる。

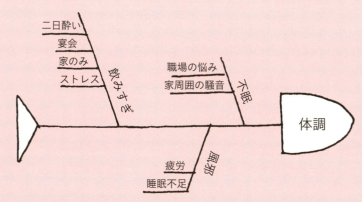

08 FISHBONE DIAGRAM

レビュー

※ 品質管理に由来する技法

特性要因図（フィッシュボーン・ダイアグラム）は、英語で cause-and-effect diagram（原因と結果のダイアグラム）とも呼ばれるように、原因と結果の関係を網羅的に図解する手法である。「日本の品質管理の父」とも呼ばれる石川馨によって1956年に考案された。

「結果」要因図でなく「特性」要因図と呼ぶ理由は、この手法が品質管理（Quality Control: QC）の中で考案されたことに由来する。

品質管理は、もともと製造業において生産品の品質を管理する方法として始まった。

1924年ベル電話研究所のウォルター・シューハートが、生産品のばらつきが許容範囲にあるかどうかを監視するため管理図（Control Chart）というグラフ手法を導入したのが、そのはじまりとされる。

大量生産は、材料や製造方法をそろえることで均質な製品を能率よくつくり出そうとする標準化の原理に基づいている。しかし製品のばらつきを完全になくすことは不可能であり、また必要以上の均一性を要求することは経済的ではない。

こうした背景のもとに、製造品質を経済的に管理する道具として生み出されたのが管理図である。

管理図は、製品の寸法、重さ、強さ等を「品質特性（quality characteristic）」[＊1] として縦軸に、生産日付を横軸にとって記録する折れ線グラフであり、これに「品質特性」の上限／下限を示す線を引いて、グラ

[＊1]「特性」とは、「そのものに特有の性質。そのものが他と異なって特に備え持つ性質」（精選版 日本語大辞典）であり、characteristic の訳語としてしばしば使われる。

第 I 部　リニアな問題解決

フがこの間に収まっているかどうかを監視し、範囲外に出た場合はその原因を特定し除去することを目的とする。

　管理図は、品質データのばらつきが偶然原因によるものか、異常原因によるものかを識別し、さらに異常と判断されたときに、その原因の解析に手がかりを与える機能を持っている。

　たとえば、上限と下限の間でランダムにばらついている場合は、その原因は偶然によるものだが、ばらつきが上昇ないし下降し続けているなら、何らかの異常が生じていると考えなくてはならない。

　特性要因図でいう「特性」はもともと、この「品質特性」という生産工程の結果を指すものであり、特性要因図は「品質特性」に影響を与える工程内のさまざまな要因との関係を図示したものである。

※QC から TQC へ

　シューハートの管理図以降、統計的手法の工業への応用は進み、米英国で発展した。とくに第二次大戦を控えて準戦時体制に入ったアメリカでは、戦時増産計画の一環として、管理図をはじめとする品質管理が採用され、戦時規格（American War Standards, 1941-1942）[＊2] として公布するなど各産業で大々的に展開し、質と量とコストの面で他国を凌駕した工業生産力を実現することで戦争遂行を支えた。

　日本では、第二次大戦以前にもイギリス経由で品質管理が伝わっていたものの、数学者・統計学者の間で知られるにすぎなかった。大戦後、1946 年に日本科学技術連盟（日科技連）が民間団体として設立、当時のメイド・イン・ジャパンの「安かろう悪かろう」を打破し、品質を向上させて日本製品を世界へ輸出することを目指し、以後、品質管理の研究・普及の拠点となった。1950 年には日科技連が主催となり、シューハー

[＊2] 品質管理に関わる戦時規格には次の 3 つがある。
Z1.1 Guide for Quality Control(1941)
Z1.2 Control Chart Method of Analyzing Data(1941)
Z1.3 Control Chart Method of Controlling Quality During Production(1942)

トの弟子であるエドワーズ・デミングを日本に招聘、QC講習会を開催している。

　生産工程についての品質管理から始まったQCは、次第に事務・企画・営業といった部門へも拡大され、総合的品質管理・全社的品質管理（total quality control, TQC）へと発展した。適用業種も製造業から銀行、航空会社、デパート等の小売業などへも広がりを見せた。

　このことが可能だったのは、大量生産という場面でQCが成功を収めたことの他に、「原材料を投下し、生産工程を経て、製品を生産する（インプット・プロセス・アウトプット）」という生産工程をメタファーとして問題を考えることが、社会の工業化の中で求められ、また受け入れられていったからである。

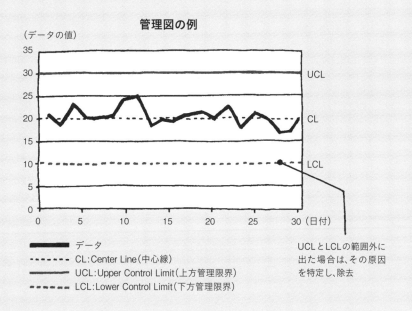

管理図の例

※特性（結果）は直接コントロールできない

インプット - プロセス - アウトプットという生産工程が教える重要な知見は、我々はアウトプットを直接コントロールすることができないという教訓である。これは解決するに値する問題に共通する性質である。いきなりアウトプットをコントロールできる類の問題は、問題解決に値しない（→佐藤の問題構造図式、62ページ）。

この教訓はまた、QCのベースとなる統計的品質管理の前提となるものである。

統計的品質管理以前には、品質管理とは、完成品を全数検査して不良品を取り除くことを意味していた。

これはアウトプットを直接コントロールしようとする、素朴な発想に立ったアプローチであるが、多くの欠点を持っている。石川の指摘をいくつか挙げると

- 検査自体にもミスが必ず生じるため、全数検査しても不良ゼロにはできない。
- 検査員は生産性を落とす余分な人間である（生産につながらないところに人を張りつけることは当然生産性を落とす）。
- 製造部の人は検査を通せば良いと考えやすい（品質のコントロールと保証は生産者・製造部の責任なのに、検査部門に押しつけられる）。
- 検査部のデータは工程管理や工程解析に利用されない（検査部のデータはそもそも生産工程がどうあるかと関係なく取られる。フィードバックにも時間がかかる）。
- 保証できない項目がたくさんある（全数検査では破壊検査はできない、不良品がハネられるだけで、何年も使えるという意味での信頼性を高めることにつながらない）。
- 不良・欠点を発見してもスクラップや手直しが増え、コストが

増えるだけ（生産工程を改善することにつながらない）。

　これらの欠点はコントロールできないものをコントロールするところに端を発している（→ニーバーの仕分け、32ページ）。

　生産品の品質をコントロールできるのは、それを生産する人たちだけである。しかしアウトプットは結果として生じるもので、直接は変えられない。

　アウトプットに影響を与えるインプット（＝要因）だけが、我々のコントロールできるものである。

　こうした要因の数は数え上げれば膨大にあり、我々の有限の時間とリソースでは、そのすべてに対処することはできない。

　少数の要因が大きな影響を与え、これに対して、多数の要因は小さな影響しか与えてないことが通例であり（パレートの法則）[＊3]、たくさんの要因を一望化する中で、コントロール可能で、なおかつとくに重大な影響を与える少数の要因に絞り込み、対処し、結果アウトプットをコントロールするのが品質管理の骨法である。

　特性要因図は、これら要因を図解化し網羅的に把握するためのツールである。

[＊3] 元はイタリアの経済学者ヴィルフレド・パレート（Vilfredo Federico Damaso Pareto）が所得分布について発見した冪乗則（べきじょうそく）。所得は一部の富裕者に集中していることになるが、これを転用して、一部が全体に大きな影響を持っている現象について用いられる。

LIBRARY RESEARCH

09
文献調査
巨人の肩に乗る

第2章　解決策の探求

難易度

開発者
偉大なる先人たち

参考文献
Mann, T. (2015). The Oxford guide to library research. Oxford University Press.
『学際研究――プロセスと理論』（アレン・F. レプコ、九州大学出版会、2013）

用途と用例
◎ いろんな解決策や役立つ情報があるか探したいとき。
◎ 既存の解決策を使いたいとき。

09 LIBRARY RESEARCH

レシピ

❶ 目標と現状を確認し問題を定義する。

❷ 問題や目標、現状に関連する事項（関連事項）を次の「関連事項・文献表」の左端欄に書き込む。

関連事項・文献表

関連事項	分野	キーワード	図書館分類	閲覧資料	得られた知見

☞この関連事項が文献調査の対象となる。

調査開始時には、関連事項は、曖昧で広い意味を持つ日常語で表現されることが多い。

調査をしていく中で、情報や知識の増加とともに、関連事項の数は増加していくので、「関連事項・文献表」の左端欄に追加していく。追加される関連事項は、入手した文献からの情報や知識によって、より限定された意味を持つ専門用語で表現されたものになっていく。

増加していく関連事項のすべてを調査する必要はない。目的に照らして、有望そうなものに集中して調査する。

❸ 関連事項のそれぞれについて探索する分野、主題語、図書館分類を記入する。

☞◎分野がまるでわからない場合に手っ取り早いのは、国会図書館サーチ（http://iss.ndl.go.jp）での関連事項の検索である。該当する

書籍や論文のリストが表示されるだけでなく「特徴語」や「関連キーワード」「著者名キーワード」「科学技術用語」(J-GLOBAL 提供)が表示される。Google 書籍検索やウィキペディア検索へのリンクも提供される。

◎ 関連項目がどの分野に属するかは、国会図書館リサーチ・ナビ(http://rnavi.ndl.go.jp) で検索すると以下のようなテーママップが表示されるので参考にする。これも国会図書館サーチの検索結果からリンクがある。

◎ 図書館ではリファレンス・カウンターで相談するとよい。インターネット上でも、全国の図書館がリファレンス・カウンターで受けた質問の解答例が「レファレンス協同データベース」で提供されている。これも国会図書館サーチの検索結果からリンクがある。

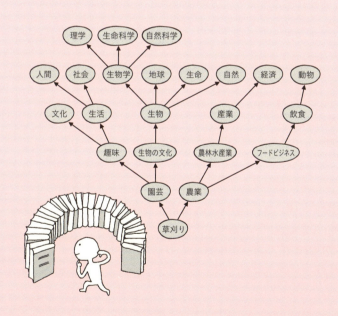

4 文献を検索して入手し、資料名や得られた知見を「関連事項・文献表」に書き込む。

5 文献から得られた情報・知識を使って**2**以降の作業を繰り返していく。

☞文献調査は、調査で得た情報と知識を足がかりに、次なる調査を行うことの繰り返しである。文献からは、その分野の専門用語や専門家、多くの文献が参照する主要文献などがわかる。

☞学術文献はとくに、参照関係を通じて互いに結びついている。この結びつきをたどることで芋づる式に情報を得ていく。

サンプル

空き地の雑草をなんとかする

こうした問題は、発想法で新しいアイデアを求めても、あまり役に立たない。

人類は農作をはじめて以降、雑草に悩まされてきた。したがって既存の解決策があると見込まれる。

1 **目標と現状を確認し問題を定義する。**

☞現状は「さまざまな雑草が空き地を覆って土が見えない状態」、目標は「雑草がなく土が見える状態にすること、できればその状態を維持すること」であり、したがって解くべき問題は「空き地から雑草を取り除くこと」である。

2 **問題や目標、現状に関連する事項**（関連事項）**を次の「関連事項・文献表」の左端欄に書き込む。**

☞最初は【草取り】と「関連事項」に書き込んだ。

3 **関連事項のそれぞれについて探索する分野、主題語、図書館分類を記入する。**

☞【草取り】で検索したが、あまり文献がヒットしない。

☞テーママップから【草刈り】という言い換えと、【園芸】【農業】

という分野に属することがわかったので、それを表に追加した。【草刈り】で検索すると、【除草】というキーワードや【470 植物学】【615.6 管理：間引、除草、中耕、整枝、灌水】という図書館分類がわかった。これも表に追加した。

☞また【草取り】【草刈り】で、『現代農業』という雑誌の「2005 年5 月号」が「草刈り・草取り 特集号」であることがわかった。雑誌『現代農業』は図書館に所蔵があり、除草についての概要を得ることができた。また、この雑誌は商用データベース「ルーラル電子図書館」でキーワード検索・全文表示可能で、【除草】をキーワードに検索すると、他にも除草関係の記事がよく掲載されていることがわかった。

❹ 文献を検索して入手し、資料名や得られた知見を「関連事項・文献表」に書き込む。

☞除草に便利な道具や、楽な草の刈り方、除草剤などの知見が得られた。

❺ 文献から得られた情報・知識を使って❷以降の作業を繰り返していく。

《2 周目》

❷ 問題や目標、現状に関連する事項（関連事項）を次の「関連事項・文献表」の左端欄に書き込む。

☞先程の雑誌の特集から得られた知識から「関連事項」に【刈払機】［＊1］と【除草剤】を書き込んだ。

☞また改めて「敵」である雑草についても調べようと【雑草】を「関連事項」に加えた（これは最初から入れるべきだった）。

❸ 関連事項のそれぞれについて探索する分野、主題語、図書館分類を記入する。

［＊1］刈払機（かりはらいき）。長いシャフトの先に回転鋸がつき、エンジンでこれを高速回転させて草や小径木を刈り払う機械。使用に当たっては刈払機取扱作業者の資格を有することが望ましい。なお、林業や造園業など日本国内で業務として刈払機を用いる場合には、安全衛生教育を受講していない場合、労働安全衛生法違反となる。

09 Library Research

☞【刈払機】614.8 農業の機械化.農業用機器.農具、656.3 森林機械・
器具

☞【雑草】470 植物学、615.83 菌核病.寄生植物病.雑草の害

☞【除草剤】615.87 農業薬剤［農薬］：薬剤散布

**❹ 文献を検索して入手し、資料名や得られた知見を「関連事項・文献表」
に書き込む。**

☞【刈払機】で検索し、『最新・林業機械ハンドブック』という書籍
を閲覧。刈払機の種類や性能、手入れ、刈払機作業の方法や注意
事項についての知見を得た。空き地や農地で草を刈るのに使われ
ている機械で、確かに見かけたことがある。

☞【雑草】で検索し、『原色 雑草診断・防除事典』と『雑草管理ハン
ドブック』を閲覧。『原色 雑草診断・防除事典』は、雑草の見分け
方を写真入りで解説し、対策についても簡単に触れてある。

☞これで空き地で一番はびこっている蔓状の植物は、よく聞く「ヤ
ブカラシ」と「葛」であることがわかった。『雑草管理ハンドブッ
ク』は、雑草の基礎知識をまとめた基礎編と、雑草管理の実際を
扱った実用編に、雑草一覧や除草剤一覧の付録がついている。「非
農耕地の雑草管理」「発生雑草の種類と消長」などの項目も関係あ
りそう。

☞【除草剤】で検索し、『除草剤便覧』を閲覧。除草剤の選び方・使
い方の解説とデータ集であり、「殺草効果発現の特性と選択」「発
生雑草に応じた薬剤選択」など解説記事と、巻末に適用草種別の
除草剤表がある。

「葛」用として、薬剤名「クズコロン液剤」「クズノック微粒剤」
「ケイピンエース」「ショートキープ液剤」「グラスショート液剤」
が挙げられていた。

多年生雑草・広葉向けの除草剤として「2,4-PA」「MCP ソーダ塩」
「ベンタゾン」「アイオキシニル」が挙げられていた。

《3 周目》

❷ 問題や目標、現状に関連する事項（関連事項）を次の「関連事項・文献表」の左端欄に書き込む。

☞ 除草剤の害が気になったら、【除草剤 毒性】【除草剤 影響】などで、さらに検索を続ける。

関連事項・文献表

関連事項	分野	キーワード	図書館分類	閲覧資料	得られた知見
草取り	園芸 農業	草刈り			
草刈り	園芸 農業	除草	470 植物学 615.6 管理：間引 除草 中耕 整枝 灌水	『現代農業』2005 年 5 月号：草刈り・草取り特集号	除草に便利な道具や、楽な草の刈り方、除草剤の利用など。
刈払機	農業 林業	刈払機	614.8 農業の機械化 農業用機器 農具 656.3 森林機械・器具	『最新・林業機械ハンドブック』スリーエム研究会、1991.3	「X 育林機械」の中に「刈払機」の章あり。刈払機の種類や性能、手入れ、刈払機作業の方法や注意事項を解説。
雑草	植物学 農薬 生態学	雑草	470 植物学 615.83 菌核病 寄生植物病 雑草の害	『原色 雑草診断・防除事典』農山漁村文化協会、2014	除草の種類の見分け方がわかる図鑑（写真多数）。対策についても簡単に説明。
（同上）	（同上）	（同上）	（同上）	『除草管理ハンドブック 朝倉書店』1994	除草の基礎的知見の基礎編、状況別の雑草管理の実際をまとめた実践編、主要雑草一覧表・除草剤一覧表など。 除草剤一覧表は、一般名（商品名）、化学名、毒性、適用分野、対象雑草についてまとめてある。
除草剤	農薬 環境	除草剤	615.87 農業薬剤〔農薬〕：薬剤散布	『除草剤便覧』農山漁村文化協会、2006	除草剤の選び方・使い方の解説とデータ集。「殺草効果発現の特性と選択」「発生雑草に応じた薬剤選択」など。 巻末に適用草種別の除草剤表あり。

09 LIBRARY RESEARCH

レビュー

※ 枯れた問題解決

伝統的な問題解決の研究には、1つの前提がある。

それはルーティンワークで解決可能な問題や、すでに確立された解決法があり問題解決者がそれを知っている場合は、研究対象にならないことだ。つまり何らかの意味で創造的な問題解決にその関心は限定されている。

この限定は、問題解決を（記憶や学習などとは別の）固有の研究領域として確立するために不可欠だった。

しかし我々が日々遭遇する問題には、既存の解決法で間に合うものが少なくない。

問題解決には、アイデアとは異なり、新奇さは必ずしも要求されない。創造的であることも必須ではない。

問題解決と発想法は重なる部分も多いが、この点が異なる。

パテントを取るのが目的でなければ、使い古された方法で十分なことは多い。またそうした枯れた方法のほうが信頼性が高く、おまけに安上がりであることすらある。

※ 巨人の肩の上に

アイザック・ニュートンが1676年にロバート・フックに宛てた書簡で用いたことで有名な「巨人の肩の上」[*2] という比喩表現がある。

ここにいう「巨人」とは先人の積

ニュートンがフックに宛てた手紙の一部。日付は1675年2月5日。

1658年にバロック時代のフランスの画家ニコラ・プッサンによって描かれた作品から。ギリシア神話に登場する盲目の巨人オリオンと、その肩に乗る少年ケダリオン。巨人の方は、ギリシア神話の巨人にして美男の狩人であり、星座にもなったオリオンである。オイノピオン王に欺かれ、酒に酔わされて目をえぐられ視力を奪われるオリオンは、神託に従い、鍛冶の神ヘファイストスの見習い弟子である少年ケダリオンをさらって肩に乗せ、この少年の誘導によって太陽の昇る方向を目ざす。やがて太陽の神アポロンの放つ陽光を受けてふたたび視力を取り戻すことができたとされる。小人が巨人を導くというこのエピソードは、アポロンが太陽神であると同時に医療の神であり、また別伝ではケダリオンは弟子ではなくヘファイストスに鍛冶を教えた師であったことを考えれば、技術に導かれ光明（知性であり快癒である）に至ったものと解することもできる。

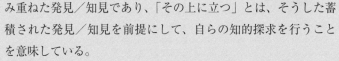

み重ねた発見／知見であり、「その上に立つ」とは、そうした蓄積された発見／知見を前提にして、自らの知的探求を行うことを意味している。

　実際、人類がこれまでに挑んできた問題と解決策の蓄積は膨

[＊2] ニュートンの手紙には「If I have seen further it is by standing on ye sholders of Giants.（私がかなたを見渡せたのだとしたら、それはひとえに巨人の肩の上に乗っていたからです）」とある。出典：J. B. Hall (ed.), 1991, Ioannis Saresberiensis Metalogicon, III, 4, 45 (p. 116), (Corpus Christianorum Continuatio Mediaeualis CCSM 98)
ただし、ニュートンが初出というわけではなく、はじめてこの表現を使ったのはフランスの哲学者で12世紀のシャルトル学派のベルナール（Bernard de Chartres, 生年不明、1124年以降没）とされる。文献上の出典は、12世紀ルネサンス期の人文主義者ソールズベリのジョン（Jhon of Salisbury, 1115頃〜1180）が自著『メタロギコン』の中で、ベルナールの言葉を孫引きして次のように述べた箇所である。
「私たちは巨人の肩の上に乗る小人のようなものだとシャルトルのベルナールはよく言った。私たちが彼らよりもよく、また遠くまでを見ることができるのは、私たち自身に優れた視力があるからでもなく、ほかの優れた身体的特徴があるからでもなく、ただ彼らの巨大さによって私たちが高く引き上げられているからなのだと（ラテン語：Dicebat Bernardus Carnotensis nos esse quasi nanos gigantum umeris insidentes, ut possimus plura eis et remotiora uidere, non ut ique proprii uisus acumine, aut eminentia corporis, sed quia in altum subuehimur et extollimur magnitudine gigantea.）」出典 J. B. Hall (ed.), 1991, Ioannis Saresberiensis Metalogicon, III, 4, 45 (p. 116), (Corpus Christianorum Continuatio Mediaeualis CCSM 98)

大である。

我々は文字を扱うことができ、時間と空間を超えてその知識を伝え、蓄えることができる生き物でもある。こうして過去から現在にわたる世界中の人びとと知的分業を行い、自分以外の無数の人びとの知的貢献を前提に、ものを考え判断を下すことができる。

我々が遭遇する問題の中には、他の誰かがすでに取り組んでいるものや、中にはすでに定着した解決法があるものも少なくない。

この場合、必要なのは、自分の頭で何かを考えつくことではなく、既存の解決策を探し、見つけることである。そのためには、人類が重ねてきた膨大な問題解決の蓄積にアクセスする必要がある。

※ 図書館は問題解決のための施設

世間的には忘れられていることが多いが、図書館は問題解決のための資源を提供する施設である。

たとえば、公共図書館の祖先の1つである、ベンジャミン・フランクリンが仲間たちと始めたフィラデルフィア図書館会社では、書籍の貸出とともに、顕微鏡や望遠鏡といった研究器具の提供も行っていた（フランクリン自身がそうだったように、アマチュア科学者たちがフランクリンの仲間にも図書館利用者にもいたのである）。フランクリンの述懐によれば、図書館は彼らの大学でもあり、また政策立案のためのシンクタンクですらあった。フランクリンたちは図書館の資料と仲間たちの議論を通じて、フィラデルフィアに消防組合や病院などを次々実現させていったのである。

現代でも、図書館は各種専門事典をはじめとする参考図書を備え、さらに新聞の閲覧や雑誌の閲覧／貸出ができ、館内ではインターネットの他にも商業データベースへの接続を提供している。

加えて、どんな情報ニーズにも応えられるよう、限られた予算とスペースの中で、できる限りのバランスとカバリッジを実現するよう、蔵書とその他の資料は構築されている。

さらに、資料を組織化するだけでなく、組織化された資料の利用をサポートしてくれるリファレンス・カウンターまで備えている。

第Ⅰ部 リニアな問題解決

※ **調査についてのマタイ効果**

　しかし現実には、図書館を問題解決に活用する人は多くない。

　図書館利用率の高い米国でも、人びとの情報行動を調べた研究では、情報源として図書館を挙げる人はわずかに過ぎず、多くは知人などに質問することで済ませてしまうことがわかっている。

　つまり、問題解決のために、自ら既存の解決策を探してみる人自体が少ないのである。

　ところで、車輪の再発明（reinventing the wheel）という慣用句は「広く受け入れられ確立されている技術や解決法を知らずに、同様のものを再び一からつくること」を意味する。

　我々が再発明する羽目に陥るのは（意図的に行う場合を除けば）、単に既存のものの存在を知らないだけでなく、最初から「私が直面する問題に役に立つものは存在しない」と決めてかかって、探すこと自体をしないからである。

　貧困層や高齢者や収監者といった社会的弱者がどのように情報を取得し利用するかを長年研究したチャットマンは、彼らが「自分の助けになる情報源は存在しない」という感覚を持ち続けることに気づいた。さらに、問題に直面して、本来なら情報ニーズが生じるような場面でも、自己防衛のために情報ニーズを隠し、「私は困っていない」という態度

情報富裕者　　　　　情報貧困者

を取り続け、支援の申し出を拒絶し、情報へのアクセスを自ら閉じる。「自分の助けになる情報源は存在しない」という信念は、こうした回避行動を正当化するものでもあり、自己成就的予言 [＊3] にもなっている。こうして必要な情報が得られない状態を自ら再生産し、恒常的に「情報の貧困」という悪循環ループに陥っている人たちをチャットマンは「情報貧困者」と概念化した [＊4]。

しかし「自分の助けになる情報源は存在しない」という信念は、典型的な情報貧困者だけが持つものではない。

調べても役に立たなかった失敗経験は、人を調べものから遠ざけるだけでなく、情報貧困の悪循環へ向かうきっかけとなりかねない。

逆に、この信念に反証を突きつけるのは、調べものを通じての問題解決の成功体験である。

小さな成功体験を得た人は、時に調べるだけではうまくいかないことがあっても、調査の習慣を続け、調査巧者となり、ますます調査するようになるだろう。調査の成功が行動の好子となるのである（→行動デザインシート、231 ページ）。こうした人は「世界には、過去の人類が蓄積してきた有益な情報が存在し、自分はそれを捜索し活用することができる」という信念を育てていくことになる。

つまり情報の富裕と貧困についても、ロバート・マートンが指摘したマタイ効果（→セレンディピティ・カード、『アイデア大全』、70 ページ）が働くのである。

「おおよそ、持っている人は与えられて、いよいよ豊かになるが、持っていない人は、持っているものまでも取り上げられるであろう」（マタイ福音書第 13 章 12 節）

[＊3] このようになるのではないかといった予期が、無意識のうちに予期に適合した行動に人を向かわせ、結果として予言された状況を現実につくってしまうプロセスを自己成就的予言（self-fulfilling prophecy）と呼ぶ。社会学者のロバート・マートンが定義した。たとえば「あの銀行が危ない」というデマを信じた人たちが、預金引き出しのために銀行へ殺到し、もともとはなかった倒産の危険性が、こうしたパニック行動によって実現してしまうことがこれに当たる（→因果ループ図、326 ページ）。

[＊4] Chatman, E. A. (1996). The impoverished life-world of outsiders. Journal of the American Society for Information Science (1986-1998), 47(3), 193.

第 I 部　リニアな問題解決

BRUTE-FORCE SEARCH

10
力まかせ探索
総当たりで挑む万能解決法

第2章 解決策の探求

難易度

開発者
トーマス・エジソン（Thomas Alva Edison, 1847 - 1931）

参考文献
『エジソン理系の想像力』（名和小太郎、みすず書房、2006）
Rips, L. J. (1994). The psychology of proof: Deductive reasoning in human thinking. Mit Press.

用途と用例
◎ どう取り組んでいいかわからない問題に取り組むとき。
◎ 参考になる知識や情報が乏しい問題に取り組むとき。

レシピ

1 解（答え）の条件を定義する（確かめておく）。

2 最初の解の候補を1つ選ぶ。

3 **1**の条件を満たしているかどうかをチェックする。

4 条件を満たさない場合は、次の候補を選んで**3**へ戻る。
☞ もう選ぶ候補がないなら、ここで終了する。

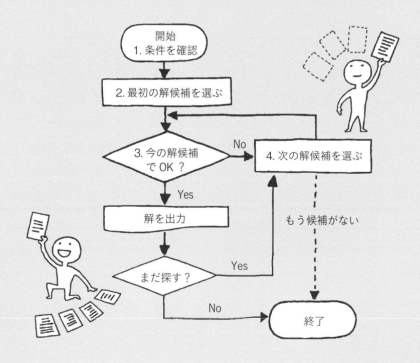

5 条件を満たしていたら、それが解である。

☞ここで終えてもいいし、**4**へ戻って次の候補を選び、さらに解を
探すこともできる。

サンプル

総当たり攻撃（ **Brute-force attack** ）

暗号や暗証番号（パスワード）の解析に、力まかせ探索を用いた方法を
総当たり攻撃（Brute-force attack）という。

理論的にありうるパターンすべてを入力して試してみるもので、力ま
かせ探索の性質上、時間的制約と試行回数の制限を無視できるなら、確
実にあらゆる暗号を解読し、すべてのパスワードをクラックできる方法
である。

人間が手作業で行えば膨大な時間と労力が必要だが、力まかせ探索の
シンプルさにより、単純なコンピュータプログラムで自動化することが
可能である。

大小のアルファベットと数字を使えるとすると使用できる文字数は
62字あり、4桁のパスワードでは1477万6336通り、6桁では568億
0023万5584通りの組み合わせがありえるが、2012年に行われたパー
ソナルコンピュータ1台（CPU：Intel Core i7、システムメモリ：8GB、GPU：
GeForce GTX 680）を使った実験では、解読にかかる時間は最大で、4桁
のパスワードでは1秒以下、6桁でも13秒となっている [＊1]。

[＊1] 株式会社ディアイティ「セキュリティ調査レポート Vol.3」（実験実施 2012 年 12 月）
http://www.dit.co.jp/service/security/report/03.html

エジソンの白熱電球

　単純だが膨大な数の繰り返しは、確かにコンピュータの得意技であるが、計算機が登場する以前にも、このアプローチを駆使して、発明という問題解決を数多く成し遂げた人物がいる。トーマス・エジソンその人だ。

　エジソンの発明の中で、力まかせ探索の最も有名な例は、白熱電球の開発だろう。エジソン以前にも白熱電球に挑んだ発明家は20人を下らない。さらには先行する特許は31件もあった。エジソンの白熱電球には、先行者とは隔絶した画期的なアイデアがあったわけではない。エジソンにあったのは徹底的な試行錯誤だった。

　最も肝心な、電球の中で光を発するフィラメントの材料を決めるのに、エジソンはまず周期表に並ぶ金属を、白金、クロム、モリブデン、タングステン……と一つひとつ試していった。

　クロムは高純度のものを得ることができず、モリブデンとタングステンは当時の技術では硬すぎてフィラメントに合った形に加工できない、白金は高価過ぎる。

　そんなとき、炭素がよいというイギリスの化学者ジョセフ・スワンの研究の知らせが入った（エジソンは無論そうした関連研究の最新状況を知るためのアンテナを世界中に張り巡らせていた）。

　炭素でいくのが決まった後も、何から炭素を得るのがよいか、これも徹底的に試している。「The Electrical Engineer」誌に掲載された談話［＊2］では、世界中から素材を取り寄せ、6000の植物から得られた炭素を試してみたと語っている。

　しかしエジソンの目的に叶うものは、そのうちの3〜4種類にすぎなかった。

［＊2］ The Electrical Engineer: A Weekly Review of Theoretical and Applied Science Vol VIII 1889 June. 288-289.

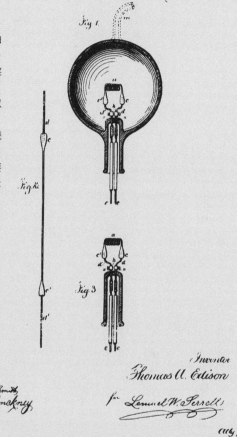

エジソン「炭素フィラメント白熱灯」(特許番号 US223898 号) の図面。特許出願資料より。実用的電球を製造するためには、フィラメントの原材料の探索以外にも、ガラスバルブ製造法、導入線とフィラメントの接続方法、排気方法、口金とソケットなどの多くの技術開発が必要だった。エジソンたちは膨大な数の実験と試作を繰り返し、こうした技術的課題を一つずつクリアしていった。

最善とされたのが、日本の京都乙訓郡から得られた竹からつくった炭素フィラメントであった。エジソンはこれを用いて「炭素フィラメント白熱灯」(特許番号 US223898 号)[*3] を完成させた。

　名和は、エジソンの発明には、適した「材料」を発見することで、その技術的課題を解決したものが多いと指摘する[*4]。たとえば、この

[*3] エジソンの特許出願資料は、Google Patent で閲覧できる。https://www.google.com/patents/US223898

[*4] 『エジソン理系の想像力』(名和小太郎、みすず書房、2006)

白熱灯のフィラメント、蓄音機の録音用スズ箔、映画のフィルム、蓄電池の電極など。

この最適な「材料」の発見と選択こそ、エジソンが力まかせ探索を駆使した領域だった。

レビュー

※ シンプルな万能解決法

力まかせ探索（Brute-force search）は、しらみつぶし探索（Exhaustive search）ともいい、すべての可能性のある解の候補を一つひとつ問題の解となるかチェックしていく方法である。

計算機科学では、シンプルだが汎用的な問題解決法として知られており、実装が簡単であり、また解があるなら必ず発見できることから、アルゴリズムの間違いが深刻な影響を及ぼすようなアプリケーションや、数学的定理をコンピュータで証明するときなどに用いられる。

しかし、そのコストは解の候補となるものの数に比例する。多くの実際の問題では、問題の規模に対して解の候補数は、組み合わせ爆発を起

猿がデタラメにタイプライターを叩いたとして、十分に長い時間繰り返せば、どんな文字列も（たとえばシェイクスピアの戯曲も）いつかは出来上がることを証明する定理を「無限の猿定理（infinite monkey theorem）」と呼ぶ。この形にまとめられたのは無論タイプライターの出現以後だが、定理が厳密に記述されるよりもずっと前から、同種のアイデアは、たとえばアリストテレス『生成消滅論』やキケロ『神々の本性について』で提起されており、ブレーズ・パスカル、ジョナサン・スウィフトらも同様の指摘を行っている。

第Ⅰ部　リニアな問題解決

こして急激に増大することから、解の候補数を実用に耐えるレベルまで減らす工夫が必要になることが多い。

力まかせ探索の汎用性と強力さ、非効率性を示す良い例に、大英博物館アルゴリズム（British Museum algorithm）がある。

このアルゴリズムは、たとえば、ある仕事（「円周率を計算する」でも「囲碁をする」でも何でもいい）を実行できる最も短いコンピュータ・プログラムを生み出すこともできれば、シェイクスピアのどの作品（お望みなら全集まるごと）でも書くことができる。

プログラムもシェイクスピアの作品も、英数字といくつかの記号でできているから、その順列を短い順に出力し（まずは1文字でできるすべての並び方、次に2文字でできるすべての並び方……という具合に）、そのプログラムが当初の目的を果たせるか（あるいは欲しいシェイクスピアの作品と一致しているか）を試してみて、駄目なら次の並び方をつくるのである。

この繰り返しで、いずれは目的のプログラム（あるいは欲しいシェイクスピアの作品）となる英数字と記号の並びに達することは可能である。

しかし、文字数が増える度に爆発的に増加する組み合わせを一つひとつ試さなくてはならないのだ。膨大な時間が必要となるのは想像に難くない。

世界初の真の人工知能プログラム（Logic Theorist）を共同で開発したアレン・ニューウェル、クリフ・ショー、ハーバート・A・サイモンは、自らの人工知能との比較対象として、この汎用かつ気が遠くなるほど非効率的なアルゴリズムを提示し、「猿でもタイプライターを与えられれば、遠遠なる未来には大英博物館の全蔵書を書き上げる」という慣用句になぞらえて「大英博物館アルゴリズム（British Museum algorithm）」と呼んだ [＊5]。

[＊5] Newell, A., Shaw, J. C., & Simon, H. A. (1957, February). Empirical explorations of the logic theory machine: a case study in heuristic. In Papers presented at the February 26-28, 1957, western joint computer conference: Techniques for reliability (pp. 218-230). ACM.

なお「ランダムに文字列をつくり続ければどんな文字列もいつかは できあがる」ことを示す定理は、同じ慣用句にちなみ、「無限の猿定理 (Infinite monkey theorem)」と呼ばれる。

※ 理論や仮説が未整備でも使える

「方法」と呼ぶのが憚られるほど単純で、効率面では大きな弱点を持っ ているこのアプローチを取り上げる理由は何だろうか。

確かに力まかせ探索は、見るからに工夫がなく、実際に非効率である。 もっと楽な賢い方法がありそうに思える。実際、賢い工夫を重ねた多く の方法やアルゴリズムは、力まかせ探索に勝る効率を誇るからこそ登場 したともいえる。

しかし、工夫された賢い方法が使えない場面、使えるのかもしれない が、その方法を選べばいいのか決められるほど我々は問題について熟知 していないようなケースは、決して少なくない。

実際、類題すら誰も解いたことのない新たな難問に挑むとき、我々は ありうる可能性を順番に潰していくしかやりようがない。

エジソンたちが直面したのもそうした状況だった。彼らには、調査を 効率的に進めるための知識や理論の援護が欠けていた。

エジソン自身、科学の専門教育を受けた人物ではなかった。これは学 校嫌いで知られるエジソンがとくにそうだったわけではなく、技術専門 教育が普及する以前には技術畑にいる人間の多くがそうだった。

しかしそれだけではなく（専門教育を受けた技術者ならエジソンも何人も雇 い入れていた）、この時代、発明家が挑もうとする問題に対して、科学や 工学が知っていることが今よりずっと少なかったのである。

たとえばエジソンとその同時代の技術者たちは、フィラメントが高温

第Ⅰ部 リニアな問題解決

であることはわかっても、実際に何度なのか計測する方法を持っていなかった。フィラメントの材料を探そうにも、何度の融点を持つ素材なら良いか決めることすらできなかったのである。

　エジソンは後の時代なら、理論による予想や測定による判断で済むところまで、試行錯誤で確かめるしかなかった。

　戦前の伝記であるが、深澤正策『エヂソン』の次の一節は短いながらも、エジソンのアプローチを余すことなく伝えている。

「エヂソンの実験法には特色があった。系統づけられたエキゾースションと称される方法である。あらゆるものを系統的に実験して、失敗したものを取除けて行き、成功するまで遣るのである。将棋用語にすれば、総当り式とでも言はうか——あの手、この手と勝つまで実験するのである。／所謂、学問に捉はれてゐれば、総当り式は遣れない。無用の努力であり、まぐれ当りを僥倖してゐるとも見える。しかし科学が不十分である限り、この方法は捨てられない。／この実験法の先駆者としても、エヂソンは感謝されなければならない」[＊6]

［＊6］『エヂソン』（深澤正策、新潮文庫、1941）

10 Brute-force search

FERMI ESTIMATE

11
フェルミ推定
未知なるものを数値化する

難易度

開発者

エンリコ・フェルミ（Enrico Fermi, 1901 - 1954）

参考文献

『サイエンス脳のための フェルミ推定力養成ドリル』（ローレンス・ワインシュタイン、ジョン・A・アダム、日経 BP 社、2008）

『物理がわかる実例計算 101 選』(クリフォード・スワルツ、講談社ブルーバックス、2013)

A View from the Back of the Envelope（http://www.vendian.org/envelope/）［＊1］

用途と用例

◎ データが不足しているが判断しなければならないとき。

◎ 曖昧なイメージや直観を数値に変換したいとき。

［＊1］Back-of-the-Envelope (BotE) Reasoning を含む、approximation（近似法）を扱った、最も浩瀚（こうかん）なインターネット上の情報源。ネット上のリソースから書籍、論文から絵本まで、大抵のものはこのサイトからたどることができる。「Scaling the universe to your desktop」や「How Big Are Things?」は予備知識なしに楽しむことができるだろう。

第Ⅰ部　リニアな問題解決

レ シ ピ

1 **桁数の推定を目標にする。**

☞指数表記 [＊2] の指数部の数字が合えばいいとする。これは正解値の 1/10 ～ 10 倍の範囲なら OK とすることである。

2 **問題を分割し**（Divide and conquer の原則）、**ロジック・ツリー**（→ 81 ページ）**をつくる。**

3 **ロジック・ツリーの枝の先端から数値を推定する。**

☞① 知っている／利用できる数値を使う。

☞② 知らない数値が必要な場合は上限と下限から考えて、その幾何平均（相乗平均）[＊3] を取る。

4 **分割した推定を掛け合わせて答えを出す。**

5 **推定結果をチェックする**（単位は合っているか、宇宙全体より大きくないか等）。

[＊2] 数字を $m \times 10^n$（m 掛ける 10 の n 乗）の形で表すことを指数表記という。
mの部分で有効数字を表す、1 以上 10 未満の数字
指数部：nの部分で指数を表す→ぶっちゃけ桁数を表す
mの部分を、$1 \leqq m < 10$ となるようにする（正規化）
例）
$6.2 \times 10^3 = 6200$
$3 \times 10^8 = 300000000$
$6.77 \times 10^{-11} = 0.0000000000667$
これは科学的記数法（scientific notation）と呼ばれ、科学・工学で取り扱うとても大きな数値や小さな数値を扱うのに便利な表し方である。

[＊3] 目標は桁数を当てることなので、2 つの値の中間を求めたいときは、足して 2 で割る算術平均ではなく、掛けて平方根を求める幾何平均（相乗平均）を使う。

11 FERMI ESTIMATE

サンプル

シカゴにあるピアノの台数を探る

まずはフェルミ問題の例として必ず取り上げられる問題を簡略化して「シカゴにあるピアノの台数」をフェルミ推定してみよう。

1 桁数の推定を目標にする。
2 問題を分割し、次のようなツリーをつくる。

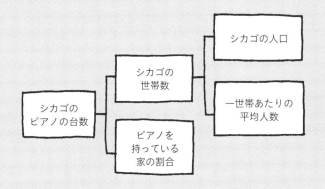

3 ロジック・ツリーの枝の先端から数値を推定する。

① 知っている／利用できる数値を使う。

あなたがシカゴの人口を知っているなら、またピアノを持っている家の割合を知っているなら話は早い。しかしここでは不幸にも、どの数値も知らないとしよう。

② 知らない数値が必要な場合は上限と下限から考えて、その幾何平均（相乗平均）を取る。

今の「シカゴの人口」だと、確かに何人かはわからないが、しかしシカゴはどこかの寒村ではなく、結構な大都市であることは、おぼろげな

がら知っているだろう。

　こうした場合、この「おぼろげながら知っていること」を間違ってはいない程度の数値に落とし込む方法がある。

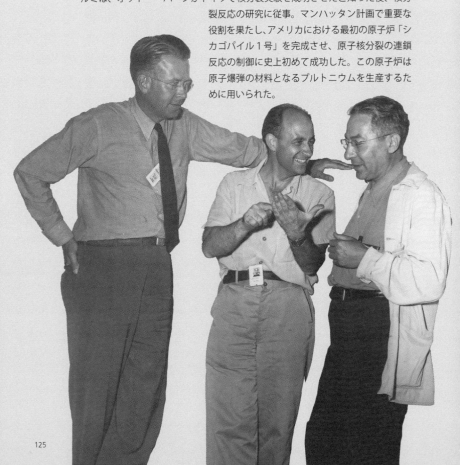

同じ物理学者のアーネスト・ローレンス（左）とイジドール・イザーク・ラービ（右）に囲まれているエンリコ・フェルミ。イタリア出身で後にアメリカに渡った物理学者。ピサ、ゲッティンゲン、レイデンの各大学に学んだ後、1926年ローマ大学教授となり、量子電磁力学や原子の統計的模型（トーマス‐フェルミ模型）などの研究の後、1934年にはパウリのニュートリノ仮説をもとにβ崩壊の理論を構築。また同年以後、中性子による元素の人工転換の実験を行い、多くの放射性同位元素をつくった。これらの功績により、1938年ノーベル物理学賞を受けた。しかし、イタリアにおける反ユダヤ法が成立したため、ユダヤ系の妻をもつフェルミはストックホルムでのノーベル賞受賞式からイタリアには帰国せず、そのままアメリカへ渡り、コロンビア大学の教授となった。アメリカへの亡命直後にフェルミは、オットー・ハーンがドイツで核分裂実験を成功させたと知った後、核分裂反応の研究に従事。マンハッタン計画で重要な役割を果たし、アメリカにおける最初の原子炉「シカゴパイル1号」を完成させ、原子核分裂の連鎖反応の制御に史上初めて成功した。この原子炉は原子爆弾の材料となるプルトニウムを生産するために用いられた。

まず下限を考える。シカゴの人口が、何十万人（=10^5）というのは、どうにも少なすぎる。というのも、何十万人では、いくらでもある普通の地方都市レベルだからだ。

　次に上限を考える。桁違いな数字を考えて、何千万人（=10^7人）ではどうか？　いや、これは多すぎる。これだと世界にいくつかしかない屈指の都市レベルになってしまう。

　そこで下限と上限を設定し、シカゴの人口は100万〜1000万人の間にある、と仮定しよう。我々は桁数にだけ関心があるから、100万と1000万の間をとるのに幾何平均を使う。

- 桁が2桁異なっているなら、ただその間の桁数にすればいい。1（=10^0）と100（=10^2）なら10（=10^1）ということだ。

- 桁が1桁異なっているなら、下の桁を採用して3を掛ける。たとえば10と100なら30になる。$\sqrt{10} \fallingdotseq 3$（だいたい3）だから、本当は$\sqrt{10 \times 100} = \sqrt{10^1 \times 10^2} = \sqrt{10} \times 10 = 31.62\cdots$くらいになるのだが、最上位の1桁だけわかればいいという方針だから30でいい。

　$\sqrt{10^6 \times 10^7}$を計算するわけだが、ざっくり300万人だとしても、我々が求める精度では問題ない。

　これでシカゴの人口が、極めて大雑把にだが見積もれた。

　この方法は、桁数がわかればいい、という割り切りから導き出されるものだが、とても活用範囲が広い。

　基本となる数値がわからないときは、多くの場合、この方法で切り抜けられる。

　たとえばシカゴの1世帯あたりの平均人数がわからないとする。

　今の方法を用いるなら、

下限：1人（単身者世帯ってある。それもけっこうある）

上限：10人（何十人って家族はいまどきは珍しい。都市だともっと珍しい）

第I部　リニアな問題解決　　　　　　　　　　　　　　　　　　　126

1と10の幾何平均をとって3人を平均世帯数として採用できる（$\sqrt{1 \times 10} ≒ 3$）。

最後にピアノを持つ家の割合も考えておこう。

下限を1%とする。つまり0%（シカゴのどの家もピアノを持ってない）ってことはさすがにないと考えたのである。

上限を100%とする。つまりすべての家がピアノを持っているのが、どう考えても上限である。

これを幾何平均を取ると10%となる。

❹ 分割した推定を掛け合わせて答えを出す。

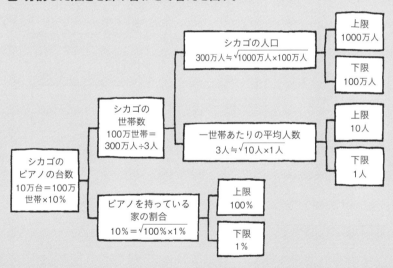

喫煙でどれだけ寿命が短くなるか？

きちんと答えるには大規模な疫学調査が必要なこうした問題も、大雑把になら見当をつけることができる。

「タバコの毒で直接死ぬというより肺がんなど病気にかかりやすくするのが、喫煙が命を縮める主たる理由だろう」というぼんやりした考え

を元にして、「中年以降に死亡原因となる病気にかかりやすくなるだろう」というぼんやりした予想から、次のようなツリーをつくる。

喫煙でどれだけ寿命が短くなるか？
　タバコの害は吸った人が即死するようなものではない（だったら禁止どころか誰も吸わないし、世の中に喫煙者が生存していないはず）。さらに喫煙歴が何十年の人もいるから吸って数年で死ぬわけでもない。
　タバコを吸わないと平均寿命 ≒ 80 歳まで生きるとする。ワーストケースはタバコを吸うと寿命が半減して 40 歳で死ぬとしよう。つまりワーストケースでは喫煙で 40 年寿命が短くなると考え、これを上限とする。

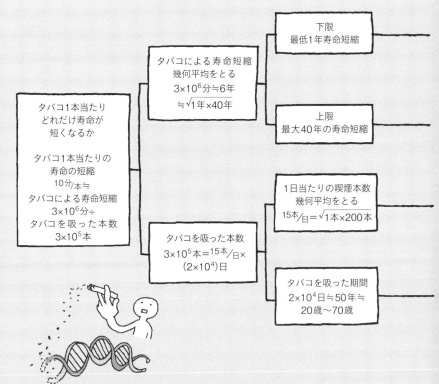

下限：1年短くなる（1年未満しか寿命が縮まらない軽微な影響だと盛んに禁煙をすすめる理由が立たないので）。
上限：40年短くなる。

上限40年と下限1年の幾何平均をとり、タバコによる寿命短縮をざっくり$\sqrt{1 \times 40} \fallingdotseq$ 約6年寿命が短くなる、と推定される。
疫学研究を引いて答え合わせをしよう。「British Medical Journal」

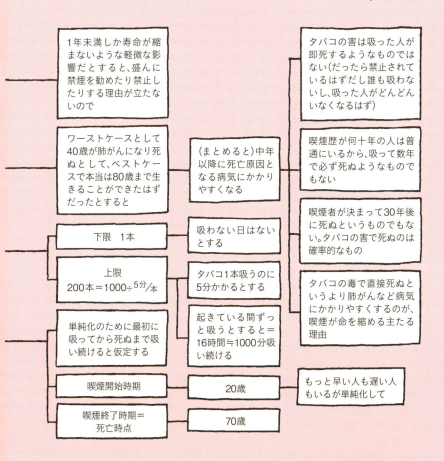

に掲載された論文 [* 4] によれば、喫煙者と非喫煙者の平均余命の差は6.5年、タバコ1本当たりの寿命の短縮は11分である。

1万人規模のイベントで仮設トイレは何基必要か？

実用的な問題もとりあげてみよう。

この問題を考えるには、待ち行列理論を使うにしても、

- ◎利用者はどれだけの頻度でトイレにやってくるか？
- ◎1人当たりどれだけの時間トイレを使用するか？
- ◎待ち時間が出るとして、どれくらいの時間なら許容できるか？

などのデータが必要だが、これらを調べることなしに大雑把にでも推定することは可能だろうか？

ここでは2つの強力な（強引な）仮定をおいて、推定を可能にしている。

1つは〈平均人の仮定〉である。これは、「私（推定者）がある行動をする頻度は平均的である」というものである。

たとえば、もし私が1日に平均10分間トイレを利用しているならば、十分に大きな人数について調べれば（10分以上の人も以下の人ももちろんい

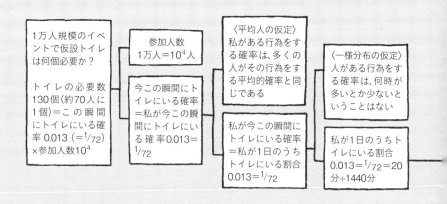

[* 4] Shaw, M., Mitchell, R., & Dorling, D. (2000). Time for a smoke? One cigarette reduces your life by 11 minutes. British Medical Journal, 320(7226), 53.

るだろうが）そのトイレの平均利用時間はやはり10分になる、と考えるのである。

もう1つの仮定は〈一様分布の仮定〉である。これは、「人がある行為をする確率はある期間では一定である」という仮定である。

たとえば、十分に大きな人数について調べれば、トイレに行くタイミングは均等にバラけており、特別に混雑する時間や閑散とする時間はない、と考えるのである。

これらの強力な仮定を置くことで、私（推定者）がトイレに行く頻度がわかれば、それをそのまま十分に大きな集団に適用できることになる。

私がトイレにいる平均時間は実際に測定してもいいが、ここでは

◎ 下限5分間：1回最低1分としても5回くらいは行く。
◎ 上限100分間：1日1時間半もトイレにはいない。

として幾何平均をとり、私が1日のうちトイレにいる時間は20分（起きている時間16時間≒1440分のうちの1/72）とした。ここから必要なトイレの個数を1万人×1/70（70人につき1個）≒130個とした。注意点は、この推定は、利用者がランダムにトイレに訪れる展示会型イベントを想

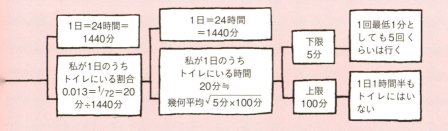

定していることである。休憩時間が決まっていて、その時間に利用者が集中するコンサートやスポーツのようなイベントは想定していない。

「仮設トイレの設置数はイベントの内容で条件が大きく変わるため必要数の算定方法がない」（出典：信濃毎日新聞 1996 年 6 月 27 日）。

なお利用者がランダムにトイレに訪れると考えられる、災害用の仮設トイレ設置の基準 [＊5] は次のようになっている。

区分	期間	設置基準	仮設トイレ設置実績（神戸市）	
初動対応	0 ～ 10 日後を想定	250 人 / 基	直後	250 人 / 基の割合で配置
			7 日後	150 人 / 基（実績）
後続対応	11 日後以降を想定	100 人 / 基	13 日後	100 人 / 基（実績）
			18 日後	75 人 / 基（実績）

※出典：神戸市地域防災計画—地震対策編（平成 17 年度）神戸市防災会議
『都市政策—災害時の廃棄物処理—（1998 年 10 月）（財）神戸都市問題研究会』より、仮設トイレ配置実績数を参照した。

レビュー

封筒裏の物理学

「フェルミ推定」は一時コンサルティング会社や外資系企業の就職面接向けの難問奇問パズルのような扱いで紹介されたが [＊6]、もともとは手早く（もちろん楽に）大まかな数量を求める方法として、科学者や技術

[＊5] 『神戸市地域防災計画—地震対策編—（平成 17 年度）』（神戸市防災会議）

[＊6] Google 人事部のシニア・バイス・プレジデントである Laszlo Bock が、「雇う側からすると、brainteasers（パズルなどの難問奇問、脳を tease〈じらす、からかう、悩ますものの意〉は完全に時間のムダだった。飛行機にゴルフボールをいくつ詰め込むことができますか？　マンハッタンにはガソリンスタンドはいくつありますか？　完全に時間のムダ。候補者の能力を何も予測できない。もっぱら面接官を賢い気分にさせるのに役立っただけ」といったことを、ニューヨーク・タイムズのインタビューで言っている。それで結局 1970 年代くらいから行われてる構造化行動面接に戻したようだ。　http://www.nytimes.com/2013/06/20/business/in-head-hunting-big-data-may-not-be-such-a-big-deal.html

第 I 部　リニアな問題解決

アルキメデス（紀元前287頃〜紀元前212頃）。ギリシアの数学者。シシリア島のシラクサ出身。アレキサンドリアに学び，帰国して王ヒエロンの保護を受け、研究に打ち込んだ。ローマ軍の攻囲を受けたとき、種々の兵器を考案して敵を悩ませたと伝わる。黄金の冠の比重を測り、銀が混ざっているのを見破ったエピソードも有名。てこの原理を発見、円の算法では取り尽くし法を用い，放物線の求積および球と外接円筒との関係を研究した。16世紀半ばにアルキメデスの全著作がラテン語訳でヨーロッパに伝わると、自然学（物理学）の問題を数理的に扱うモデルとして、ステヴィン、ガリレイに多大の影響を及ぼし、近代科学の成立に大きなインパクトを与えた。

者のコミュニティで古くから行われてきたものである。

たとえば物理学には、そこらへんの紙切れに（たとえば封筒の裏に）さっと走り書きして概算で問題を考えることをいう "Back-envelope physics（封筒裏の物理学）" というステキな言い回しがある。最古にして最大の例は、宇宙を埋め尽くすのに必要な砂粒の個数を概算したアルキメデスの『砂の計算者』である [＊7]。

レシピで「桁数」「指数表記の指数部」が合えばいいと書いたように、この方法はオーダー推定（order-of-magnitude estimate）ともいわれる。

日本語で「指標」というと、〈指＝ゆび・さす〉と〈標＝しるし〉、普通の意味では「（物事の見当をつけるための）めじるし」程度の意味だが、やや専門的な意味に「正数の常用対数を整数と正の小数の和として表したときの整数部分」というのがある。

[＊7] 邦訳は藤沢令夫訳が『世界の名著9 ギリシアの科学』（中央公論新社、1980）に収録されている。

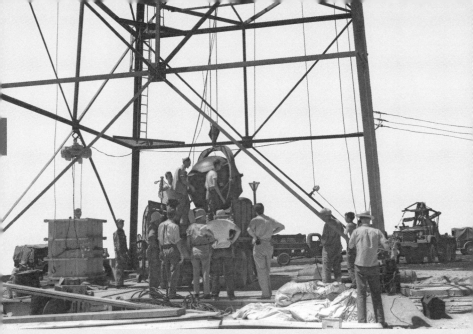

フェルミが深く関わったトリニティ原爆実験の様子。1945年7月に行われ、その後の広島・長崎への原爆投下へつながった。

この意味でいう「指標」にあたる英語が"order of magnitude"であり、この"order of magnitude"を推定する（estimate）のがオーダー推定（order-of-magnitude estimate）である。

大雑把な計算のご利益

フェルミ推定（Fermi estimate）やフェルミ問題（Fermi Problem）の名称は、核物理学及び量子力学で著名なエンリコ・フェルミの次のエピソード[*8]に由来する。フェルミは、原子爆弾開発におけるトリニティ原爆実験で、空中に紙切れを投げ、落下する紙片が爆発の衝撃波で吹き飛ばされた距離から爆発のエネルギーの概算を得た。

大雑把な計算は、その分手早くできるので、科学や工学の分野では、次のようなご利益がある。

[*8] E.Fermi, My Observations During the Explosion at Trinity on July 16, 1945. http://www.atomicarchive.com/Docs/Trinity/Fermi.shtml で読むことができる。

◎ 仮説やモデルからどんな結論が出てくるか、時間やコストをかけず大まかな予想を得ることができる。

◎ 精確な計算の結果について手早く検算することができる。

◎ 精確な答えを出すには情報が足りない場合でも、見当をつけることができる。

◎ 精密に測れないようなものについても、何らかの定量的な推測・評価を行うことができる。

◎ 未開拓の分野や問題について予測に使える理論が不整備な場合にも定量的な推測・評価を行うことができる。

◎ 代替案をつくる上で、どの範囲に収まっていればいいかという境界条件を導くのに使える。

　では科学者でもなんでもない一般人には（頭の体操や時間潰し以外に）どんなご利益があるだろうか。

◎ 数を扱うスキルと感覚を磨くことになる。とくに億や兆のつく数字、ナノやピコがつく数量がどの程度のものであるか、実際に扱うことで数覚とでもいうべきものが身につく。

◎ 数量を含む主張や議論を自分でチェックできるようになる。またはチェックする習慣が身につく。

◎ 意思決定を助ける。問題外の選択肢を詳しく検討する前に取り除いたり、ろくでもないアイデアをふるい落とすフィルターとして使える

◎ 問題解決に必須のメタスキル、Divide and conquer （D&C）（分割して征服せよ）の手ごろな練習になる。問題を「重複なく・漏れなく」分割すること（MECE 原則）、分割して推定した結果を掛け算という簡易で誰でもできる方法で統合すること、最終的に 1 つの数値を結論として出すことなど、手続き・得られる成果ともに明快でわかりやすい。

MIND MAPPING ®

12
マインドマップ®

永遠に未完成であるマップで思考プロセスを動態保存する

難易度

開発者

トニー・ブザン（Tony Buzan, 1942 - ）

参考文献

『ザ・マインドマップ―脳の力を強化する思考技術』（トニー・ブザン、バリー・ブザン、ダイ
ヤモンド社、2005）

用途と用例

◎ 情報やアイデアを整理したいとき。

◎ 思考プロセスを再利用可能な形で残したいとき。

第 I 部　リニアな問題解決

レ シ ピ

1 マインドマップにするトピックや問題、課題などを選択する。

2 中央に枠無しのイメージを配置し、中心となるトピックを書く。

3 立体的な（幅・長さ・太さや狭さ・高さなどを用いた）図形、表現、そして最低3色以上の色を使って中央のイメージを完成させる。

4 中心に近いところに、"波状" の（もしくは有機的な）イメージを持った太めの枝をつくり、包括的な基本的アイデア（BOIs）か "章の見出し" を枝の上に配置する。

5 BOIs の枝の端からそれよりも細めの線を引き、その上にサポートするデータを配置する。

6 絵やアイコンなどイメージを可能な限りいたるところに用いる。

7 イメージや言葉は同じ長さのライン上に配置する。

8 色を使うことで特定の人・トピック・テーマ・データを表したり、マインドマップをより美しいものにする。

サンプル

索引

アイデア史年表

20 ルビッチならどうする？
21 ディズニーの3つの部屋
22 ヴァーチャル賢人会議
23 オズボーン・チェックリスト

**第6章
視点を変える**

24 関係アルゴリズム
25 デペイズマン
26 さくらんぼ分割法
27 属性列挙法
28 形態分析法

**第7章
組み合わせる**

29 モールスのライバル学習
30 弁証法的発想法
31 対立解消図(蒸発する雲)

**第8章
矛盾から考える**

32 バイオニクス法
33 ゴードンの4つの類比(アナロジー)
34 等価変換法
35 NM法T型
36 源内の呪術的コピーライティング
37 カイヨワの〈対角線の科学〉

**第9章
アナロジーで考える**

38 シソーラス・パラフレーズ
39 タルムードの弁証法

**第10章
パラフレーズする**

40 赤毛の猟犬
41 ポアンカレのインキュベーション
42 夢見

**第11章
待ち受ける**

**第Ⅱ部
1から複数へ1**

第Ⅰ部　リニアな問題解決

138

前著『アイデア大全』の構成をマインドマップで描いたものが次の図である。

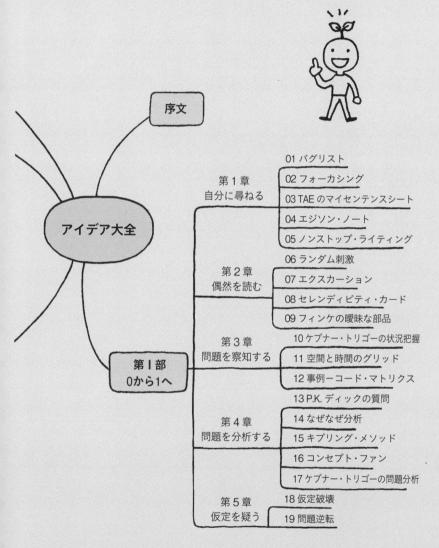

レビュー

❋ツリー状/放射状のダイアグラムの歴史

　マインドマップはイギリスのポピュラー心理学者でテレビ・パーソナリティだったトニー・ブザンによる技法である。ブザンは、ハインラインやヴォークトらのサイエンス・フィクションを通じて知ったコージブスキーの一般意味論から、マインドマップの着想を得た、と後に述べている。

　マインドマップのように、ツリー状/放射状のダイアグラムを活用する発想の歴史は古く、よく知られるものの中では3世紀の哲学者ポルピュリオスの『エイサゴーゲー』が嚆矢である。この中に登場するポルピュリオスの樹（Arbor porphyriana）は、普遍的な実体から個々の存在への類と種の階層的分類を示したものである。『エイサゴーゲー』自体には図解はないが、この書が中世ヨーロッパで論理学の標準的教科書として用いられたこともあり、中世には多くのポルピュリオスの樹が描かれ、系統樹思考の範例として近代に至るまで影響を与えた。

　また〈アルス・マグナ〉あるいは〈ルルスの術〉で知られるライムンドゥス・ルルス（ラモン・リュイ）も、〈アルス・マグナ〉を大衆向けに百科事典形式で叙述した『学問の樹（Arbor-scientiae）』があり、諸学を樹形図で体系づけている。

❋マインドマップは永遠に未完成？

　マインドマップの提唱者や普及者はさまざまな効用を謳い上げるが、

マインドマップの長所は、①基本的にはツリー構造しか描けないことと、②紙一枚におさまる一覧性、である。

　中心トピックから下位レベルへトップダウンで描いていくマインドマップは、箇条書きと同じ、ツリー構造を扱うためのもので、それより複雑なネットワーク構造を記述するには向かない。しかし、その制約のおかげで、気楽にすばやく書けて、認知負荷も軽く済む。

　そしてデータ数が増えていくとどんどん長くなってしまう箇条書きと違って、マインドマップならどれだけ扱う要素が増えても（原理的には）1枚に収まるように描くことができる。つまり、どれだけ要素を追加しても全体を一目で眺めることができる、すなわち一望性が確保できる。このおかげでマインドマップはいくらでも追加／加筆ができる図解法となっている。

　いくらでも追加できるということは、あらゆるマインドマップは

トニー・ブザン。イギリスの著述家、教育コンサルタント。学術ジャーナリストとして活動後、1960年代にはメンサ（人口上位2%の知能指数を有する者の交流を目的とした国際的非営利団体。高IQ団体としては最も長い歴史を持つ）の機関誌の編集に携わっていた関係から、イギリス放送協会（BBC）の教育番組の企画に関わる。テレビシリーズ「Use Your Head」から生まれた著作『頭が良くなる本』(Make the Most of Your Mind、1977)以降、創造性・記憶力・学習に関する著作を多く著す。特にマインドマップという思考法・図解法で知られる。（写真：©Dirk Eisermann/laif/amanaimages）

中世の哲学者・神学者ライムンドゥス・ルルス（1232頃 - 1315）が著した『学問の樹』。ルルス（カタルーニャ名でラモン・リュイ）は30歳頃に啓示を受け、「異教徒の誤謬を論駁するためこの世で最高の書物を著す」ことを決意。その後、ラテン語、自由七科、神学を独学し、生涯250冊を超える書物を著した。『学問の樹』は全知識を有機的に統一しようとする百科全書的著作で、9つの絶対的原理と9つの相対的原理を合わせた18の原理が根に、16の学問分野が枝に描かれる。

永遠に未完成である、ということでもある。このオープンエンドな特性は、アイデアを考える／まとめる点では大きなアドバンテージとなる。アイデアをつくり出す過程をマインドマップで記録しておけば、かつてのアイデア発想のプロセスをいわば〈動態保存〉でき、いつでもその続きを考えはじめることだってできるからだ。

　かつての思考を再活用するという点ではエジソン・ノート（→『アイデア大全』、36ページ）と親和性が高い。

METHODE 635

13
ブレインライティング
30分で108のアイデアを生む集団量産法

第２章　解決策の探求

難易度

開発者

ベルント・ローバッハ（Bernd Rohrbach）

参考文献

Rohrbach, Bernd (1969). "Kreativ nach Regeln – Methode 635, eine neue Technik zum Lösen von Problemen". (Creative by rules - Method 635, a new technique for solving problems)". Ab satzwirtschaft. 12: 73-53.

『ブレインライティング──短時間で大量のアイデアを叩き出す「沈黙の発想会議」』（高橋誠、東洋経済新報社、2007）

用途と用例

◎複数人でアイデアを量産する。

◎短時間でアイデアを量産する。

レシピ

❶ 6人がテーブルを囲んで座る。参加者のそれぞれに6×3のマス目が書かれたシートが1枚ずつ配られる。

❷ 各自は5分以内に1行（3つのマス目）分を、何らかのアイデアで埋める。

❸ 5分経つと、各自がシートを隣に座る者に渡し、また5分以内に次の1行（3つのマス目）分を、何らかのアイデアで埋める。

❹ ❸を繰り返し、紙が1周したら5分×6人＝30分間で6×3×6人分＝108個のアイデアが生まれることになる。

☞〈実施の工夫〉

◎参加者は何人でもいい。

◎6人未満の場合は、同じシートを複数回受け取ることになるだけで、やることは同じである。

◎7人以上の場合は、1枚のシートが全員に回ることはないが構わない。

◎何十人もの参加者がいる場合は6人程度のグループに分けて、それぞれのグループでシートを回すようにする。

☞〈アイデアの取りまとめの工夫〉

◎シートにあらかじめポストイットを貼っておき、そこにアイデアを書き入れるようにしておくと、後でアイデアの整理が楽になる。

◎シートが回り終わったら、各自は手元に残ったシートからポストイットを剥がし、模造紙などの大きな紙に貼りつけながら整理していく。

第1部 リニアな問題解決

◎ KJ法（→159ページ）を使って整理してもいい。

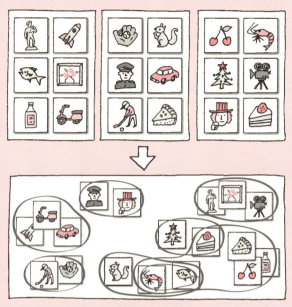

サンプル

　シートを埋めた後、隣の人に受け渡しされる様子を、3人が参加した場合を例に見てみよう。

1 3人が円をつくって座る。参加者のそれぞれには3×3のマス目が書かれたシートが1枚ずつ配られている。

13 METHODE 635

2 各自は5分以内に一番上の行
(3つのマス目)を、何らかのア
イデアで埋める。

3 5分経つと、各自がシートを
隣に座る者に渡し、次の1行
(3つのマス目)分を、何らかの
アイデアで埋める。

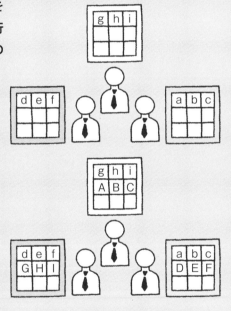

4 これを繰り返すことで、3枚
のシートの3×3のマス目が
すべて埋められることになる。

レビュー

❋ ドイツで生まれた集団創造技法

　ここで紹介した技法は「Methode 635」と呼ばれるもので、ドイツで生まれた創造性技法である。

　ブレインライティングに分類される技法には、他にもヘルムート・シュリックサップの「ブレインライティング・プール」や、チャールズ・ハッチソン・クラークの「コレクティブ・ノート」[＊1] など数多い。「沈黙のブレインストーミング」とも言われ、寡黙で口頭での自己主張が苦手なドイツ人向けに仕立て直したものとのフォークロアがある。

❋ 書くことで得られたメリット

　発言を制限し、書くことで意見を発表するようにしたおかげで、①ブレインストーミングのように、声の大きなもの、押しの強いものが場と時間を占拠する危険が少ない、②同時並行的に作業を進めることが可能となり、何人でも（文字通り何十人でも何百人でも）できるスケールフリーな手法、となった。

　この特徴は、ノミナル・グループ・プロセス（→41ページ）などのブレインライティングを元にした集団意思決定法にも継承されている。

　一方、意見表明を書くことに限定したことで、口頭での発表で生じる参加者相互のやり取りは抑制されている。

　この点を補うために、シートを隣の人に回すというプロセスを取り入れている。

[＊1] Schlicksupp, H. (1975). Grundlagen der Ideenfindung und Problemlösung.
　　Clark, C. H. (1958). Brainstorming: How to create successful ideas. Hollywood, CA: Melvin Powers.

つまり、他人のアイデアが回ってくるのを目にすることで、他の参加者から影響を受ける機会を残しているのである。

※ ブレインライティングの注意点

ブレインライティングでは参加者各位には時間制限だけを課し、どんな方法で発案するかは「自由にやってくれ」とばかり、参加者各位に委ねている。

悪く言えば、急かすだけ急かして参加者をサポートもガイドもせずに放り出している、とも言える。このことの弊害は、参加者の多くがアイデアを考えることに慣れていないときに顕在化する。

実のところ、この技法で要求されることは、経験のない人にとってやさしいものではない。

他人の書いたアイデアを参考にできるとはいえ、5分ごとに3つのアイデアを、30分間で18個のアイデアを生み出さなければならないのだ。

多くの参加者が発想に行き詰まっているのに、これを放置すると、同じようなアイデアが繰り返し登場するようになったり、アイデアで埋められないまま隣の人にシートが回されることが頻発する。

その意味では、初参加の人が多い場合には、先に発想法の幾つか[*2]を紹介し、練習しておく機会を設けておくべきである。

[*2] 5分間という短い時間ではエクスカーション（→『アイデア大全』、58ページ）やさくらんぼ分割法（→『アイデア大全』、192ページ）のような軽便な技法が使いやすいだろう。

CONCEPT MAP

14
コンセプトマップ
知識と理解を可視化する

第2章 解決策の探求

難易度

開発者
ジョセフ・ノヴァク （Joseph Donald Novak, 1932 - ）

参考文献
Novak, J.D. & Gowin, D.B. (1996). Learning How To Learn, Cambridge University Press

用途と用例
◎ 問題や状況についての理解を確認／共有したいとき。
◎ アイデアや解決策の関連を確認／共有したいとき。

レ シ ピ

❶ キーワードをいくつか出す。

☞ 中心テーマがまだ決められない段階でも、浮かんだ言葉をとにか
く書き出す。

☞ マインドマップ（→ 136 ページ）等の、他の図解化技法と異なり、複
数のキーワードから始められるところが特徴である。

**❷ 関連のあるキーワード同士を矢印でつなぎ（リンクして）、つないだキー
ワードの間の関係をリンクに沿って書く（リンクラベル）。**

☞ リンクラベルにはシンプルな言葉を用いる。

☞ 関係を表すシンプルな語として、英語では前置詞等がよく使われ
る。たとえば

〈A → (is/are) → B 「A は B である」〉

〈A → (in) → B 「A は B の中にある」〉

〈A → (with) → B 「A に B が伴う」〉

〈A → (kind of) → B 「A は B の一種である」〉

日本語では語句や簡潔な文（「A は B である」のような）をリンクラベ
ルに使うことが多い。

☞ なんとなく関係がありそうなキーワード同士をリンクで結んだ後、
リンクラベルを決めるためには、その関係を改めて考える必要が
ある。関係を再考し熟考する中で、キーワード間の関係について
の理解が進んでいく。

マップを描いていく中、リンクやキーワードが追加され、新しい
関係を見つけ出していくうちに理解が進み、これまで見えなかっ
た関係を発見したり、新たな関係を創出・発明することが生じる。

第 I 部 リニアな問題解決　　　　　　　　　　　　　　　　　　　　　　150

3 **2**の作業中、キーワードが思い浮かんだら加える。

☞リンクでキーワード同士を結んでいるうちに、関連のありそうな
キーワードや必要なキーワードが思い浮かんでくることが多い。

4 **2**と**3**を必要なだけ繰り返していく。

☞この過程で、個々のキーワードについての、そしてキーワード全
体についての理解が進む。

5 一段落したら、レイアウトを整える。

☞この作業の間に、追記したくなったら、それも書き加える。

6 マップを見直し、そこにまとめられた知識や理解を改めて読み取って
いく。

☞マップの内容を、誰かに説明する（つもりでやる）とやりやすい。

サ ン プ ル

「マネジメントにおける理性と感情のバランス」というテーマについて考
える

1 キーワードをいくつか出す。

☞ここではテーマに含まれる「マネジメント」「理性」「感情」をキー
ワードとする。

マネジメント

理性   感情

14 CONCEPT MAP

❷ 関連のあるキーワード同士を矢印でつなぎ（リンクして）、つないだキーワードの間の関係をリンクに沿えて書く（リンクラベル）。
　☞3つのキーワードについて矢印を結び、関係を再考してリンクラベルを記入した。

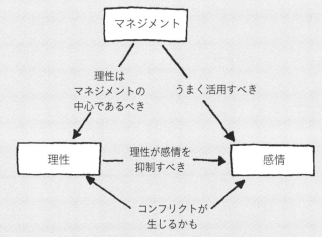

❸ ❷の作業中、キーワードが思い浮かんだら加える。
❹ ❷と❸を必要なだけ繰り返していく。
　☞キーワードとリンクを追加し、次ページのようにマップが成長した。
❺ 一段落したら、レイアウトを整える。
❻ マップを見直し、そこにまとめられた知識や理解を改めて読み取っていく。
　☞◎ 理性や合理性だけでは必ずしも最善の意思決定に至るとは限らない。
　　◎ 感情から得られた直観と、理性（合理性）がうまく結びつくなら最善の意思決定になる。

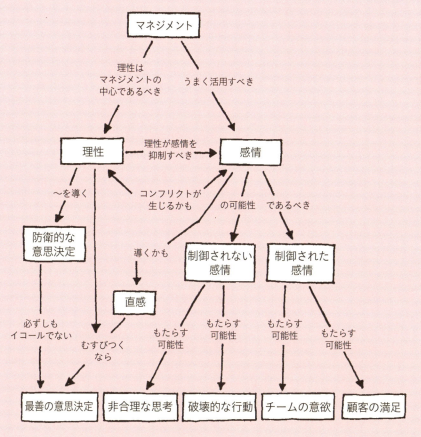

- 野放しの感情は非合理的な思考や破壊的な行動に結びつく可能性が高いが、うまく制御された感情はチームの士気や顧客満足に不可欠である。

といった考察をマップから読み取ることができる。

「てこの原理」の学習前後のコンセプトマップ

　以下は、「てこの原理」を学習前と学習後に生徒がつくったコンセプトマップである。

〈学習前のコンセプトマップ〉

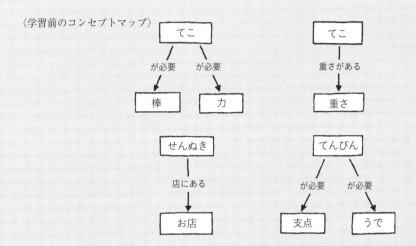

〈学習後のコンセプトマップ〉

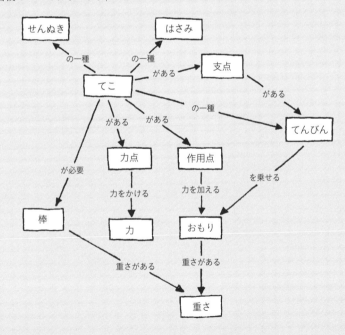

第1部　リニアな問題解決

学習前にはバラバラだったマップは、学習後には1つのマップにまとめられ、すべてのキーワードが結びつけられる。

レビュー

※コンセプトマップの由来

コンセプトマップは、1970年代はじめにコーネル大学のジョセフ・D・ノヴァクらが、学習者が持つ科学的知識を表現する手段として考案されたものであり、デイヴィッド・オーズベルの有意味受容学習理論を背景としている。

オーズベルは、学習はそれまで(学校の教授法などで)前提とされていたよりずっと能動的なプロセスであり、学習者は教師の説明をただ受容しているのではなく、自分がすでに持っている知識と照合し、結びつけ、取り入れることで学習するのだと指摘した[*1]。したがって、こうした学習が効果的に行われるかどうかは、これから学習する内容をうまく包摂できるスキーマ(知識を整理する枠組み)を学習者が形成できるかどうかにかかっている。

コンセプトマップは、概念の間の関係を図解化することで、学習者が「何を知っているか」だけでなく「どのように知っているか」を、すなわち知識がどのように構成されているかを可視化するものである。

教授者は、コンセプトマップを見て学習者の概念構成を把握することで、これに合わせた教授法が可能となる。

※知識のネットワーク表現

人の知識のうち、事実と経験を保持する宣言的知識(Declarative Knowl-

[*1] Ausubel, D. (1968) Educational Psychology: A Cognitive View. Holt, Rinehart & Winston, New York.

edge）は、意味的に関連する情報同士が結びつけられたネットワーク構造を持つと考えられている [＊2]。

そして、この知識のネットワークは認知の発達や知識の熟達化が進むにつれて刻々と変化する。

物理学の初心者と熟達者の知識の構造を比較した研究 [＊3] では、初心者の場合、「斜面」の概念に「傾き」や「角度」などの知覚的な特徴が結びつけられ知識は構造化されていたが、熟達者の場合は「エネルギーの保存則」や「ニュートンの力の法則」といった物理学の原理が結びつけられていた。

つまり、知識が深まるに従って、知識の量が増えるだけでなく、知識を構成するネットワークの再編成が起こると考えられる。何かを知るとは、自分の知識のネットワークを拡張するだけでなく、組み替えることでもある。

実際、あるテーマの学習前と学習後では、学習者が描くコンセプトマップは明らかに変化する。このため学校現場では、生徒の既有知識や授業後の理解を知るのに使われる。

※知識と理解を「見える化」する

本来、人の頭の中にある知識は、他人はもとより、本人にも見ることができない。

コンセプトマップは、これを可視化する技法である。このため、教育の分野だけでなく、ビジネスの分野でも使われるようになった。

複数のアイデアや解決策を互いに関連づけてまとめたり、個人やチームの問題についての現状認識を確認し共有したり、組織の慣習知や暗黙知を浮かび上がらせるツールとしても用いることができる。

[＊2] Collins, A. M., & Loftus, E. F. (1975). A spreading-activation theory of semantic processing. Psychological review, 82(6), 407. Figure 1.

[＊3] Chi, M. T., Feltovich, P. J., & Glaser, R. (1981). Categorization and representation of physics problems by experts and novices. Cognitive science, 5(2), 121-152.

　他にも、文章作成の前に、自分の頭の中にあるものをマップに描き出し、不足を補い、関連を発見しておくことで、書くべき内容をもう一度理解し直し、速やかで過不足のない文書作成に役立てることができる。

✽ マインドマップとの相違

　コンセプトマップと類似しているとされるものに、マインドマップ（→136ページ）がある。

　マインドマップは、中心から放射状に枝が伸びるように描かれ、基本的にはツリー構造を保っている。これに対してコンセプトマップには中心がなく、ネットワーク構造となるよう描かれる。

　遠くに描いてしまったもの同士を結びつける関連を発見すると、コンセプトマップのリンクは交差し合い、錯綜していく。見やすく描き直す作業が必要になるかもしれない。中心から外へ描いていくマインドマップでは、リンクが交差する危険はあまりない。

　またマインドマップには、コンセプトマップにあるノードとパス、ラベルとリンクの区別がない。

　コンセプトマップでは、キーワード（ノード）同士を結ぶリンクに、どのような関係かを示すリンクラベルを記述する。つまり関連があるキーワードをただ結ぶだけでなく、どのような関連であるかを改めて考え

明示する。

　この作業は、新たな関連を発見する機会となり、創造性が働くところであるが、その半面、時間がかかり負担の大きなところでもある。

　こうしたことから、一般にはマインドマップのほうがコンセプトマップよりも簡単であり、また短時間で作成することができる。しかしコンセプトマップのほうが複雑な関連を図解化することができ、作成プロセスで要求される思考の多さからより深い理解を促すかもしれない。

※KJ 法との相違

　バラバラの要素からスタートして図解化へ至る点で、KJ 法（→ 159 ページ）とコンセプトマップには共通点がある。

　コンセプトマップは、キーワードをつないでいくことでネットワーク構造を構築する。

　これに対して、KJ 法はアイテム（カード）を集め束ねていくことで、関係の発見が容易／可能なところまで、扱うアイテム数や複雑性を一旦減らしていく。関連づけは、カードをまとめて数枚から十数枚程度まで扱う数を減らしてから行う。

　関連づけを行った後は、束ねたアイテムをばらして、さらに詳細な関係の検討へと進む。

　この要素数を減らすプロセスがないため、コンセプトマップで扱えるキーワードは多くて数十個、実用的にはせいぜい 30 個までである。

　100 を越える項目をまとめ図解化するには、KJ 法でないと難しい。

	特長	長所	短所
コンセプトマップ	ネットワーク構造で思考・知識を図解化する	複数の項目から始められ、比較的楽に描ける	項目数が増えると負担重い
マインドマップ	中心から枝を伸ばして描く	負担小さくつくりやすい	基本ツリー構造しか扱えない
KJ 法	カードを束ね並べて図解を作る	項目を束ねることで項目数が増えても対応可能	時間も労力もかかる

第 I 部　リニアな問題解決

KJ METHOD

15
KJ 法

混沌をして語らしめる、日本で最も有名な創造手法

第2章 解決策の探求

難易度 ○ ○ ○ ○ ○

開発者

川喜田二郎（かわきたじろう、1920-2009）

参考文献

『発想法──創造性開発のために』（川喜田二郎、中央公論社、1967）

『KJ法──渾沌をして語らしめる』（川喜田二郎、中央公論社、1986）

用途と用例

◎ 雑多なアイデアやデータを総合化・図解化する。

◎ アイデアやデータをまとめることで新たな観点や関係性を
発見する。

レシピ

1 アイデアやデータを 1 項目 1 枚のカード（これをラベルと呼ぶ）に書き出す。

☞ 〈ラベル〉の内容は短くても必ず文章にしておく。

2 書き出した〈ラベル〉を一覧できるように広げる。アイデアが出てきた順番を断ち切るため、ランダムに並べるとよい。

3 すべての〈ラベル〉を眺めて、最も "近い"〈ラベル〉同士を集める。

☞ 〈ラベル〉を集める際には、既成概念による分類にならないようにする。「○○に関すること」や「○○なもの」を集めてしまうのは望ましくない。同じ特徴（共通点）を持つもの同士をまとめるのではなく、一緒にしてみて「もっともだ」と

川喜田二郎。地理学者、文化人類学者。三重県出身。京都帝国大学文学部地理学科卒業。京都帝大時代は山岳部に入部し、今西錦司、森下正明、梅棹忠夫、吉良竜夫らと共に探検隊を結成しカロリン諸島や大興安嶺山脈を探検。大阪市立大学の助教授時代からはネパールを研究フィールドとする。豊富なフィールドワークの経験を基に、情報整理と発想のための手法としてKJ法を開発。発想法・整理法として、野外科学のみならず、企業研修などでも広く利用される、日本で最も知られた発想法となった。（写真：© 朝日新聞社 / amanaimages）

感じるもの同士を集める。

☞「集める」というよりむしろ、つながりを発見しながら〈ラベル〉
同士を「結んでいく」と考えたほうがうまくいく。

4 〈ラベル〉が集まりグループができたら、グループごとにそれらの〈ラベル〉がなぜ集まったのかを考え、それぞれの〈ラベル〉が訴えかける〈志〉を集約して文章化し、〈表札〉をつくる。〈表札〉を一番上にして集まった〈ラベル〉を重ねる。

5 同様の要領でグループをつくり、グループ同士もさらに上位のグループにまとめていく。

☞最終的に束ねたグループが数束、多くても 10 束になるまで、この作業を続ける。

6 模造紙などの大きな紙の上で、まず最上位の数束を配置し、そこから順序、その束に含まれる束を取り出し配置していく。

☞束を配置する際に、最善の位置になるよう、それぞれの位置を調整する。

7 空間配置を終えたら、群ごとに囲む形で島取りを描き、〈表札〉を転記していく。そして島の間の関係を関係線で表示する。

8 図解を読み解く。論理的な矛盾やデータからの逸脱がないかをチェックする。妥当に解釈できれば、図解に忠実に言語化し（言語化することで飛躍がないかなど妥当性がチェックできる）、図解についても清書する。

15 KJ METHOD

サンプル

我々は古代人が知らなかったものを知っている

ポアンカレのひらめきについての考察は否定されている

ギリシャ・ローマの弁論術をそのまま復古しても仕方がない

変わらないものがある一方で変わっていくものも存在する

ヨーロッパの伝統ではインヴェンティオと呼ばれたもの

アイデアは正しさより好ましさで評価される

ユマニストたちはレトリカの中でもインヴェンティオを重視

創造性の研究が遅れたのは学問が正しさ志向だから？

名人や成功者のモノマネレベル（接触呪術的）

出典がないしりファレンスがない

発想法の専門家より広い範囲から素材を集めてくる

発想法が蓄積しない、発展しない

レトリックの各技法が効くのは認知構造に根ざしているから

レトリックはあらゆる思考技術の母である

語るべき何かを捕まえなければ文彩を工夫しても仕方ない

厳密知vs賢慮知

創造性開発だけでなく科学史・心理療法・呪術…

この本はやり方についての書物である

同じ確信を前提に異なる時代に試みられた考える方法を集めた

現行のアイデア本はおまじないレベル

異なる領域で似たような試みがあるのに参照しない

人が人であるかぎり、何か変わらぬものがあるという確信

人文学は人間の本質についての強い確信の上に成り立っている

第1部　リニアな問題解決

前著『アイデア大全』の「まえがき」執筆時にKJ法を使っている。左ページは書き出したラベルの一部で、右ページはそれらを図解化して整理したもの。

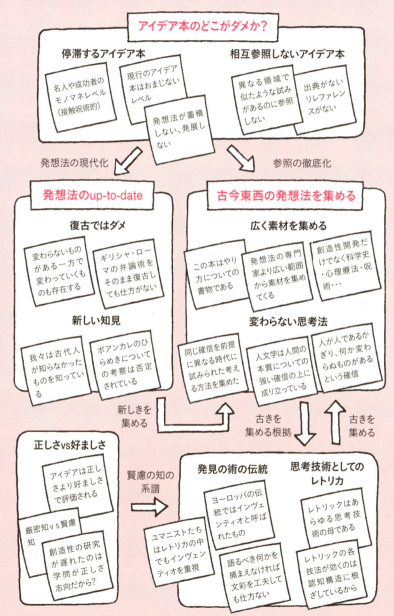

レビュー

※KJ 法の変遷

KJ 法は、川喜田二郎が開発した思考技法である。

野外調査の経験を基に、情報整理と発想のための手法として開発されたものであるが、当初の目的を超えて適用範囲が広がり、多数創案されたアイデアの整理、雑多なデータの総合化・図解化、そこからの仮説形成、質的研究といった用途で、ビジネスから教育、学術研究まで広く活用されている。日本でつくられた創造手法の中で最も知られたものである。

KJ 法は川喜田 (1967) で提案された以降も改良が加えられ、大きな改訂を経たバージョンとして川喜田 (1986)、さらに次のバージョンとして市販されていないが川喜田 (1997) で提示されたものがある [＊1]。

川喜田 (1986) へのバージョンアップの際にいくつかの用語が変更されている [＊2]。また川喜田 (1967) では図解化のみで分析を終了することも認められていたが、川喜田 (1986) 以降、必ず叙述化（文章化、口頭発表）までを含めた形となっている。

※KJ 法の難しさには意味がある

前述のとおり KJ 法は広く用いられる、本書に掲載した技法の中でも最もポピュラーなものであるが、成功させるのは思った以上に難しい。①データやアイデアを〈ラベル〉ごとに一旦バラバラにセグメント化し、②再び関連づけてグループ化し、③図解化を経て、④言語化する過程の

［＊1］『KJ法入門コーステキスト 4.0』（川喜田二郎、KJ法本部・川喜田研究所、1997)

［＊2］たとえば「紙切れづくり」→「ラベルづくり」に、「一行見出し」→「表札」に、「輪どり」→「島どり」に、それぞれ変更されている。

第 I 部　リニアな問題解決

中で、最大の難所は②グループ化の段階である。

　KJ法では、個々のラベルを結びつけ、その集まり同士を結びつけ……というふうにボトムアップ型のグループ化を要求する。その逆であるトップダウン型のグループ化、すなわち既存の分類や理論・仮説によって〈ラベル〉を分類することは厳に禁じられているが、想起しやすい事柄や事項を優先してしまう利用可能性ヒューリスティック（availability heuristic）と、一度に扱えないほどのラベルを処理する認知負荷から逃れたくなるせいで、慣れ親しんだ観点で分類したり、ありきたりなつながりで〈ラベル〉をまとめてしまいがちである。

　KJ法が真価を発揮する〈ラベル〉の数が3桁に達するレベルになると、〈混沌〉をなんとか解消しようとして、〈ラベル〉を最初に大きくいくつかのグループに分けたい、最初から座標を導入して〈ラベル〉を配置したい、という複雑さを減じる誘惑に負けがちになる。

　本当は「手に負えない」と感じる状態（混沌）こそが、我々の知識や枠組みの組み換えを促し、今まで思ってもいなかった統合や発見を生むのだが、慣れないうちは〈ラベル〉数の増加は強い認知負荷とストレスを生むので、トップダウン型の分類に逃げたくなるのだ。しかしこの誘惑に乗っては、すでに知っていることしか得られず、既存の分類／理論をデータに押しつけて終わってしまい、KJ法は失敗してしまう。

　川喜田はグループ化に際して、理屈ではなく感覚／感情を用いることを、すなわち一緒にしてみて「もっともだ」と感じるもの同士を集めることを提案している。これはシネクティクスでいう快楽反応（→『アイデア大全』、247ページ）であり、理由は即座にわからなくてもしっくりくるものを選ぶことだと考えれば、フォーカシングでのフェルトセンスに

も通じる（→『アイデア大全』、27 ページ）。

　またグループ化の難しさに留意して、同様にアイデアの空間配置を行う NM 法（→『アイデア大全』、253 ページ）の Area 型では、あえて最も遠いもの同士を結びつけてみることを推奨している。これは概念結合が創発的なものを産出するには、似ていないもの同士を組み合わせる場合だけであるという実験 [＊3] によって、間接的にだが支持される。おそらく、既存の知識ネットワーク上で結びついていないもの同士を結合させるために、知識ネットワークの組み換えが生じることが関連していると考えられる。

　[＊3] Wisniewski(1991), modeling conceptual combination. アーサー・ケストラーも『創造活動の理論』（ラティス、1966）の中で、創造性に果たす概念上のコンフリクトの役割を指摘している。

KING OF THE MOUNTAIN

16
お山の大将
比較で判断を加速する

第2章 解決策の探求

難易度

開発者

ダン・コバーク（Don Koberg）
ジム・バグナル（Jim Bagnall）

参考文献

Don Koberg and Jim Bagnall, Universal Traveler (Los Altos, CA: William Kaufman, Inc., 1974)

用途と用例

◎ 素早く意思決定する。

◎ 目標を定める。

◎ 取り組むべき問題を選ぶ。

レシピ

1 候補の中から 1 つを選び、「お山の大将（暫定の勝者）」とする。

2 残りの候補から 1 つを選び、「お山の大将（暫定の勝者）」と比較する。
　☞「お山の大将（暫定の勝者）」のほうがより良い／よりましなら、そ
　　のまま「お山の大将（暫定の勝者）」を残す。
　　比較した候補のほうがより良いなら、そちらを「お山の大将（暫定
　　の勝者）」と交替する。

3 すべての候補と比較し終わるまで、**2**を繰り返す。

サンプル

自分で使える臨床心理系ツールを集めたウェブサイトの名称を決める
1 候補の中から 1 つを選び、「お山の大将（暫定の勝者）」とする。
　☞〈5 つの候補〉
　　◎メンタルスキル・バンク
　　◎セルフヘルプの道具箱
　　◎つかれたアタマの道具箱
　　◎自動思考ノート
　　◎心のスキルストック
　　からスタートし、「お山の大将（暫定の勝者）」として「メンタルス

キル・バンク」を選んだ。

2 残りの候補から1つを選び、「お山の大将（暫定の勝者）」と比較する。

☞現在の「お山の大将（暫定の勝者）」である「メンタルスキル・バンク」に対して、残りの候補から「セルフヘルプの道具箱」を選び比較する。

☞「メンタルスキル・バンク」のほうがより良いと判断し、そのまま「お山の大将（暫定の勝者）」の地位を防衛。

3 すべての候補と比較し終わるまで、**2**を繰り返す。

☞「メンタルスキル・バンク」対「つかれたアタマの道具箱」→「つかれたアタマの道具箱」の勝利

「つかれたアタマの道具箱」対「自動思考ノート」→「つかれたアタマの道具箱」の勝利

「つかれたアタマの道具箱」対「心のスキルストック」→「つかれたアタマの道具箱」の勝利

☞他の候補はなくなり、最終的に「つかれたアタマの道具箱」と決定された。

レビュー

※子どもの遊びに由来

この技法は、アメリカで行われている次のような子どもの遊びに由来する [＊1]。

◎1人の子が砂や雪を積み上げた小さな山や切り株の上に立つ。

◎他の参加者は、上にいる子を押したり引いたりして、その子を

[＊1] この技法の英語名 King of the mountain は、日本の辞書でも『最新日米口語辞典』（朝日出版社、1982）や『リーダーズ・プラス』（研究社、1994）には立項されていて、どちらも「お山の大将」という訳語を当てているが、同種の遊びはおそらく世界中で行われていると思われる。

山から降ろそうとする。

◎うまく切り株の上の子を落とせたら、落とした子が今度は山の上に上がる。

山の上に立てるのは1人っきりというところがミソだ。

現実に子どもたちが行った場合、圧倒的な実力差がない限り、誰かが最終的に勝者として君臨することにはならず、一度山の上に立った者も次の瞬間には山から落とされ別の者が頂点に立つ、といったことが、子どもたちが疲れ果てるまで繰り返される［＊2］(だからこそ遊びとして成り立つ)。

※ 負担少なく感度の高い技法

この技法のメリットは2つのものを比べ「どちらがより好ましいか」を判断するだけでよいため、思考にかける負担が小さいことである。他の選択技法のように紙に書き出すといった外部記憶（メモリーエイド）を使うことも不要で、選択にかかる時間も短く済む。

「どちらがより好ましいか」を比較するだけなので、多面的な要素／多数の比較条件を持つ複雑な対象であっても、また互いに類似度の高い選択にも適用可能である。 細かい差に対する識別力も高く、そのためデザインやコンセプトを比較し選択するのに適している。

判断が速いと言われる人たちは、無自覚にこうした脳内勝ち抜き戦を

［＊2］ゲーム理論の動学的拡張である逸脱行動の理論（Theory of Moves）の創案者であるスティーヴン・ブラムスは、この終わらないプロセスをモデル化し、その含意を掘り出している。Brams, S. J., & Jones, C. B. (1999). Catch-22 and king-of-the-mountain games: Cycling, frustration, and power. Rationality and Society, 11(2), 139-167.

行っていることが多い。

※ この技法が苦手とするもの

しかし、多くのヒューリスティック [＊3] がそうであるように、この方法もまた、いつも必ずうまくいくと保証されたものではない。我々が選択を必要とする多くの場面で有効だが、「お山の大将」がうまくいかないケースはいくつも想定することができる。

まず比較のために多く（実験によれば7つ以上）の条件を考慮しなければならない場合、条件の数が増えるほど、直感的な比較は、何らかの意思決定支援方法（デシジョンエイド）を使って熟考した判断結果と次第に乖離していく。

おそらく直感は、多くの条件を一度に扱うのは苦手で、7つ以上の条件を提示しても、その多くを（無自覚にであれ）無視し、数個の条件だけに基づいて判断を下している。

さらに、選択肢の間に、いわゆる3すくみ的な関係（じゃんけんのような、AはBに勝ち、BはCに勝ち、CはAに勝つという関係）が成り立っていると、何を最初の「お山の大将（暫定の勝者）」にするかで結果が変わってしまう。

3すくみの関係があると「お山の大将」の適用を繰り返しても、Aが暫定の勝者ならBが取って代わり、Bが暫定の勝者ならCが取って代わり、Cが暫定の勝者ならAが取って代わり……となって、決着がつかない。

現実には3すくみの関係が成立することは珍しいと思うかもしれない。しかし、複数人の意向を意思決定に反映させようとすると（社会的意思決定）、こうした3すくみ状況は頻発する。

［＊3］ヒューリスティックとは、ある問題を解決する際に必ずしも成功するとは限らないが、うまくいけば解決に要する時間や手間を減少することができるような手続や方法をいう。これに対して、必ず成功する問題解決の定型的な手法・技法をアルゴリズムという。

※『チャタレイ夫人の恋人』を巡る3すくみ

経済学者のアマルティア・センは、社会的意思決定で3すくみ状況が生じる例として、小説『チャタレイ夫人の恋人』[*4]を巡る次のような状況を提示している。

好事家（スケベ）で知られるその客人は、かの『チャタレイ夫人の恋人』なる本を「もういらないから」とテーブルの上に置いて帰ってしまった。

カタブツで知られる父親はこう考えた。

「こんな本は誰にも読ませたくないから焼いて捨てるべきだ。しかし、アイツ（客人）にどうだった？ と聞かれると困るから、読んでおいてもいいかもしれない。だが、息子が読むことだけはまかりならぬ」

ところでサバケタ息子のほうは『チャタレイ夫人』程度では、なんと

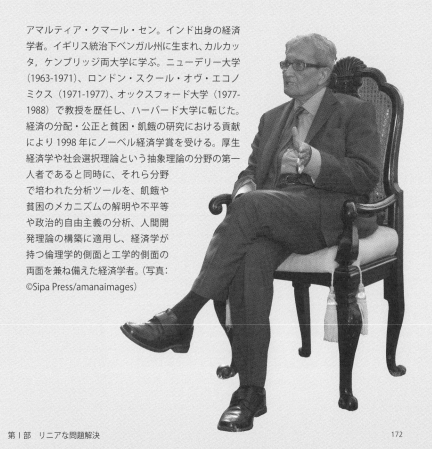

アマルティア・クマール・セン。インド出身の経済学者。イギリス統治下ベンガル州に生まれ、カルカッタ, ケンブリッジ両大学に学ぶ。ニューデリー大学（1963-1971）、ロンドン・スクール・オヴ・エコノミクス（1971-1977）、オックスフォード大学（1977-1988）で教授を歴任し、ハーバード大学に転じた。経済の分配・公正と貧困・飢餓の研究における貢献により1998年にノーベル経済学賞を受ける。厚生経済学や社会選択理論という抽象理論の分野の第一人者であると同時に、それら分野で培われた分析ツールを、飢餓や貧困のメカニズムの解明や不平等や政治的自由主義の分析、人間開発理論の構築に適用し、経済学が持つ倫理学的側面と工学的側面の両面を兼ね備えた経済学者。(写真: ©Sipa Press/amanaimages)

も思わない。むしろ、こう考えた。

「あのカタブツ親父こそこの程度のものは読んでおくべきだ。しかし、親父が読まないなら、ひま潰しに読んでみるのもいいかもしれない。だが、焼き捨てるなんていうのは論外だ」

まとめると、次の3つの選択肢について、2人はそれぞれこう考えているのである（矢印は、右の選択よりも左の選択のほうがよいことを意味する）。

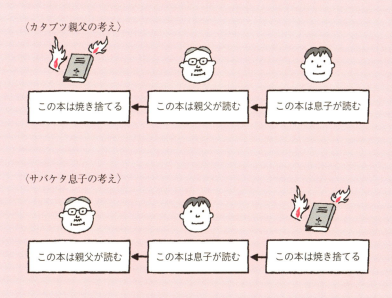

2人がそれぞれ、個人として「お山の大将」を3つの選択肢に対して使ってみるなら、それぞれに一番の選択肢を選ぶことができるだろう。

[＊4] イギリスの作家D・H・ローレンスの長編小説。作者の予見どおり、作中の性描写が問題となり、1928年の発表当初は検閲により一部の描写が削除され、無修正版の刊行は1960年まで待たなければならなかった。日本でも1950年に小山書店から出版された翻訳書を警視庁が摘発、翻訳者の伊藤整と小山書店社長小山久二郎がわいせつ物頒布罪で起訴された。

〈カタブツ親父の選択〉

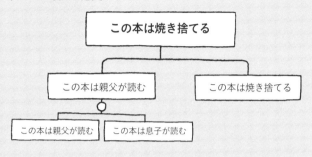

〈サバケタ息子の選択〉

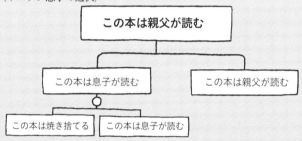

　しかし2人がそれぞれの意向を持ち寄り、共同で意思決定しようとすれば、おかしな事態に陥る。
　なぜなら、カタブツ親父の考えとサバケタ息子の考えを併せると、次のような3すくみの関係が成立するからである。

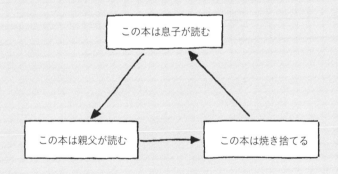

※自由主義のパラドクス

さて、カタブツ親父とサバケタ息子が暮らす社会は、いわゆる自由主義が尊重されている社会であるとしよう。

自由主義社会では、他人に関与しない限り（たとえば誰かに迷惑をかけない限り）、個人が何をしようと、どんな行動を選ぼうと自由である。

これを今の『チャタレイ夫人の恋人』を巡る状況に適用すれば、次のようになる。

① この社会では、「〈息〉：この本は息子が読む」か「〈捨〉：この本は焼き捨てる」か、そのどちらを選ぶかについては、まったくサバケタ息子の自由である。なんとなれば、この選択は、息子以外の他人に関係していないからである。

したがって今、サバケタ息子の頭の中は「〈親〉＞〈息〉＞〈捨〉」となっているのであるから、彼は〈捨〉より〈息〉のほうを選ぶだろう。

② 同じようにこの社会では、「〈親〉：この本は親父が読む」か「〈捨〉：この本は焼き捨てる」か、そのどちらを選ぶかについては、まったくカタブツ親父の自由である。なんとなれば、この選択は、親父以外の他人に関係していないからである。

したがって今、カタブツ親父の頭の中は「〈捨〉＞〈親〉＞〈息〉」となっているのであるから、彼は〈親〉より〈捨〉のほうを選ぶだろう。

③ 2人の自由な選択の結果（〈息〉＞〈捨〉と〈捨〉＞〈親〉）を合わせると、最終的に「〈息〉：この本は息子が読む」が勝ち抜いてしまう。

しかし、カタブツ親父はおろか、サバケタ息子ですら、〈親〉＞〈息〉（息子が読むよりも、親父が読んだほうがいい）と思っていたので

はなかったか。

2人の優先順位を合わせると、もっとましな選択があったはずなのにイマイチな選択に到達してしまうのだ。

この事態を『チャタレイ夫人の恋人』の例の原案者センは、次のような定理としてまとめている。

「どのように権利体系を定めても、それが最小限の自由を保障するものであれば、その権利の枠内での人びとの選択の結果が誰も望まないものになる（その結果よりも、他のある実現可能な状態をみんなが一致して望む）場合が、かならずある」[＊5]

この定理は〈自由主義のパラドクス〉として知られており、「他人に関与しない限り（たとえば誰かに迷惑をかけない限り）、個人が何をしようと、どんな行動を選ぼうと自由」という原則と、複数人の意向を反映させることを（たった2人の場合でさえも）、両立させることができない場合があることを示している。

[＊5]『合理的な愚か者』（アマルティア・セン、勁草書房、1989）

MERIT AND DEMERIT TABLE

17
フランクリンの功罪表

線1本でつくる意思決定ツール

第2章 解決策の探求

難易度

開発者

ベンジャミン・フランクリン（Benjamin Franklin, 1706 - 1790）

参考文献

『決定を支援する』（小橋康章、東京大学出版会、1988）

『決定力！──正解を導く4つのプロセス』（チップ・ハース、ダン・ハース、早川書房、2013）

用途と用例

◎意思決定を支援する。

◎アイデアの採用／不採用を決定する。

レシピ

❶ 紙の真ん中に縦の線を1本引き、左側をPRO（賛成）、右側をCON（反対）の領域とする。

❷ 決定したい事項について、賛成する理由（またはメリット）を線の左側に、反対する理由（またはデメリット）を線の右側に、それぞれ書いていく。

☞フランクリンは、この作業に時間をかけるようすすめている。「数日にわたり、折に触れては、賛成の側、反対の側それぞれに、理由を追加していくように」と。

❸ 一通り出尽くしたところで、1つの賛成理由と1つの反対理由を、場合によっては1つの理由と複数の理由を（同じ重みのプラス、マイナスが異なるものとして）相殺していく。

❹ 数日間、相殺の作業を続けた後、残された項目によって、賛成か反対か（たとえばある計画を実行するか否か）について決定を下すことができる。

第1部　リニアな問題解決

サンプル

課題を先延ばしにしている

そのメリット	そのデメリット
・他の好きなことをする時間ができる ・大変そうな課題をやって苦しまなくて済む	・締め切りが近づくと落ち着かなくなる ・「いつもにげてばかりだ」と自己嫌悪に陥る

「締め切りが近づくと落ち着かなくなる」のデメリットが大きすぎて、2つのメリットを相殺する。結果、デメリットのほうが大きくなる。よって、先延ばししないことを決定する。

サマータイムの導入

賛成の理由	反対の理由
・照明使用時間の減少 →エネルギー消費の減少 ・帰宅時間が明るい→安全の向上 ・余暇の増大→レジャー産業の繁栄	・切り替えのコスト ・残業時間の増大→エネルギー消費の増大

「照明使用時間の減少」と「帰宅時間が明るい」「余暇の増大」は「残業時間の増大」によって相殺される。結果、「切り替えコスト」だけが残り、「サマータイムの導入」はしないことを決定する。

17 MERIT AND DEMERIT TABLE

レビュー

※ 最もシンプルな意思決定ツール

1772年、ベンジャミン・フランクリンが、イギリスの友人である化学者ジョセフ・プリーストリに手紙を書き送り、その中ですすめた「心の代数」（Moral Algebra）が、この方法である。

「分別・熟慮（諮問）の代数（Prudential Algebra）」や「功罪表（損益比較表、

ジョセフ・プリーストリ（Joseph Priestley, 1733-1804）はアンモニア、塩化水素などの気体を発見した化学者であると同時に、ユニテリアン派の神学者でもあり、政治哲学では功利主義の祖である。1790年にイングランドで描かれたこの風刺画では、教会のボックス席に座っているホイッグ党の大物政治家フォックスと、積み上げられた著作と「狂信」と記された樽からなる説教壇に立つプリーストリがやり合っている。
フォックス「なんとまあ、ここでは博士は悪魔みたいなものか？」
プリーストリ「違う！」
背後の悪魔「お前が背後に目をやればもう少し分別がつきそうなものだがね、博士さん」

1880年頃にドイツの画家が描いたロビンソン・クルーソー。『ロビンソン・クルーソー』は1719年に刊行されたイギリスの作家デフォーの長編小説。正式名称は「自分以外の全員が犠牲になった難破で岸辺に投げ出され、アメリカの浜辺、オルーノクという大河の河口近くの無人島で28年もたった一人で暮らし、最後には奇跡的に海賊船に助けられたヨーク出身の船乗りロビンソン・クルーソーの生涯と不思議で驚きに満ちた冒険についての記述」で、主人公ロビンソン・クルーソー自身が執筆した手記のような体裁で発表された。孤島で残されたわずかの道具を用いて住みやすいように改造し、家をつくり穀物を栽培してたくましく生き抜く話が中心で、苦難に支配されずに着実に生活を築いてゆく当時のイギリス市民の生き方が反映されており、好評を博した。その写実的手法のゆえに近代イギリス小説の原点と評される。

merit and demerit table)」とも呼ばれる最もシンプルな意思決定ツールであり、認知行動療法（→ぐずぐず主義克服シート、202ページ）にも取り入れられている。

※『ロビンソン・クルーソー』の影響から

フランクリンのこの方法には、彼が幼少期から愛読したデフォー『ロビンソン・クルーソー』(1719) の影響が見て取れる。

主人公は無人島に打ち上げられ、脱出することもかなわず、1人生き延びなければならなくなってさまざまな困難に直面するが、最大の問

題は自身の精神に生じた。ロビンソンは精神的苦悩を乗り越えるために、のちに「人生帳簿」と呼ばれることになるものを作成していく。複式帳簿の借方／貸方になぞらえて、自分が経験したそれぞれについて不幸な面と幸福な面を書き出し、対比していったのだ。

「着る服がない」という不幸な面に対して「服など着られないほど暑い場所にいる」という幸福な面、「島から脱出できる望みは限りなく小さい」という不幸に対して「他の乗組員のように溺死せず生きている」という幸福、というふうに対比させていき、ロビンソンは最終的な「差引勘定」として「十分幸福である」という結論を引き出している。

このロビンソンの「人生帳簿」という精神を鼓舞し生きのびるための自己説得のツールを、フランクリンは「心の代数」という意思決定ツールに仕立て直したのだ。

※「心の代数」の欠点とは？

フランクリンの「心の代数」には欠点もある。

ハース兄弟の『決定力！』は、フランクリンの方法を厳しく批判している。確証バイアスをはじめとする、判断を誤らせる人間の認知バイアスに対してフランクリンの方法は無防備だというのだ。

しかし確証バイアスについての近年の研究は、別の見方を教えてくれる。確証バイアスを避ける努力は意外とコストが高く、その上無視できない副作用を持っている。その努力は第一種過誤（間違いを正解として採用すること）を減らすことに貢献するが、第二種過誤（正解を誤りとして捨ててしまうこと）を増やしてしまうのだ。

また多くの天才たちが、冷静な意思決定よりむしろ確証バイアスに導かれて成果を上げていったことを、レイモンド・S・ニッカーソンは豊富な事例を挙げて示している [＊1]。

［＊1］ Nickerson, R. S. (1998). Confirmation bias: A ubiquitous phenomenon in many guises. Review of general psychology, 2(2), 175.

第Ⅰ部　リニアな問題解決

②を選ばなかった人は確証バイアスの
第二種過誤に陥っている可能性が……？

　実のところ、自分の考えに合致した証拠ばかりを集め、反証情報を見過ごす確証バイアスは、人間の自己肯定感や社会肯定感の基盤となる心理的傾向である。ロビンソンの「人生帳簿」は、まさにこの線にそって、無人島サバイバルという過酷な状況の中で〈生きる希望〉にロビンソンをつなぎとめることに成功した。
「心の代数」が「人生帳簿」の改変版だとすれば、同じ特徴を引き継いでいることは不思議ではない。そして「人生帳簿」においては長所だった側面が、偏りのない判断のためのツールとしては欠点となりうる。「心の代数」は合理的な判断を支援するツールというより、人が決意を固めるための技法なのかもしれない。

OPPORTUNITY COST

18
機会費用
「選ばなかったもの」で決まる

難易度

開発者

フリードリヒ・フォン・ヴィーザー（Friedrich von Wieser, 1851 - 1926）

参考文献

Wieser, F. . (1914). Theorie der gesellschaftlichen Wirtschaft. Frankfurt/Main: Keip.

『あなたの人生は「選ばなかったこと」で決まる』（竹内健蔵、日経ビジネス人文庫、2017）

用途と用例

◎ 計画の評価をする。

◎ 計画評価の偏り（バイアス）を防ぐ。

第 I 部　リニアな問題解決

レ シ ピ

❶ 検討する選択肢（計画や行動）を決め、得られる便益と必要な費用を書き出す。

❷ 検討する選択肢（計画や行動）のために断念しなければならない（両立できない）選択肢（計画や行動）について、得られる便益を調べ、最も大きな便益が得られるものを、代替の計画・出来事とする。

☞この断念しなければならない便益が「機会費用」である。

❸ 検討する計画・行動から得られる便益が、〈検討する計画・行動の費用＋代替の計画・行動から得られる便益〉以上であるなら、検討する計画・行動を実行することを決定する。

サ ン プ ル

大学へ進学すべきか

❶ 検討する選択肢（計画や行動）を決め、得られる便益と必要な費用を書き出す。

「大学へ進学する」を検討する選択肢とする。

得られる便益（金銭的なもの）は、大学へ行くことで増える収入、すなわち生涯賃金3億2030万円（大卒・大学院男子「ユースフル労働統計2016：労働統計加工指標集」より）と2億4490万円（高卒男子、同資料より）の差7540万円とする。

また必要な費用として、在学中にかかる授業料・施設設備費納付額
495万5188円（私立理系昼間部の平均額、文部科学省「平成26年度私立大学入
学者に係る初年度学生納付金平均額調査」より）、また下宿した場合の費用と
して、年間109万900円×4年間＝436万3600円（日本学生支援機構「平
成26年度学生生活調査」の「居住形態別・収入平均額及び学生生活費の内訳〈大学
昼間部〉より）を考える。

**❷ 検討する選択肢（計画や行動）のために断念しなければならない（両立で
きない）選択肢（計画や行動）について、得られる便益を調べ、最も大き
な便益が得られるものを、代替の計画・行動とする。**

断念しなければならない選択肢は、「大学へ進学しないで○○する」
だが、このうち最も大きな便益が得られそうな「大学へ進学しないで就
職してフルタイムで働く」を代替の計画・行動として、高卒で働いて4
年間で得られる賃金を、最善の代替の行動から得られる便益（大学へ行
くことで失う便益）とする。

機会費用便益

大学へ行くことで増える生涯賃金 7540万円	
会計上の費用 学費等 495万5188円 生活費等 436万3600円	機会費用 高卒後4年間で得られる 賃金 953万2800円

**❸ 検討する計画・行動から得られる便益が、〈検討する計画・行動の費用
＋代替の計画・行動から得られる便益〉以上であるなら、検討する計
画・行動を実行することを決定する。**

大学へ行くことで得られる便益7540万円

大学へ行くことの費用（495万5188円＋436万3600円）＋大学へ行くこ
とで失う利益953万2800円 ≒ 1885万円

よって金銭的便益費用の比較では、大学進学することが望ましいと結
論できる。

便益と費用

	大学へ進学する	大学へ進学しない
得られる便益	大学へ行くことで増える生涯賃金 7540万円	高卒後4年間で得られる賃金 953万2800円
かかる費用	学費等 495万5188円 生活費等 436万3600円	

レビュー

※ 機会費用とは何か

1つの選択肢をとるということは、他の選択肢を捨てることである。

機会費用 [＊1] とは、我々が何かを選んだ際に、選ばれなかった（捨てられた）選択肢のうち最善のものの価値を指す。この定義は、選択肢がいくつあっても使えるように、少し回りくどい言い方をしている。

選択肢が2つ（あれかこれか）ならば、こう言い換えられる。

機会費用とは、我々が何かを選んだ際に、選ばれなかったほうの価値を指す。

では、なぜ機会費用について考えることが、つまり選ばれなかったほうの価値についてわざわざ考えることが必要なのか。

1つは、この機会費用の考え方が、合理的な意思決定の基礎になるからである。

［＊1］機会費用（ドイツ語 Opportunitätskosten）という用語は、オーストリアの経済学者ヴィーザーが1914年に『社会経済論（Theorie der gesellschaftlichen Wirtschaft）』の中で用いたのが嚆矢であるが、ベンジャミン・フランクリンは『若き商人への手紙』の中で「時は金なり」とその含意を述べ、フレデリック・バスティアは「割れ窓の寓話」で割れたガラスを修繕した金で他のものが買えたことを指摘するなど、複数の者がヴィーザーに先んじて同種のアイデアを提出している。

もう1つは、人間は意思決定に際して、機会費用を考慮することが苦手であるからである。

以下で、これを1つずつ見ていこう。

※ 意思決定の基礎としての費用

損益（費用と便益）を考慮して、便益が費用を上回る選択肢を、その中でも便益と費用の差が最も大きい選択肢を選ぶことは合理的であるが、問題となるのは何を費用に含めるかということである。

たとえば大学進学の場合、普通に考えられる費用に含まれるのは、大学進学のための学費など実際に金銭を支払うものに限られる。

しかし、大学に進学するのか、それとも進学せず就職して働くのか、を比較して意思決定する場合、双方の費用と便益を考慮に入れないと望ましい選択にならない。

そこで大学に進学するという選択肢から見て、選ばれなかったほうの（つまり進学せず就職して働く）価値として「大学へ進学せずに働いていたら得られたと考えられる収入」を、機会費用として考えるのである。

経済学上の費用とは、会計学上の費用（今の例では、学費など実際金銭を支払う費用）に、機会費用（進学せず就職して働いていたら得られた金額など）を足したものとなる。

今は費用だけを考えたが、ある人が大学に行く選択をするなら、その人が考える大学に行くことの便益が、大学に行くことの費用（＝会計上の費用＋機会費用）を上回ったからである。

便益には、「大学を卒業することでより高い収入が得られる仕事につくことができること」といった金銭的なものの他に、「大学で学ぶことで得られる知識や技能」についてその人が認める価値なども加わる。

本当は、「進学せず就職して働く」ことの価値にも、単に働いて得られる金銭だけでなく、その人が「進学せず就職して働く」ことに置く非

1000円相当の無料ランチ
(待ち時間1時間)

金銭的な価値も加わっているはずである。これもまた「大学へ進学する」という選択肢から見れば、機会費用に加わる。

　重要なのは、ある選択肢が選ばれたとしたら、その選択肢から期待される便益は経済学上の費用を上回っているはずだということである。

　金銭的支出が伴わない場合、費用はかかってないと思いがちである。しかし、会計上の費用がかかってなくても、複数の選択肢があり選択が行われたなら、必ずや選ばれなかった選択肢があり、もう1つの費用、機会費用がかかっている。

　たとえば無料で1000円のランチが食べられる催しがあったとしよう。無料のため大人気となって長い列ができ、ランチを食べるまでに1時間は待たないといけない。このとき、1時間働けば2000円の収入がある人は列に並ばないほうが合理的である。列に並んで1時間待つことは、2000円分の収入をあきらめることであり、2000円の機会費用がかかっているからである。

　「時は金なり」の格言で時間の価値に注意を促したベンジャミン・フランクリンが、機会費用の概念の先駆者として考えられる所以である。

※機会費用の過小評価

経済学を勉強した人が、現実を見て言うことの大半は、機会費用、サンクコスト、限界概念といった、基本的なアイデアの応用である。その理由は、これらのアイデアが、人間が苦手とする推論に関するものであるからである。

一般に我々は機会費用について考えるのが苦手である。たとえば認知バイアスの1つに、機会費用の過小評価 (underestimate of opportunity costs) というものがある [*2]。

経済学上の費用は、実際の出費 (out-of-pocket costs) と機会費用とを同価値 (equivalent) のものと見なすが、実際の人間は、損失 (=実際の出費) のほうをはるかに嫌う。

これは行動経済学でいう損失回避 (loss aversion) [*3] の一例とも見なせる。損失回避とは、ある額を得る場合 (gain) の効用と失う場合 (loss) の不効用を比べると、後者のほうを重視する傾向である。実際の出費 (out-of-pocket costs) は損失であるのに対して、機会費用は「もしかしたら手に入ったかもしれない利得 (gain)」であるため軽視される。

1杯目 2杯目 3杯目 4杯目

モノや回数が増えたときに
満足度(限界効用)が減少

⇩

限界効用逓減の法則

読者限定無料プレゼント

PDFファイル
一目でわかる
問題解決ステージマップ

あなたの問題はどこに潜んでいる？
そして何が必要？
あなたを解決へと導く道標です。

※PDFファイルはHPからダウンロードしていただくものであり、
　小冊子をお送りするものではありません。
※無料プレゼントのご提供は予告なく終了となる場合がございます。
　あらかじめご了承ください。

無料プレゼントを入手するには
コチラへアクセスしてください
http://frstp.jp/problem

※ 選択によって変わる世界

　機会費用について考えることが難しいもう１つの理由は、ある選択肢を選ぶことによって、我々の行動が変わるだけでなく、それに応じて影響を受ける人たちの反応も変わってしまうことによる。

　我々は問題解決を考える際に、状況（世界）を前提として受け入れるあまり、問題解決が状況（世界）に対して与える影響を軽視しがちである。

　たとえば、自動車に何らかの安全装置を付けて事故による危険を減らすことを考えよう。

　その安全装置が本当に効果があるものであれば、安全装置の設置を義務づけることで、事故の危険を減らし、交通事故での怪我や死亡を減らすことができるはずである。

　しかし、この判断は安全装置の設置の影響について、その一面しか見ていない。あるいは、安全装置の設置の前後で人びとの行動が変わらないことを前提としている。しかし、実際はそうではないらしい。

　実は、安全装置に効果があると、人びとの運転が平均してより荒っぽくなり事故率が増えてしまうのである [＊4]。

　安全装置だけでなく、運転手の運転技術が向上したり、事故が起こりやすい場所に標識を立てるといった方策によっても、同じことが起きる。こうした方策が効果を表し、知覚されたリスク水準が下がると、効果を

[＊2] Dasgupta, A. K. (1974). Cost-benefit analysis. In Economic Theory and the Developing Countries (pp. 87-97). Macmillan Education UK.

[＊3] Tversky, A., & Kahneman, D. (1991). Loss aversion in riskless choice: A reference-dependent model. The quarterly journal of economics, 106(4), 1039-1061.

[＊4] このことを示す最も有名な検証実験は、1980 年代にドイツのミュンヘンで、アンチロック・ブレーキ・システム（ABS）が運転行動について与える影響を調べるために 3 年間かけて行われたものである。ABS は急ブレーキ時の車輪のロックを防ぐため、制動距離を縮めるとともに、事故回避をしやすくなる装置である。ABS 付き自動車はランダムに配置され、運転手は自分の車に ABS がついているかどうか知らされなかった。ABS 付きと ABS 無しのタクシーの事故率、事故の大きさとも変わらなかったが、ABS 付きのタクシーのほうが急減速と急加速の頻度が高くなった。1990 年代に同様の実験がカナダとノルウェーで行われたが、そこでもミュンヘン実験の結果が確認された。参考文献：『交通事故はなぜなくならないか ──リスク行動の心理学』（ワイルド、新曜社、2007）

相殺するように危険な運転が増えてしまう [＊5]。

この皮肉な現象を、機会費用の観点から見てみよう。

安全装置の設置には、その装置自体の設置費用だけでなく、〈運転手が安全運転する〉という便益が設置によって失われる機会費用がかかることになる。

この機会費用は、安全装置によって得ようとした便益を直接食いつぶすものだけに深刻だ。便益が機会費用によって相殺されるならば、装置の設置費用の分だけマイナスになり、設置しないことが選択されることになる [＊6]。

便益と費用

	安全装置あり	安全装置なし
得られる便益	安全装置によるリスクの軽減と安心	運転が荒くならない注意力
かかる費用	安全装置の設置費用と運転が荒くなるリスク	

＊お金で買えないものの価値を算定するには

最後にもう1つ、機会費用の重要な応用について触れておこう。

機会費用の考え方を使って、あるものの価値を算定することができる。正確には、算定できるのは価値の下限（少なくともこれ以上の価値があるということ）だが、通常は売り買いされないために値段がつけようがないものの価値を算定することにも使うことができる。

サンプルの大学へ進学するケースで言えば、大学へ行くことを選択した場合、

[＊5] このメカニズムをワイルドは、「リスク・ホメオスタシス」と呼び、エアコンの温度調節機能のように負のフィードバックが働くメカニズムを検討している。Wilde, G. J. (1982). The theory of risk homeostasis: implications for safety and health. Risk analysis, 2(4), 209-225.

[＊6] リスク・ホメオスタシス理論については、支持するデータもあれば反証するデータもあり、議論は決着しているわけではない。安全施策やシステムの導入が人びとのリスク行動に影響を与えるのが確かだとしても、その効果の大きさが問題で、便益を常に完全に相殺しないのであれば、安全施策やシステムの導入は合理的となる。

大学へ行く価値＞大学へ行く費用（＝支払い費用＋大学へ行く機会費用）＞
大学へ行く機会費用

　となり、価値は機会費用より必ず大きい。支払い費用がない場合（大学が無償の場合）は、よりわかりやすく

　大学へ行く価値＞大学へ行く費用＝大学へ行く機会費用

　この機会費用の考えを使って、人の命の価値を計算しよう。
　といっても、これではあまりに問題が大きいから、交通事故で死亡した際の賠償金額を考える。
　損害賠償額を考えるベースとなるものに逸失利益というものがあるが、これは正に機会費用の考え方を応用したものである。
　交通事故で死亡したことの機会費用は、それと両立しない選択肢、つまり、もし交通事故に遭わずに天寿を全うしたならば得られたであろう価値となるはずである。
　逸失利益の計算も、ほぼ同じ考え方が用いられる。すなわち逸失利益の計算には、その人が交通事故に遭った時点以降の生涯賃金（死亡時点から退職時までに支払われるはずの賃金）額が使われる。
　この算定法にはすぐわかる欠点がある。
　年齢の高い人ほど、事故以降退職時までの年数は短く、したがって支払われるはずの賃金の合計は少なくなる。つまり定年をすでに迎えた人についてはゼロになる。

第2章　解決策の探求

そもそも、この算定は賃金（収入）だけしか考慮していない。長年、日本の交通事故賠償額は諸外国よりかなり低かったが、これは逸失利益の考え方が強かったせいだと思われる。

　そこで収入以外の価値を含めて、人命価値を算定する方法が求められた。

　賃金など収入については統計データがすでに整っており利用しやすいことが逸失利益法のメリットだったが、収入以外の価値を含めるためには、新たに利用できるデータからつくり出す必要がある。

　その手法の1つが仮想的市場評価法（Contingent Valuation Method；CVM）である。これは、アンケート調査を用いて人びとに支払意思額（willingness to pay；WTP）等を尋ねることで、市場で取り引きされていない財（効果）の価値を計測する手法である。

　CVM法を使って人命価値を算定する場合にも、機会費用の考えが用いられている。

　アンケートとして「交通事故による死亡を避けるためにどれくらいの金額を支払ってもよいと思うか」を尋ねるのである。

　この結果には、交通事故で死なずに生きていれば得られる人生の喜びや価値が織り込まれる。すなわち、これらが交通事故で死亡したことで失われる人生の喜びや価値を守るのに、いくらまで払ってよいかという考え方である。

DECISION ANALYSIS

19
ケプナー・トリゴーの
決定分析
二重の評価で意思決定する

第2章
解決策の探求

難易度

開発者

チャールズ・ケプナー （Dr. Charles Kepner,1922-）
ベンジャミン・トリゴー （Dr. Benjamin Tregoe,1927-2005）

参考文献

『新・管理者の判断力―ラショナル・マネジャー』（C. H. ケプナー、B. B. トリゴー、産業能率大
学出版部、1985）
『決定を支援する』（小橋康章、東京大学出版会、1988）

用途と用例

◎複数の候補から最も適したものを選びたいとき。

◎複数の候補を順序づけしたいとき。

レシピ

1 ベストを選びたい（あるいはランクづけしたい）候補をリストアップする。

☞2つ以上なら何個の候補でも可。

2 選択にあたって必ず満たしてなければならない条件を MUST 目標としてあげる。

☞いわゆる制約条件がここに入る（たとえば、予算の制約や制限時間など）。数量を伴った表現を使い「以上」「以内」などで終える。

3 できれば満たしていたほうが望ましい目標を WANT 目標として複数あげ、重要さに応じてウエイトをつけておく。最大化や最小化したい条件をここに入れる。

☞大小のどちらが好ましいかわかるよう、「売上が多い」「費用が少ない」などのように、形容詞で終える表現にする。

☞MUST 目標に入れた条件も変形して WANT 条件にも盛り込む。たとえば MUST 目標で「予算は 1000 万円以下」としたら、WANT 目標にも「予算が低い」を盛り込むとよい。

4 選択肢それぞれについて、MUST 目標を満たしているかチェックし、満たしてない選択肢は除外する。

5 選択肢それぞれについて、WANT 目標について点数づけし、点数にウエイトを掛け、積算に記入する。

6 選択肢それぞれについて、WANT 目標の積算を合計し、最も多い点がついたものを選ぶ。

第 I 部　リニアな問題解決　　　　　　　　　　　　　　　196

サンプル

「ランチをどこで食べるか」の決定分析表

MUST 目標		案1 インド料理		案2 中華料理		案3 蕎麦屋	
		情報	GO/NG	情報	GO/NG	情報	GO/NG
予算は 1000円未満		最低 1200円 以上	NG	最低 850円 以上	GO	最低 700円 以上	GO
移動を含めて 1時間以内		45分間	GO	30分間	GO	40分間	GO
WANT 目標	ウエイト	情報	点数	積算	情報	点数	積算	情報	点数	積算
うまい	6	最高	10	60	うまい	8	48	そこそこ	5	30
やすい	5	1200円〜	6	30	850円〜	8	40	700円〜	10	50
待たないで 入れる	2	yes	10	20	20分待ち	5	10	yes	10	20
食事後も ゆっくり	1	yes	10	10	no	5	5	no	5	5
合計				120			103			105
		NG			2位			1位		

レビュー

※ 意思決定と多属性効用理論

　ケプナー・トリゴーの決定分析は、多属性効用理論で提案された意思決定規則のうち、属性値による排除ルールと効用加算ルールを組み合わせたものである。

　複数の選択肢があるとき、選択肢を複数の条件で比べて、順序づけることを考えよう（ベストを選ぶ場合も順序づけた後に1位のものを選べばよい）。

　条件のそれぞれについて、望ましさについて得点をつけることができる場合、これを効用値と呼ぶ。

　多属性効用理論は、比較に用いる複数の条件を選択肢が持っている属

性として、その効用値に基づいて選択肢を選ぶルール（意思決定規則と呼ぶ）を考えるものである。

※ 意思決定規則とトレードオフ

ある意思決定規則を用いて、選択肢が1つだけに絞り込めるとき、その規則は完全適用であるという。

最も望ましい選択肢を1つだけ選ぶことができるのは、意思決定の目指すところであるから、意志決定規則はもちろん完全適用であることが望ましい。

しかし、与えられた選択肢によっては、その規則では1つに絞り込めないことはしばしば起きる。一般に、シンプルな意思決定規則ほど、完全適用とならない可能性は高い。

意思決定規則には、他にも求められることがある。意思決定を正当化することだ。

直観に頼って選択する代わりに、何らかの意思決定規則を用いる場合、この正当化が必要なことが多い。つまり、なぜ他の選択肢ではなく、この選択肢を選んだのか説明が求められる場合である。

直観による選択では、たとえ結果的に望ましい選択肢を選んでいても、なぜこの選択肢なのかを筋道立てて説明することが難しい。

規則に従った意思決定であれば、意思決定規則を説明し、それぞれの選択肢の属性値に適用して見せれば、意思決定のプロセスは再現できる。

さらにもう1つ、意思決定規則には要求されるものがある。それは扱いやすさである。シンプルな規則であれば、適用することも容易であり、また正当化（なぜこの選択をしたのかを説明すること）も難しくない。

しかしシンプルな規則では完全適用にならないケースが出てくるために、規則は改良され、その度に複雑になっていった。

以下で、これまで提案されてきた、主な意思決定規則を一覧し、今少し詳しく説明していこう。

第Ⅰ部　リニアな問題解決

さまざまな意思決定規則

略称	ルール名	ルール	タイプ
DOM	優越性ルール	1つの選択肢が他の選択肢に比べて、すべての属性について優れているか少なくとも同等である場合、その選択肢を選ぶ。	非補償型ルール ある属性の効用が低い場合、他の属性の効用が高くても補えない
CON	連言ルール	いくつかの属性について基準値が決まっているときに、それらのすべてを満たす選択肢を選ぶ。	
DIS	選言ルール	いくつかの属性について基準値が決まっているときに、1つでも満たす選択肢を選ぶ	
LEX	辞書的ルール	一番重要な属性について比較し、最も望ましいものを選ぶ。 それで決まらない場合は、次に重要な属性について比較することを続ける。	
EBA	属性値による排除ルール	一番重要な属性について、基準に満たない選択肢を排除していく。 それでもまだ選択肢が残っている場合は、次に重要な属性について基準に満たないものを排除することを続ける。	
MNA	勝率最大化ルール	2つの選択肢を比べるのに、それぞれが相手より優れている属性の数を数え上げて、優れている属性の数が多いほうを選ぶ。	補償型ルール ある属性の効用が低くても、他の属性の効用が高ければ補える
AU	効用加算ルール	属性ごとの効用値に重みづけし、その和によって順位を決める。	
AUD	効用差加算ルール	属性ごとに2つの選択肢の差を考えて、すべての属性についてこの差を合計して優劣を決める。	
PS	プロダクションシステム利用ルール	属性と効用値のすべての組み合わせのひとつについてプロダクションルールを用意して、意思決定者の特定の問題状態における優先順位をプロダクションシステムで表現する。	

出典：森, 他 (1995)『グラフィック認知心理学』p.223 表 11.3 を改変

※ 非補償型規則と補償型規則

　意思決定規則には、大きく分けて非補償型規則と補償型規則がある。

非補償型規則とは、ある条件（属性）の点数（効用値）が低い場合、他の条件の点数が高くても補えないような意思決定ルールである。

　たとえば、条件（属性）ごとに基準値を設けて、それ未満の点数（効用値）であれば、他の条件（属性）がどれだけ点数（効用値）が高くても除くという規則は、非補償型規則である。

　つまり他の条件（属性）の点数がどれだけ高くても、足切りにあった条件（属性）の点数の低さを補えない、というわけである。

　逆に補償型規則とは、ある条件（属性）の点数（効用値）が低くても、他の属性の効用値が高ければ補えるような意思決定ルールである。

　シンプルな例を挙げてみると、各条件（属性）の点数（効用値）を足し合わせて合計点で高い順に順位づけする、というのがこの補償型規則の1つである。低い点数の条件があっても、他の条件で点数が高ければ補えるわけである。

　一般には、非補償型規則のほうが補償型規則よりも扱いやすい。

　その理由は、非補償型規則の場合、他の条件（属性）がどうなっているのか考えずに判断ができるからである。

　補償型規則である条件の点数の低さを他の条件で補えるということは、他の条件との間で何らかの演算を行うということである。最もシンプルな各条件（属性）の点数を足し合わせる場合ですら、合計点を出すという演算が必要になる。

※効用加算ルールと属性値による排除ルール

　補償型規則で最も一般的なものが、決定分析でも用いた効用加算ルールである。選択肢ごとに各条件（属性）について得点をつけ、それに条件（属性）ごとに決めた重みづけを施した後に合計点を計算し、合計点の順位で選択肢の順位を決めるものである。

　考慮すべき条件（属性）が少ない（およそ6つかそれ未満）場合、直観による順序づけと、効用加算ルールによる順序づけの間には、高い相関がある。つまり手順を踏んで選んでも、直観で選んでも、ほぼ結果は変わらない。

第Ⅰ部　リニアな問題解決　　　　　　　　　　　　　　　　　　　　200

しかし、条件（属性）の数が多く（およそ７以上）なると、条件（属性）の間で点数を計算しなければならない補償型規則の利用は、次第に認知負荷が大きくなっていく。そのため効用加算ルールによる選択と直観による選択は、次第に一致しなくなっていく[＊1]。

では、そうした場合、人間はどんなルールで選択肢を選んでいるのだろうか？

意思決定の研究で知られる心理学者エイモス・トベルスキー[＊2]は、認知負荷の小さいルールを用いて選択肢を減らしているのではと考え、次のような非補償型規則を提案した。

条件（属性）ごとにいわゆる足切り点を設けて、それに満たない選択肢は、他の条件（属性）の点数がいくら高くても排除するというルールである。

KT法の決定分析では、「トベルスキーの属性値排除」と呼ばれるこのルールを前段で用いて選択肢を減らした上で、効用加算ルールを適用している。実用が可能な程度にシンプルだが、ほとんどの場合に選択肢を１つに絞り込める、単純すぎないやり方である。

人間が行っている意思決定は、さらに多くのルール（先程の表に挙げたルール等）を適時使って、選択肢や比較に用いる条件（属性）を減らした上で、マイナス面を無視したりプラス面と相殺しながら、順序づけや選択を行っていると考えられている[＊3]。

[＊1] Humphreys, P. (1977). Application of multi-attribute utility theory. In Decision making and change in human affairs (pp. 165-207). Springer Netherlands.

[＊2] Amos Tversky(1937-1996)　意思決定、帰納、類似性などの問題についての認知科学的アプローチの研究で知られる心理学者。行動経済学の基礎を確立した功績でノーベル経済学賞（2002年）を受賞したダニエル・カーネマン（1934-）と共同で発表した一連の研究では、ベイズ的アプローチがそのままでは個人の意思決定を記述することができないことや、効用の評価が文脈によること（フレーミング効果、他の選択肢との組み合わせの効果）等を指摘し、プロスペクト理論や累積プロスペクト理論を発展させた。

[＊3] たとえば、Montgomery, H. (1983). Decision rules and the search for a dominance structure: Towards a process model of decision making. Advances in psychology, 14, 343-369.

ANTI-PROCRASTINATION SHEET

20
ぐずぐず主義克服シート

先延ばしはすべてを盗む

難易度

開発者

デビッド・バーンズ (David D. Burns, 1942-)

参考文献

『いやな気分よ、さようなら——自分で学ぶ「抑うつ」克服法』(デビッド・D・バーンズ、星和書店、1990)

用途と用例

◎やるべきことになかなか取りかかれないとき。

◎仕事をする気にならないとき。

◎やるべきことが先送りになるとき。

第Ⅰ部　リニアな問題解決

202

レ シ ピ

1 やるべき仕事をいくつかの作業に分ける。

☞すぐに実行できて完了できるよう、できるだけ小さな単位に分割するほうが望ましい。

☞大きなプロジェクトや複雑な仕事の場合は、大まかに分けてから、それぞれをさらに細かく分割するなど多段階で行うとよい。

☞ロジック・ツリー（→ 81 ページ）やさくらんぼ分割法（→『アイデア大全』、192 ページ）を使うとこの作業は楽になる。

☞ニーバーの仕分け（→ 32 ページ）を先に行っておくと、この作業は省略できる。

2 分割したそれぞれの作業について、その困難さとやり終えた際の満足度を予想して、0 から 100 の数値で表してみる。

3 一番最初の作業に取りかかり、その作業が終わったら、作業が実際にはどのくらい難しかったか、また実際にどのくらい満足したかを、それぞれ 0 から 100 の数値で表して記録する。

☞実際にやってみると自分のマイナスの予想がいかに間違っていたかを知って驚くことになる。

4 以下、区分した仕事をやり終えるごとに、その仕事が実際にはどのくらい難しかったか、また実際にどのくらい満足したかをそれぞれ記録していく。

サンプル

「手紙を書く」ぐずぐず主義克服シート

	作業リスト （できるだけ細分化する）	困難さの 予測 (0-100)	満足度の 予測 (0-100)	実際の困 難さ (0-100)	実際の満 足度 (0-100)
1	書くべきことを箇条書きにする	90	10	10	60
2	下書きを書く	90	10	10	75
3	下書きを清書する	75	10	5	80
4	封筒に宛名を書き、手紙を出す	50	5	0	95

レビュー

※「先延ばしは時間の盗人」[＊1]

　ぐずぐず主義、先延ばしは、英語の procrastination [＊2] の訳語であり、するべき行動を合理的な理由なく遅らせることを指す言葉である。

　遅らせることで事態が悪くなると予想される場合ですら、人はしばしば先延ばしを行う。

　先延ばしは、誰にでも、そして人の生活・社会のほとんどどこにでも生じ、多くは大した問題に発展しない。

[＊1] "Procrastination is the thief of time"（エドワード・ヤング『生、死、永生に関する夜想詩〈Night Thoughts on Life, Death, and Immortality〉』1742-1945 より）。ヤングは 18 世紀半ばに墓畔派（Graveyard Poets）流行のきっかけとなったイギリスの詩人。墓畔派は、墓場を背景として死すべき運命についての憂鬱な瞑想などをうたい、ゴシック・ロマンの先駆けともなった。墓畔派の詩人には他に、トマス・グレイ（『田舎の墓地で詠んだ挽歌』）や、画家としても有名なウィリアム・ブレイクなどがいる。

[＊2] この語源であるラテン語の動詞 procrastinare は、「先へ・前へ」を意味する接頭辞 pro- と「明日」を意味する cras からできた言葉で、「明日まで延ばす」がその原義である。

第 I 部　リニアな問題解決

1802年にロンドンで出版された『生、死、永生に関する夜想詩』の初版本と、その中に描かれた肖像。

　しかし、習慣化することもあり、深刻な問題に発展する悪循環の端緒となる場合がある。

　不安や恐怖は回避すると増悪する性質を持っているが、事態の悪化が予想される場合の先延ばしは、不安を悪化させ、行動についての認知を変容させる。先送りすればするほど、その行動は難しいと感じるようになるのである。こうして行動に着手することはますます回避されるようになり、先延ばしと事態悪化と不安の間で悪循環のループが形成される。こうなると、不安障害や感情障害にまで発展しかねない。

　見出しに引用したエドワード・ヤングも、「Year after year it (= procrastination) steals, till all are fled.（先送りは年々、すべてがなくなるまで盗む」と続けている。

　そのため先延ばしは心理学で長年研究され、数多くの対策が提案されている［＊3］。

　英語でも日本語でも「ぐずぐず主義をなおす」「すぐやる」「先延ばし

［＊3］先送り、ぐずぐず主義（procrastination）についての研究案内としては、たとえば Rozental, A., & Carlbring, P. (2014). Understanding and treating procrastination: a review of a common self-regulatory failure. Psychology, 5(13), 1488.

20 ANTI-PROCRASTINATION SHEET

症候群」といったテーマの書籍が多数出版されている。

　問題解決に関していえば、問題を察知し分析し、解決策を選択し、あとは実行するだけといった最後の段階で、先延ばしはそれまでの努力を水泡に帰すリスクとなる。

　問題解決が必要となるのは、ルーティンワークでは片づかない新規の困難な問題が生じたときである。実施すべき解決策は、それまで入念に検討されたものとはいえ、多くは初めての試みであり、成功が約束されているわけではない。不安やフラストレーション等の心理的ストレスは大きく、ぐずぐず主義（先延ばし）が育ちやすい状況であるといえる。

※ 認知行動療法で開発された手法

　ここで紹介した「ぐずぐず主義克服シート（Anti-Procrastination Sheet）」は認知行動療法 [＊4] の中で開発された手法であり、認知行動療法のセルフヘルプ本として最も有名な『いやな気分よ、さようなら』で紹介されているものである。

　うつ病の認知療法で取り入れられてきた手法なので、仕事自体が複雑で難しかったり、自分の調子が悪いために「難しく思えて取りかかれそうにない」と思える場合にも、使用することができる。

　行動療法や行動分析学でいう課題分析と、認知変容法の１つである行動実験を組み合わせて、シートに記入するという形でまとめたもので、簡便であるが効果が高く、個人的で小さな作業から大きく複雑なプロジェクトまで使うことができる。

　課題分析（task analysis）とは、最終的な目標課題を達成するためには、

[＊4] 実証的にその効果が確認されている行動的技法と認知的技法を効果的に組み合わせて用いることによって問題の改善を図ろうとする治療アプローチを総称し認知行動療法と呼ぶ。行動療法のベースである行動理論の発展により、外部から観察することのできる行動だけでなく、認知的過程についてもモデル化が行われ、認知的技法を組み込むようになった。一方アーロン・ベックの認知の歪みに焦点を当てることによってうつ病や恐慌性障害（パニック障害）など精神疾患の治療を行う認知療法や、認知／信念の変容を目標とするアルバート・エリスの合理情動療法もまた、行動的技法を取り入れており、認知行動療法の一翼を担っている。

第 I 部　リニアな問題解決

どんな行動がどんな順序で起こらなくてはならないかを洗い出すことであり、サイモンらがいう手段目的分析に相当するものである（→キャメロット、50ページ）。「ぐずぐず主義克服シート」では、「**1**やるべき仕事をいくつかの作業に分ける」がこれにあたる。

　複雑で困難な行動を、単純ですぐに実行できて完了できる小さな作業に分割するのがポイントである。

　実に常識的に見える手法であるが、とくにはじめて行う行動や、十分に習得できてない行動についてやってみると、絶大な効果を実感できる。

　行動実験（Behavioural Experiments）とは、認知療法における認知変容法の１つで、クライエントが自身の認知／信念がどの程度確かなのか、実際に行動し事実を収集することで確認する手法である。「ぐずぐず主義克服シート」では、**2**と**3**の「作業の困難さ」「達成した際の満足度」を予測し、作業後の評価と比較するのが、これにあたる。

　一般に認知や信念を変えることは難しい。認知に別の認知を突きつけても、認知は変わらないことが多い。

　そこで科学者のように仮説を立て、自身の行動でその仮説を検証することを通じて、認知に挑戦するのである。自身が行動することで、この実験にコミットしているため、その結果を受け入れる可能性は高まる。

　行動になかなか取り掛かれないとき、とくに先延ばしが繰り返されている場合には、「困難さ」は過大に、「満足度」は過小に予測されていることが多い。

「ぐずぐず主義克服シート」では、細分化された作業の一つひとつについて、「困難さ」と「満足度」の予想を立て、実行後の評価と比較して

いく。作業は小さく分割されることで、一般に「困難さ」は低下しているはずだが、それでも実行前には、高い困難度を予測することが多い。

また、細分化された作業は、どれも大したものではないので、予想される「満足度」は一般に低い。しかし、どれほど小さな作業でも、完了すればそれなりの満足は得られる。ましてぐずぐず主義によって長く回避し続けられていたものなら、なおさらだ。

こうして、分割された一つひとつの作業は、それほど困難でもなく、一方でやり終えた満足度は思った以上にあることを確認していくことで、小さな達成感が積み重なり、「ぐずぐず主義」は認知においても、また実践においても、克服されることになる。

※ 先延ばしの善用

一方で、先延ばし・ぐずぐず主義の克服を動機づけるためとはいえ、先延ばしがいかにひどい結果をもたらすかを述べ立てる脅迫めいた解説は、むしろ不安を高め、先延ばし克服を先延ばしさせて、悪循環を余計に悪化させる恐れもある。

そこで、先延ばしを克服するのでなく、人間の「仕様」として受け入れ、利用するアプローチを紹介しよう。

スタンフォード大学のジョン・ペリー [＊5] は、最も重要な仕事を最後に回すことで、それより重要性は劣るがやらなくてはいけない仕事をどんどん片づけていく「構造化された先延ばし（Structured Procrastina-

---

[＊5] John R. Perry(1943 -)。哲学的人格同一性の議論、スリングショット・アーギュメント、本質的指標詞（essential indexical）、心の哲学におけるタイプ物理主義の擁護など、数多くの貢献をし、心の哲学や認知科学の著名な研究者が受賞するジャン・ニコ賞を1999年に受賞している哲学者である。スタンフォード大学の言語情報研究センター（CSLI）長時代にはオンラインの哲学百科事典を企画し、これはスタンフォード哲学事典(SEP)として現在も運営されている。また2004年から続く哲学をテーマにしたラジオ番組 Philosophy Talk の発案者兼パーソナリティでもある。専門の哲学についての邦訳はまだないが、1996年に発表された「構造化された先延ばし理論」についてのエッセイが、2011年度のイグノーベル賞文学賞を受賞したことで、このテーマの一般書「The Art of Procrastination」が先に邦訳されてしまった（『スタンフォード教授の心が軽くなる先延ばし思考』東洋経済新報社、2013）。

第Ⅰ部　リニアな問題解決

tion)」を提唱している。

　道徳主義的な観点から見れば、先延ばし人間はすべきことから逃げているダメ人間でしかない（悪いことに、先延ばし中の人は、その罪悪感からダメ人間のレッテルを自分に貼りがちである）。

　しかしテスト前に勉強しなければならないのに、普段ならやらない部屋の掃除にとりかかったり、いつもなら読まないような分厚い書物を読み始めたりする経験はないだろうか。ペリーの着想は道徳主義者とは逆に、先延ばしする人間はその間まったく何もしていないわけではないという、当たり前のことに着目するところからきている。

　〈重要な作業を先延ばしにして重要度の低い別の作業をしてしまう〉という習性を逆手に取ることで、仕事の生産性を高めるだけでなく、それまで着手されなかった仕事を片づけてしまうのである。

　つまり最重要な仕事の先延ばしによって、それ以外の仕事の先延ばしをちゃっかり克服している。

　毒をもって毒を制す方法だが、このユーモラスな逆説的アプローチは、症状処方（→384ページ）にも通じるものである。

**重要なことを先延ばしにして
あえて普段しないことをする人間の仕様**

先延ばし≠何もしない

PROCESS DECISION PROGRAM CHART

21
過程決定計画図
行動しながら考える思考ツール

難易度

開発者

近藤次郎 (1917 - 2015)

参考文献

『意思決定の方法──PDPC のすすめ』（近藤次郎、日本放送出版協会、1981）

用途と用例

◎ **状況変化に対応し対策をつくるとき。**

◎ **重大事件などを想定し対策をつくるとき。**

◎ **問題解決を実行しながら計画を修正するとき。**

レシピ

1 テーマを設定し、制約事項を明らかにする。

2 スタートを設定して、図の上端に描く。

☞現状や、想定される初期状態をスタートとする。

3 到達すべきゴール（結果）を設定し、図の下端に描く。

4 スタートとゴールを結びつけるために、必要な手段や経るべき段階・予想される状態を書き出し、矢印で結びつけて過程決定計画図（PDPC: Process Decision Program Chart）を描いていく。

☞① 次の図示記号を用いる。

　□（四角）：「対策」──その段階で取るべき処置や行動を示す。

　○（丸印）：「状態」──前段の「対策」によって引き起こされた状況を示す。

　◇（ひし形）：「分岐点」──経路が２通りに分かれることを示す。YesとNoの２つの矢印がここから出る。

　➡（実線の矢印）「経路」──時間の経過、事態の進行の順序を示す。

　⇢（点線の矢印）「時間のない経路」──ある状態から次の状態へ移行するのに時間を必要としない場合に単に順序を示す。

　時間の流れは基本的には上から下へ（または左から右へ）流れるが、振り出しに戻ったり、同じ対策や状態を繰り返す流れがあってもいい（ループが許される）。

☞② スタートからゴールへまっすぐ最短で結びつける「最も楽観的なルート」を最初につくる。

できるだけ少ない「対策」や「状態」を仲立ちにして、まずは
スタートとゴールを結び、その後、必要な「対策」や経なけれ
ばならない「状態」を書き足していくといい。

☞③ 次にありうる「分岐点」を考えて、「最も楽観的なルート」に
追加していく。
「最も楽観的なルート」から分かれた先には通常、より多くの
「対策」や「状態」を経ることが必要になる別のルートができ
る。
分岐したルートの中にも、必要ならさらに「分岐点」を追加し、
分岐ルートを増やしていく。

☞④ だいたい書き終えたら、(a) 矛盾はないか、(b) 抜けているもの
はないか、(c) 不測の事態への対策は十分か、などを再度チェッ
クして完成させる。

**⑤ ほどほどのところで一旦完成させ、情報の追加や問題解決の進行に応
じて改訂する。**

☞過程決定計画図の問題解決はある種の楽観主義を基調としている。
問題は解決することを前提としており、それも最短＝最も楽観的
に解決するところから、その図解をスタートさせる。おかげでわ
からないところが多々あっても、わかることから (最低限スタートと
ゴールだけから) 書き始め、とりあえず完成させることができる。

☞現実の問題解決は、最初に描いた過程決定計画図どおりには進ま
ない。しかし、このことは過程決定計画図の問題解決では織り込
み済みである。図のとおりに事態が進んでいないことがわかった
ということは、図を書き換えるべきであると事態が告げているの
である。時間が進行したり、問題解決プロセスが進んで、新情報
が得られたり、新たな問題や不都合が発覚・発見されたら、それ

第Ⅰ部　リニアな問題解決　　　　　　　　　　　　　　　　　　　　212

らは後から追加し、図を改訂していけばいい。

☞「現状」や「分岐点」を追加し、それに対する「対処」も追加していく作業を通じて図を書き換え、問題解決の参加者・関係者と現状と進むべき方向を共有し合える。

サ ン プ ル

ハイジャックの解決

１ テーマを設定し、制約事項を明らかにする。

☞国際線の旅客機がハイジャックされたとの連絡が入った。現時点では詳細は不明だが、人命が最優先されるのは言うまでもない。旅客機とは連絡が取れており、犯人との交渉も可能である。

２ スタートを設定して、図の上端に描く。

☞スタートを「ハイジャック事件の発生」とする。

３ 到達すべきゴール（結果）を設定し、図の下端に描く。

☞目指すべきゴールは人質である乗客・乗員の救出と犯人逮捕による事件の解決である。

４ スタートとゴールを結びつけるために、必要な手段や経るべき段階・予想される状態を書き出し、矢印で結びつけて過程決定計画図を描いていく。

☞まずは最短でスタートからゴールへ至る「最も楽観的なルート」を描く。

「最も楽観的なルート」なので、犯人がこちらの要求をつっぱねた場合は描いていないが、分岐点自体は描いてある。

☞次に犯人が要求を突っぱねるほうのルートについても過程決定計画図を拡張していく。

☞犯人が「国内空港への着陸」を拒否した場合、飛行機は隣国のN

国へ到着する。その後、犯人の身柄引き渡し、乗客の解放と帰国、機体と乗務員の返還が交渉されることとなる。

☞「国内空港に着陸」した後、犯人が「ハイジャックをやめるよう説得」に応じない場合は、人質だけでも解放するように説得することになる。この交渉が成立してもしなくても、燃料と食料等の積み込みが必要となり、その後、旅客機はN国へと向かうことになる。

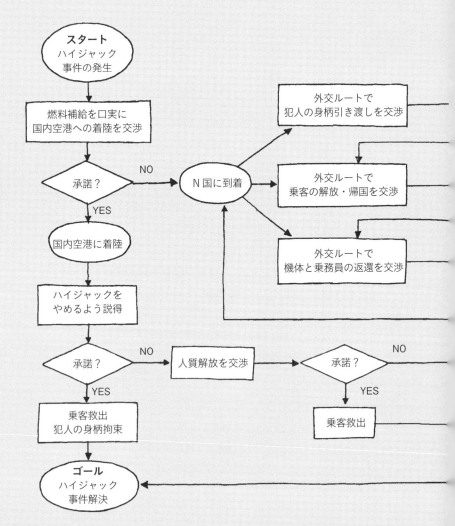

5 ほどほどのところで一旦完成させ、情報の追加や問題解決の進行に応じて改訂する。

☞ 現時点で手にできる情報から想定できるのはここまでである。それぞれの交渉過程で別の選択肢が出てくれば、分岐はさらに増え、その先のルートを拡張する必要が出てくるだろう。

☞ 交渉後の対応についても、さらに詳細を詰める必要が出てくるはずである。たとえばN国から乗客・乗務員・機体を帰国させるた

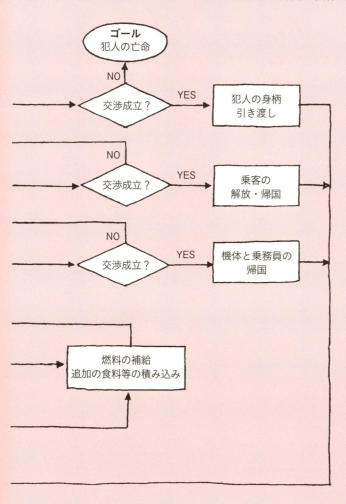

めに、ハイジャックされた機体をそのまま使うのか、あるいは別便で乗客の帰国を先行させるのか、といった分岐が考えられる。

☞これらは事態と対応が進むにつれて、詳細が書き加えられることとなる。

レビュー

❖ 東大紛争の中で生まれたツール

　過程決定計画図（PDPC: Process Decision Program Chart）は、航空力学者、システム工学者である近藤次郎が、1968 年の秋に考案したものである。

　この年の 1 月、東京大学医学部での無期限ストを皮切りにはじまった大学紛争はその後全学部に拡大、安田講堂が占拠され、講義室・研究室のある各学部号館も次々封鎖され、10 月上旬には全共闘主導で全学部自治会が無期限ストに入っていた。

　当時、東京大学工学部教授だった近藤は、一方の当事者として紛争の渦中にあり、事態の推移を分析し、解決策を探り、大学が学生側と交渉するツールとして PDPC を開発した。

　つまり新たな展開が次々と襲ってくる現在進行中の問題に対して、また参考すべき過去の事例がほとんどない状況の中で、PDPC は行動しながら考える／考えながら行動するツールとして誕生した。

❖ 軽便な支援ツール

　PDPC の強みは、その軽便性と汎用性にある。

　大掛かりな分析手法に必要な高度な知識も、資金も時間も持ち合わせ

ない人にも、PDPC を使うことは可能である。また作成の容易さは、改訂作業のしやすさにも直結している。

PDPC はとにかくつくってみて、事態や認識が進展すれば、その都度つくり直すといったやり方に打ってつけである。

図解化することで、事態や問題の時間的流れが明確になり、その中で自らの位置を確認し共有することがしやすくなる。

計画を PDPC で描いておけば、全体を俯瞰でき、新しい事態や情報によって計画変更が余儀なくされても対応しやすい。

※情報不足の下でも役立つ

多くの問題解決書では、事前に起こりうるすべての場合を検討するよう求めるが、現実には、問題が発生した当初は全容を把握できるわけもなく、情報不足は必至である。また、情報収集に十分な時間と労力を割けるとは限らず、多くの問題解決は見切り発車的に始めるしかない。

問題が発生した当初にはよくあることだが、何が起こっているのかすらぼんやりとしかわからぬ、絶望的に情報が足りない状況でも、問題解決をしようとする者がいるなら、とにかく最低限の PDPC ならつくることができる。

問題解決者ならば、すでに何を目指すべきか目標を知っているか、まずそれを目標に設定すべきだと理解している。どれだけ問題が複雑でも、その様子がどれほどわからなくても、最後にどうなればいいかを考えることは比較的容易にできる。

現状の詳細が不明でも、とにかく目標と一致していないことが確認できたなら、現状と目標の間を、可能な限りシンプルなルートでつなぐことで、叩き台として一番簡単な PDPC ができあがる。

※PDPC の主観性

　情報不足でも PDPC を作成できる理由は、この図が世界の客観的な有り様を反映したものでなく、作成する問題解決者の主観を反映するものだからである。

　言い換えれば、問題がどのようであるかを描き出すというより、この図の作成者が問題をどのように認識しているかを示している。

　したがって、事態の変化や新情報の入手等によって、我々の認識が揺り動かされたならば、PDPC は書き直さなければならない。

※地図を書き換えながら旅を進める

　最も簡素な PDPC はただ現状と目指すべき目標をつないだものだが、出発点となるこの図は、その後に追加情報が出たり事態が進んだ後にも役に立つ。

　というのは、最も単純な PDPC はまた、最短ルートでゴールを目指す、最良の問題解決を示してもいるからである。

　PDPC がどれだけ複雑になり、分岐が増え、迂回ルートが錯綜したとしても、このことは変わらない。

　我々が行うべきは、新しい事態や情報を「状態」や「分岐点」として図に追加していき、PDPC を改訂した上で、自分たちが今も最短ルートを進んでいるかを確かめることである。

　もし逸れているとしたらどのように修正すれば最短ルートへ戻れるのかを考えなくてはならない。新たな「対策」を図にも追加し、その後の展開を予想した上で、その「対策」を実施に移すか否かを決定するのである。

　不幸にして、最短ルートへの復帰が不可能になったとしても、ゴールへ向かうなるべくましな次善ルート、次次善ルートへ至ることを目標に、必要な「対策」を立てることになる。

第 I 部　リニアな問題解決　　　　　　　　　　　　　　　　218

❖ 高い汎用性

　PDPC が使える分野は広い。

　経時的に生じる出来事はもちろん、同時並行的に進行する現象を同じチャートの中で考慮することができ、将来予測と対策実行を同じチャートの中で同時に扱うこともできる。また先に触れたように、情報が不足している場合の意思決定に役立ち、問題解決者の意思の及ばない交渉相手や偶然事象に左右される問題解決にも有用である。

　このため作戦立案や外交交渉などの政治的問題解決から、複雑な機械やプラントの故障対策や最適運用、重大事故への対処などにも応用可能である。

　品質管理では新 QC の七つ道具の 1 つとして取り入れられている。

CHAIN OF ODYSSEUS

22
オデュッセウスの鎖
意志の力に頼らない

難易度

開発者

ロイド・オム（Lloyd E. Homme, 1917- ）

参考文献

Homme, L. (1966). Human motivation and the environment. Kansas Studies in Education, 16, 30-39.

『行動分析学入門』（杉山尚子、島宗理、佐藤方哉、リチャード・W・マロット、マリア・E・マロット、産業図書、1998）

用途と用例

◎ **計画倒れを防止する。**

◎ **計画通りに実行する。**

レ シ ピ

1 目的と目標を決める。

2 ゲートキーパーを依頼する。

3 ゲートキーパーと次の事項について「契約」する。
☞ ◎何をいつまでにやるかのリスト
◎達成の基準
◎達成時のご褒美
◎未達成時のペナルティ

4 定期的にゲートキーパーと進捗を確認し、ご褒美／ペナルティを躊躇なく実施してもらう。

サ ン プ ル

博士論文を書く [＊1]
1 目的と目標を決める。
☞目的は博士論文の完成である。
目標は残り6カ月間での脱稿である。
2 ゲートキーパーを依頼する。
☞指導教官がゲートキーパーを務めることとなった。

[＊1] Dillon, M. J., & Malott, R. W. (1981). Supervising masters theses and doctoral dissertations. Teaching of Psychology, 8(4), 195-202.

22 CHAIN OF ODYSSEUS

❸ ゲートキーパーと次の事項について「契約」する。

☞論文を執筆するために必要な作業が細分化され、期間が逆算され、「何をいつまで」リストが作成された。このリストはミーティングの度に改訂され、次回ミーティングまでにやる週間課題リストがその都度つくられた。

☞たとえばある週のリスト（10月第3週）は以下のとおりで、来週のミーティングまでにこれらの課題を完遂することが契約された。

週間課題リスト（10月第3週）実施前

課題	成果物	時間		成果	
		予定	実際	予定	実際
序文の第3節の草稿を書く	2ページ分の原稿草稿	4		4	
実験Aのデータ分析	グラフを2つ	1		1	
実験装置の略図を描く	装置の図1つ	2		2	
担当教授に進捗を報告する		0.5		0.5	
翌週の契約内容を準備する	契約書	0.5		0.5	
担当教授と契約についてミーティングする		1		1	
	合計	9		9	

☞他の契約項目は以下のとおりである。

　◎達成の基準：リストの90%以上履行できていれば達成とした

　◎達成時のご褒美：とくになし

　◎未達成時のペナルティ：反ユダヤ団体（アメリカ・ナチス党）に次の手紙を添えて5ドル寄付をする。

「私はユダヤ人です。貴党の活動に日頃陰ながら敬意を表しております。ささやかですが、活動資金の一部にお役立て頂ければ幸甚です」（この契約者は本当にユダヤ人であった）

❹ 定期的にゲートキーパーと進捗を確認し、ご褒美／ペナルティを躊躇なく実施してもらう

☞週1回、ゲートキーパーとのミーティングを行い、そこで履行の

確認と、ペナルティの執行が行われた。

週間課題リスト（10月第3週）実施後

課題	成果物	時間		成果	
		予定	実際	予定	実際
序文の第3節の草稿を書く	2ページ分の原稿草稿	4	6	4	0
実験Aのデータ分析	グラフを2つ	1	1.5	1	1
実験装置の略図を描く	装置の図1つ	2	1	2	2
担当教授に進捗を報告する		0.5	0.3	0.5	0.5
翌週の契約内容を準備する	契約書	0.5	0.3	0.5	0.5
担当教授と契約について ミーティングする		1	1	1	1
	合計	9	10.1	9	5
	達成率				56%

☞ある週のリスト（10月第3週）の結果は、表のとおり、達成度56%
　で90%未満のため、ペナルティが執行された。

☞半年後、平均達成度は88%となり、無事に論文は完成した。

☞なお、完成までに反ユダヤ団体（アメリカ・ナチス党）に寄付された
　のは25ドルだった。

レビュー

※実行されない名案

　どれほど優れた解決策も実施されなければ絵に描いた餅で終わる。

　今日も世界中で大小のおびただしい解決策がつくられ、老若男女の数
え切れない胸の内で新たに決意が固められる。しかし、その多くは実を
結ばず、空しく消えていく。

　失敗率の高さでいえば、個人的な問題解決、たとえばダイエットは、
組織的な大型プロジェクト、たとえばロケット打ち上げよりも難しいこ

とになる。

個人には、組織における集団圧力も、制度的規制も、失うものの大き
さといったペナルティもない。だからこそ計画遂行は難しい。

なにしろ土壇場になると、我々の判断やものの見方自体が変わってし
まう恐れがあるからである。

※ 動学的不整合という問題

2004 年にノーベル経済学賞を受賞したフィン・E・キドランドとエ
ドワード・C・プレスコットの受賞理由の1つは〈time inconsistency〉
あるいは〈dynamic inconsistency〉と呼ばれ、日本語では時間的不整
合性とか動学的不整合性などと訳されているものである。

動学的不整合性とは、目的を達成する行動を決定する場合に、現在の
時点で最も望ましいとされた行動が、将来の時点では望ましくなく（言
い換えれば他の行動が最も望ましく）なり、事前の決定が覆されてしまう性
質のことである [＊2]。

簡単に言えば、事前の決定と事後の決定が異なって整合的でなくなる
ことを指している。

キドランドらは、政府の金融政策について動学的不整合を指摘したが、
「将来の行動について事前に決定し、それを実行すべき時が来ると実行
しない」ことの例は、ごく卑近な領域にもいくつも見いだせる。

たとえば「今日は友人と遊びに出かけ、明日からは勉強しよう」と決
めたとする。そして次の日が来て「やっぱり勉強は明日からにして、今
日も遊びに行こう」と前の日の決定を覆すのがこれにあたる。

この問題を、単なる意志の弱さに還元しては、問題の本質を見誤る。
時間が経過することで、行動のインセンティブ自体が変化しているので
あり、次の日が来て事前の決定を覆して遊びに行くのは、ある意味合理
的なのである。

[＊2] Kydland,F.E., and E.C. Prescott (1977) "Rules rather than discretion; the inconsistency of opt
imal plans," Journal of Political Economy vol.85, pp. 473-492.

動学的不整合

インセンティブ（外部からの刺激）が
変化することによる合理的な変化

　このことを確認するために、フィッシャーらが挙げている[＊3]動学的不整合の例を見てみよう。

　教師は学生に授業をちゃんと理解してもらいたいと考え、「理解度を確かめるために期末試験を行い、60点以下のものは落第にする」と告げる。学生たちはその言葉を信じて一生懸命勉強する。

　そうして期末となった。試験という脅しのおかげで（学生もそれを信じたので）今や学生たちは授業内容をほぼ完璧に理解している。

　実はここで、教師は前言を翻して、期末試験を中止するのが合理的である。なんとなれば、学生たちは授業内容をほぼマスターしており教師の目的はすでに達しているからである。この上試験問題をつくって試験を実施するのは余計なコストをかけるだけである。

　しかし、もし本当に試験を中止したとすれば、この教師はあまりに短いスパンでしか物事を考えていないと批判されるだろう。なぜなら、次からは同じ脅しは使えなくなるからである。教師が「期末試験をする」と言ったとしても、この合理的な教師はどうせ期末には試験をするコス

[＊3] Fischer, S. (1980) "Dynamic Inconsistency, Cooperation and the Benevolent Dissembling Government," Journal of Economic Dynamics and Control vol.2, pp 93-107.

長期的な効用を発揮するためには、
下の選択肢を最初から消すべき

トをかけないだろうと思われてしまうからだ。

　脅しを無効にしないためには、最初から期末試験を中止するという選択肢を取り上げておくこと、すなわち教師の裁量に任せず禁止しておくことだ。

　長期的により望ましい状態を実現するために、こうして短期的な合理性に基づく選択の余地をなくすのである。

※ オデュッセウスの鎖

　この動学的不整合の問題に対処するために選択肢を減らすというアプローチは、古代ギリシアの叙事詩『オデュッセイア』[*4]にある次のエピソードにまで遡る。

　伝説の島アイアイエーに住む魔女キルケーの下で1年を過ごした後、島から旅立とうとするオデュッセウスに対して、道中の無事を願うキルケーは、セイレーンの海域では魔力のある彼女たちの歌を聴いてはならないと忠告する。なぜなら、セイレーンの歌を聴いたものは皆心を奪わ

[*4]『オデュッセイア』(ホメロス、岩波文庫、1994)。『オデュッセイア』は、古代ギリシアの智将・英雄オデュッセウスがトロイア戦争後に故国イタケーに帰還する途中に起きた10年間にも及ぶ漂泊の顛末をうたった叙事詩で、第12歌にこのエピソードがある。

れ、自らその歌声に近づき、死ぬまでそこに留まることになるからである。

　しかしキルケーは、知的好奇心のかたまりであるオデュッセウスが、セイレーンの歌声を聴くに違いないとも思っていた。そこで忠告だけではなく、具体的な対策までも提示してくれたのである。すなわち、

① 部下たちの耳の穴を蜜蝋で塞ぎ、彼らは決してセイレーンの声を聴くことがないようにすること。
② セイレーンの歌声を聴きたいであろうオデュッセウスに対しては、帆柱の根元に手と足を縛りつけておくこと。
③ そしてセイレーンの声を聴いたオデュッセウスが「縄を解いてくれ」と頼んだら、部下たちには一層きつく縛りつけるよう、事前に申しつけておくこと。

　キルケーの館から出発し、オデュッセウスたちの船はセイレーンがいる島の傍らを通過する。案の定、オデュッセウスはセイレーンの歌声に心奪われ、セイレーンの島に進むのだと叫ぶが、仲間たちは歌もその言葉も聞こえず、歌声が聞こえない安全な海域までそのまま無視して進み、危機を切り抜けた。

　我々凡人と、古代ギリシアの智将オデュッセウスの違いは、彼が自分の意志の力をあてにしなかったことだ。

　そこには人間の本質についての冷徹な知見があった。

　いざとなれば、ヒトの認知は、当初の決意も想定も裏切る。かつての取り決めがたとえどんなに合理的で長期に利益を約束していても、我々は目下の刺激を最大限に評価して決断し行動する。

※ 行動契約という鎖

　しかし選択肢を取り除く物理的／制度的な制約がない場合、そして政府当局者や組織の管理者のように、人を縛る制度を設ける権限がない場合には、どうすればいいのだろうか。個人の問題解決の計画を遂行する

ギリシアのホメロスの英雄叙事詩「オデュッセイア」(嵐で漂流するオデュッセウスを助けるレウコテアー女神)のイラスト。全24巻。ギリシア軍のトロイ攻略後の帰国物語の一つ。トロイの木馬でギリシア軍を勝利に導いた智将オデュッセウスが帰国の途中、12の冒険と危機を克服して、10年後ようやく故郷イタケー島に単身たどりつくまでを描く。隻眼の巨人キクロペスや歌う魔女セイレーンなどを巡る怪異譚に加え、オデュッセウスが死んだと伝えられ遺産目当てに言い寄る40人の求婚者相手にイタケーを守ろうとする妃ペネロペ、オデュッセウスを探すべく旅に出る息子テレマコスの奮戦が物語を彩る。多彩なモチーフと普遍的なテーマは、ローマの詩人ウェルギリウスの叙事詩『アエネーイス』からジェイムズ・ジョイス『ユリシーズ』、あるいはアーサー・C・クラーク『2001年宇宙の旅』まで、後世の創作者たちに多くの素材と創造の契機を与えている。

際のネックはそこにあった。

　ならば自分個人に対する制度的制約を自ら設定すればいい。

　この項目で技法として挙げたのが、まさに自ら制度的制約を設ける、行動契約という方法である[*5]。

　行動契約(Behavior Contracts、随伴性契約〈Contingent contracts〉ともいう)は、契約する当事者間の同意事項を記した文書であり、一方または双方の当事者がターゲットとする行動について最初に定めた水準で実行することに同意するものである。

[*5] Homme, L. (1970). How to use contingency contracting in the classroom. / Cantrell, R. P., Cantrell, M. L., Huddleston, C. M., & Wooldridge, R. L. (1969). Contingency contracting with school problems. Journal of Applied Behavior Analysis, 2(3), 215-220.

行動契約には、行動が水準に達した場合のご褒美や達しなかった場合の罰（行動分析的には好子や嫌子[＊6]の出現や除去）についても明記されている。

　契約者はターゲットとする特定の行動を行うことを書面で表明し、そのターゲット行動が生じるようにと期待して契約書に署名をする。これはターゲット行動についての公的約束（public commitment）として働く（口約束でなくきちんと書面とすることが効果を高めることが知られている）[＊7]。加えて、法律や組織内規則を破ったときのような罰則に値するものも設定されている（サンプルでは反ユダヤ組織への寄付）。

　この技法は子どもから大人まで、学校の宿題[＊8]、夫婦関係[＊9]から体重コントロール[＊10]、喫煙[＊11]や薬物依存[＊12]まで、さまざまな年齢と行動に対して用いられ、有効であることが確認されてきた。

＊感情という鎖

　ロバート・H. フランクは、その著書『Passions within reason』（邦題を『オデッセウスの鎖──適応プログラムとしての感情』という）の中で、人間の感情の機能（究極要因→ティンバーゲンの4つの問い、69ページ）が、合理的選択

[＊6]　好子や嫌子及びその出現や消去については、過剰行動／不足行動シート（→ 232 〜 233 ページ）を参照のこと。

[＊7]　他に行動契約の効果を支えているものに、ルール支配行動（rule-governed behavior）の原理がある。具体的な契約内容は、ルールとして自分自身に対して行動を促す言語刺激となる。ルールを設定することで、ターゲット行動のことを考えたり、実行しようと自分に言い聞かせる機会が増える。これはターゲット行動を増加させる。さらに罰則を含むルールを言い聞かせる際には「やらないと○○というペナルティが課される」と考え、不安という嫌悪刺激を感じる場合には、契約どおりに行動することはこの嫌悪刺激がなくなることであり（嫌子消失による強化、→行動デザインシート、231 ページ）、当の行動を増やすことにつながる。

[＊8]　Miller, D. L., & Kelley, M. L. (1994). The use of goal setting and contingency contracting for improving children's homework. Journal of Applied Behavior Analysis, 27, 73–84.

[＊9]　Jacobson, N. S., & Margolin, G. (1979). Marital therapy: Strategies based on social learning and behavior exchange principles. New York: Brunner Mazel.

[＊10]　Kramer, F. M., Jeffery, R. W., Snell, M. K., & Forster, J. L. (1986). Maintenance of successful weight loss over 1 year: Effects of financial contracts for weight maintenance or participation in skills training. Behavior Therapy, 17, 295–301.

[＊11]　Dallery, J., Meredith, S., & Glenn, I. M. (2008) A deposit contract method to deliver abstinence reinforcement for cigarette smoking. Journal of Applied Behavior Analysis, 41, 609–615.

[＊12]　Leal, J., & Galanter, M. (1995). The use of contingency contracting to improve outcome in methadone maintenance. Substance Abuse, 16(3), 155–167.

を邪魔することで、長期的に望ましい状態を達成することにあるのではないか、という説を提示している。

フランクが挙げている身近な例を検討してみよう。

とても稼いでいる人間が、ひったくりの被害にあったとしよう。その人の仕事の時間単価は高く、警察に届けて事情を話すために数時間が潰れるとして、それだけの時間があれば、ひったくりの被害額以上の所得が得られるとしよう。

警察に届けることで失う時間で稼げる所得とひったくりの被害額を比較して（→機会費用、184ページ）、合理的に考えれば、この人は警察に届けず自分の仕事に戻るほうが合理的である。

しかし期末試験を中止する教師の例を思い出そう。

ここで稼ぎの多い人間が合理的に考え警察に届けないようになれば、ひったくりも、それ以外の犯罪者も、皆「稼ぎの多い人間は合理的に考えて警察に届けないのだから、そういう奴らばかりを狙おう」となってしまう。

しかし、この稼ぎの多い人間が、自己利益を犠牲にしても警察に届ける人間である（と知られている、つまり評判を得ている）ならば、犯罪者は彼を狙うべきではない。この「自己利益を犠牲にしても警察に届ける」（と知られている）理由は、「市民の義務」でも「公共性」でも「（犯罪に対する）怒り」でもいい。これらの感情は、合理的な損得勘定を越えて働くがゆえに、効果がある。これがフランクが考える、理性に感情が勝つようにヒトが進化してきた理由である。

この話を少し変更して、稼ぎの多い人間として犯罪組織のボスを想定しよう。このボスは当然ながら警察には届けないと知られている（評判を持つ）人間である。そのままでは彼と彼の組織自体が、他の犯罪者の標的になってしまうために、警察力に頼らずに済む暴力手段と、彼と彼の組織に向けた不利益行為には損得を度外視しても徹底的に制裁するという評判をつくることが必要になる。

第Ⅰ部　リニアな問題解決

BEHAVIOR DESIGN SHEET

23
行動デザインシート
過剰行動の修正は不足行動で

第3章　解決策の実行

難易度

開発者
読書猿

参考文献
『行動分析学入門』（杉山尚子、島宗理、佐藤方哉、リチャード・W・マロット、マリア・E・マロット、産業図書、1998）
『「続ける」技術』（石田淳、フォレスト出版、2006）

用途と用例
◎ 三日坊主を克服したいとき。
◎ 悪い習慣をやめたいとき。

23 BEHAVIOR DESIGN SHEET

レ シ ピ

1 増やしたい／減らしたい行動や習慣をターゲット行動として選ぶ。

2 現在のターゲット行動の頻度や回数を測定しておく（→セルフモニタリング、244ページ）。

3 ターゲット行動の種類に応じて行動デザインシートを選ぶ。

　☞増やしたい（始めたい）と思う行動、始めたいが三日坊主に終わりそうな習慣など、現状では足りないと思う行動・習慣がターゲットの場合は「不足行動シート」を使う。

　☞減らしたい（やめたい）と思う行動、悪いとわかっているがやめられない習慣など、現状では多すぎると思う行動・習慣がターゲットの場合は「過剰行動シート」を使う。

4 行動デザインシートに記入する。

不足行動シート　行動・習慣を増やしたい（始めたい）場合

①不足行動				
不足要因	行動のきっかけがない、少ない	行動のハードルが高い	ライバル行動に負けている	すぐに成果や楽しみがない
②何が生じている？				
対応の軸	行動のきっかけをつくる	行動のハードルを低くする	ライバル行動を遠ざける	行動に対してご褒美
③具体的対応				

　☞① ターゲットとした不足行動を記入する。これから増やしたい（始めたい）行動・習慣を記入する。

第Ⅰ部　リニアな問題解決

② ターゲット行動について、次の4種類の不足行動の特徴を持っていないかを調べ、「何が生じている？」の欄にそれぞれ記入する。

〈不足行動の4特徴〉

◎行動のきっかけがない、少ない。

◎行動のハードルが高い。

◎ライバル行動に負けている。

◎すぐに成果や楽しみがない。

③ ②で書き出したターゲット行動の「何が生じている？」に対して、それぞれに対応策を考え「具体的対応」の欄に記入する。

◎「行動のきっかけがない、少ない」に対しては、行動のきっかけをつくることを考える。

◎「行動のハードルが高い」に対しては、行動のハードルを低くすることを考える。

◎「ライバル行動に負けている」に対しては、ライバル行動を遠ざけることを考える。

◎「すぐに成果や楽しみがない」に対しては、行動に対して〈ご褒美〉を出すことを考える。

過剰行動シート　行動・習慣を減らしたい（やめたい）場合

①過剰行動				
過剰要因	行動のきっかけがある、多い	行動のハードルが低い	ライバル行動がない	すぐに効果や楽しみが現れる
②何が生じている？				
対応の軸	行動のきっかけを取り除く	行動のハードルを高くする	ライバル行動を持ってくる	行動に対してペナルティ
③具体的対応				

23 BEHAVIOR DESIGN SHEET

☞① ターゲットとした過剰行動を記入する。これから減らしたい（やめたい）行動・習慣を記入する。

② ターゲット行動について、次の4種類の過剰行動の特徴を持っていないかを調べ、「何が生じている？」の欄にそれぞれ記入する。

〈過剰行動の4特徴〉

◎行動のきっかけがある、多い。

◎行動のハードルが低い。

◎ライバル行動がない。

◎すぐに効果や楽しみが現れる。

③ ②で書き出したターゲット行動の「何が生じている？」に対して、それぞれに対応策を考え「具体的対応」の欄に記入する。

◎「行動のきっかけがある、多い」に対しては、行動のきっかけを取り除くことを考える。

◎「行動のハードルが低い」に対しては、行動のハードルを高くすることを考える。

◎「ライバル行動がない」に対しては、ライバル行動を持ってくることを考える。

◎「すぐに効果や楽しみが現れる」に対しては、行動に対してペナルティを課すことを考える。

❹ 行動デザインシートに記入した「具体的対応」を実施してみる。

第1部 リニアな問題解決 234

☞実施後、ターゲット行動の頻度や回数を測定し、実施前と比較してみる。

☞「具体的対応」の4つすべてを最初から実施する代わりに、最もやりやすいものから1つずつ実施してもよい。その際には、どの「具体的対応」を実施したかとともに、実施後のターゲット行動の頻度や回数を測定して、効果を確かめながら「具体的対応」を追加していくとよい。

サンプル

　ダイエットのために、ついつい食べ過ぎる甘い菓子について過剰行動シートを使い、長続きしないレコーディング・ダイエットをやりとげるために食事を記録することについて不足行動シートを使った。

①過剰行動	甘い菓子を食べ過ぎる			
過剰要因	行動のきっかけがある、多い	行動のハードルが低い	ライバル行動がない	すぐに効果や楽しみが現れる
②何が生じている？	毎晩食後にお茶を飲んでいる。茶菓子として洋菓子を選ぶことが多い。	菓子がいつも買ってある。		血糖値上昇と快感物質が脳に効く。
対応の軸	行動のきっかけを取り除く	行動のハードルを高くする	ライバル行動を持ってくる	行動に対してペナルティ
③具体的対応	洋菓子と合わない種類のお茶にする。	菓子の買い置きをやめる。	食物繊維の多い食べ物を食べる、ガムを噛む。	

23 BEHAVIOR DESIGN SHEET

①不足行動	食事を記録する			
不足要因	行動のきっかけがない、少ない	行動のハードルが高い	ライバル行動に負けている	すぐに成果や楽しみがない
②何が生じている？	記録することを忘れることが多い（思い出すきっかけがない）。	外食だと記録のためのノートや筆記具を持ち歩くのが面倒。誰かと食事をしたあと、ノートを取り出すのは抵抗がある。	時間がなく、食事のあとすぐ、他にやらなくてはならない用事が入る。	すぐに体重が減るわけではない。記録すること自体は楽しいことでもない。
対応の軸	行動のきっかけをつくる	行動のハードルを低くする	ライバル行動を遠ざける	行動に対してご褒美
③具体的対応	スマホのリマインダーと通知機能を使って、食事時間に合わせて〈記録しろ〉と通知する。	いつも持っているスマホを使う。食べる前に料理を撮影しておく。	（左同、食後が駄目なら食前にすませる）	食事撮影のあと、おいしい料理がご褒美になる。料理の写真をアップロードしてブログのネタにもできる。

レビュー

※ 不足行動とは何か？

　自分の行動や習慣を変えようとするとき、便宜上、それらの行動・習慣を大きく2種類に分けることができる [＊1]。

　一つは、自分が増やしたいと思う行動、すなわち現状では足りないと思う行動（不足行動）がある。

　たとえば、三日坊主で終わってしまう英語の勉強とか、体重を減らすためのジョギングとか、締切ぎりぎりまで取り掛かれない原稿執筆などである。

[＊1]『「続ける」技術』（石田淳、フォレスト出版、2006）

第I部　リニアな問題解決

ダイエット（痩せるための食事制限）を不足行動の例としよう。ダイエットの成功率の低さはよく知られており、続けることが難しい不足行動の典型だと言える。

まずダイエットは不自然な行為である。食べることで栄養を摂取することは生き物にとって必要であり、そのため空腹という避けがたい生理的サインが食事にはあるのに、こうしたものがダイエットにはない。ダイエットをうながすのは計画と意志のみである。【行動のきっかけがない、少ない】

さらに食事は社会的生活にも会食や一家団欒などに組み込まれている。他の人が同じものを食べているときに自分だけ食べない（制限する）のは難しい。【行動のハードルが高い】

つまりダイエットには食事という最強のライバル行動が存在する。このライバルは生理的にも社会的にも支えられている。【ライバル行動に負けている】

食事という行動には味覚的な快楽や血糖値の上昇など、すぐさま生理的なご褒美が得られるのに対して、体重の減少などのダイエットの効果はずっと後にならないと得られない。【すぐに成果や楽しみがない】

※ 過剰行動とは何か？

もう1つは、自分が減らしたいと思う行動、現状ではむしろ多すぎると思う行動（過剰行動）である。

喫煙を過剰行動の例にしよう。禁煙の難しさはよく知られており、減らすことの難しい過剰行動の典型だと言える。

喫煙者にとって、仕事の合間や気分転換したいときなど、煙草を吸う機会は1日の間に数多くある。【行動のきっかけがある、多い】

またタバコを吸うこと自体、ハードルの低い簡単な行為である。大掛かりな準備もいらず、煙草もライターのような必要な道具も古くから携

帯可能であり、どこでも吸うことができる。1本吸うのに大した時間もかからない。【行動のハードルが低い】

しかも、他の大抵の行動をしながらでも喫煙は可能であるため、喫煙には強力なライバル行動がない。【ライバル行動がない】

そしてこれが最も強力な理由だが、喫煙や飲酒の効果、すなわちニコチンやアルコールを摂取した生理学的影響はすぐに生じる。一時的に疲れや眠気、そして苦痛が和らぐ効果は、煙草が習慣化する最大の要因である。【すぐに効果や楽しみが現れる】

※ 行動デザインシートの理論

行動デザインシートの理論的背景には、バラス・スキナーによって始められた行動分析学がある。

スキナーは行動主義の心理学者として知られ、1930年代後半までにスキナー箱を用いた行動研究の基礎を打ち立てた後、50年代後半までに実験的行動分析を確立し、これによって得られた原理をヒトのさまざまな行動場面に適用し、応用行動分析の礎を創った。

スキナー箱は、その中にネズミやハトが入れられ、レバーやボタンを押すと水やエサが出てくる仕組みの実験装置として知られるが、実はそれぞれの箱にはレバーやボタンを押した回数をグラフとして記録する記録紙が付いており、これが重要な役割を果たす。

それまでの心理学実験は、研究者が被験者に対して実施するものだった。ところがスキナー箱では、それぞれの箱の準備ができると、後は箱自体が実験を繰り返しその結果を自動的に記録する。箱さえあれば条件を変えていくつもの実験が同時並行的に実施できるわけで、それまで実験者と被験者が対面で行ってきた心理学実験にオートメーション化を

第1部 リニアな問題解決

導入したことで、効率の点で革命的な変化をもたらした。

こうして動物実験から得られた膨大なデータから、後述する強化の原理をはじめとする、多くの知見が得られた。これら基礎的研究は実験的行動分析と呼ばれる。

動物実験から得られた原理は、その後、社会での人の行動にも適用され、さまざまな分野で応用可能であることが示された。

スキナー自身が、言語行動をはじめとする「人ならでは」とされる行動への行動分析の適用を進め、応用分野も薬理、心理臨床、教育、文化、デザイン、ビジネスなどの組織行動へと次第に拡張されていった。

行動デザインシートの各項目はそれぞれ、次のような行動分析学の原理や知見を基にしている。

行動デザインシートの【すぐに成果や楽しみがない】【すぐに効果や

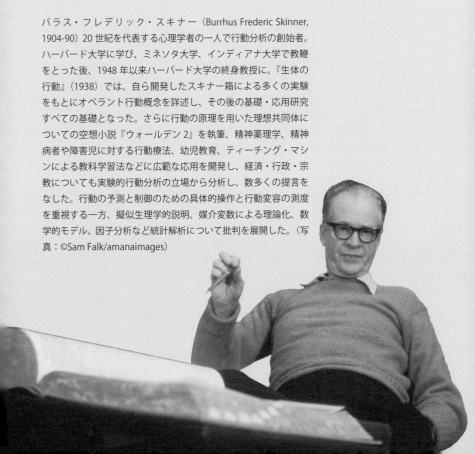

バラス・フレデリック・スキナー（Burrhus Frederic Skinner, 1904-90）20世紀を代表する心理学者の一人で行動分析の創始者。ハーバード大学に学び、ミネソタ大学、インディアナ大学で教鞭をとった後、1948年以来ハーバード大学の終身教授に。『生体の行動』(1938)では、自ら開発したスキナー箱による多くの実験をもとにオペラント行動概念を詳述し、その後の基礎・応用研究すべての基礎となった。さらに行動の原理を用いた理想共同体についての空想小説『ウォールデン2』を執筆、精神薬理学、精神病者や障害児に対する行動療法、幼児教育、ティーチング・マシンによる教科学習法などに広範な応用を開発し、経済・行政・宗教についても実験的行動分析の立場から分析し、数多くの提言をなした。行動の予測と制御のための具体的操作と行動変容の測度を重視する一方、擬似生理学的説明、媒介変数による理論化、数学的モデル、因子分析など統計解析について批判を展開した。（写真：©Sam Falk/amanaimages）

楽しみが現れる】は、行動分析学の基礎中の基礎である「強化／弱化の原理」に関係する。

【行動のきっかけがある、多い】【行動のきっかけがない、少ない】でいう「行動のきっかけ」は、行動分析学でいう「先行子」[＊2]にあたる。

【行動のハードルが高い】【行動のハードルが低い】でいう「行動のハードル」は、行動分析学でいう「反応努力」[＊3]に対応する。

【ライバル行動に負けている】【ライバル行動がない】でいう「ライバル行動」は、行動分析学でいう「競合反応」[＊4]である。

以下では、最も重要な強化と弱化の原理について解説しよう。

※ 強化／弱化の原理

強化の原理とは、ある行動の結果として、何か良いことが起こったり、悪いことがなくなったりすることで、その行動が繰り返されるようになることをいう。

スキナー箱でいえば、ボタンやレバーを押した結果〈水やエサが出てくる〉というセッティングで、ハトやマウスがボタンやレバーを押す頻度が増加すれば、〈水が飲める〉や〈エサが食べられる〉という結果によって「ボタン（レバー）を押す」という行動が強化されたのである。

この〈水〉や〈エサ〉のように、行動を強化する刺激や事象を好子という。この言葉を使うと、上の例は、好子出現による強化という。

強化は、悪いことがなくなることでも生じる。たとえば、「痒いところをかく」という行動は、一時的にであれ〈痒みがやわらぐ〉という悪

[＊2] 先行子（antecedent）とは、注目している行動に対して時間的に先行する刺激か事象をいう。この項では最も重要である、注目行動の後行する結果に関する強化／弱化のみを取り上げたが、行動分析ではこの先行子を変えることで行動を変容する先行子操作（antecedent control procedure）も多数開発されている。

[＊3] 反応努力（response effort）は、反応のために必要な労力、努力、時間のこと。機能的に等価である複数の行動が並立している場合、反応努力の大きな行動よりも小さな行動のほうが生起しやすい。

[＊4] 競合反応（competing response）は、目標行動と同時に行うことができない行動のこと。習癖などをなくしたい場合、習癖行動に対する競合反応が起こりやすいように指示したり強化することで、習癖を減らすアプローチを競合反応訓練（competing response training）という。

第Ⅰ部　リニアな問題解決　　　　　　　　　　　　　　　　　　　　240

いことがなくなる結果によって強化され、繰り返されるようになる。これはこの後に述べる嫌子という用語を使えば、嫌子消失による強化という。

反対に、弱化の原理は、行動の結果として、何か悪いことが起こったり、良いことがなくなったりすることで、その行動が繰り返されなくなることをいう。

スキナー箱でいえば、ボタンやレバーを押した結果〈電気ショックを与える〉という状況で、ハトやマウスがボタンやレバーを押す頻度が減少すれば、〈電気ショックを与える〉という結果によって「ボタン（レバー）を押す」という行動が弱化されたのである。

この〈電気ショック〉のように、行動を弱化する刺激や事象を嫌子という。この言葉を使うと、上の例は、嫌子出現による弱化という。

弱化は、良いことがなくなることでも生じる。たとえば、問題行動をおこなったとき、喜びにつながるものを取り上げられると、問題行動は少なくなる。こうした罰はよく使われる。これを好子消失による弱化という。

強化／弱化の原理

	出現	消失
好子	行動の強化	行動の弱化
嫌子	行動の弱化	行動の強化

※ なぜ何度叱ってもやめないのか？

この原理は、実に当たり前のことしか言っていないように見えるが、その含意は深く応用範囲は広い。

まず、どんな行動であれ、その行動が存続し繰り返されているのなら、そこには強化の原理が働いている。

たとえば何度叱っても、問題行動をやめない子どもがいたとしよう。〈叱られる〉ことは普通は嫌なことだから、問題行動の結果として叱ら

れると、弱化の原理からして問題行動は減るはずである。叱っても問題行動をその子がやめないのは弱化の原理が間違っているのか。

こうした場合には、叱ることがその子どもにとって良いことの出現か悪いことがなくなることのいずれかになっている。つまり強化の原理が働いていると考えられる。

ふだん親から注目を得られていない子どもにとって、〈叱られる〉ということは、注目されないという悪い状態を一時的にであれ解消すること、あるいは「注目される」というご褒美が与えられることである。叱られる間は少なくともその子は注意を注がれている（注目されている）。こうして問題行動は強化されているのである。

本当だろうか。これもまた強化／弱化の原理を使って確かめられる。

応用行動分析でよく使われるのはタイムアウトという手法である。これは減らすべき行動をした場合、数分間、タイムアウト部屋という壁以外何もない小部屋に入れられるか、そんな部屋がない場合はただ壁に向かって置かれた椅子に何もせずに数分間座らせられる方法である。その間、罰を与えた人は、タイムアウト中の者を見もしない（ここが重要である）。

この罰にしてはゆるいやり方が驚くほど効果が上がる。なんとなれば、タイムアウト中には楽しいことがほとんど何もできず、注目するというご褒美すら与えられない。その目的は、徹底的に好子から遮断することである。この好子を取り除く弱化によって、問題行動は驚くほど急激に減ることが、さまざまな問題行動について確認されている[＊5]。

※ 社会的悪循環

もう1つ分析の範囲を広げることもできる。「何度叱っても」ということは、その親のほうも「叱る」という行動を続けているわけである。ならば、ここにも強化の原理が働いているはずである。

子どもが悪さをする度に、親は叱っていたが、叱られることによって

[＊5] タイムアウトは家庭、学校、公共機関などで不服従、攻撃行動、盗み、粗暴な行動、器物破壊、かんしゃくなどに用いられて効果が認められている。たとえば『行動療法辞典』（ベラック、ハーセン、岩崎学術出版社、1987）を参照。

第I部　リニアな問題解決

当初は子どもは一時的にであれ悪さをやめていたのだろう。子どもが悪さをすることは、親にとって嫌子であり、これが取り除かれることで「叱る」という行動は強化されていたのだ（嫌子消失による強化）。

しかし、親の「叱る」という行動の強化と、子の「悪さをする」という行動の強化は、絡み合ってループをつくり悪循環を形成する可能性がある。つまり、

- ◎ 子どもが悪さをする→親が叱る→子どもは悪さをやめる
- ◎ 親が注目しない→子どもが悪さをする→親が叱る（ことで注目する）

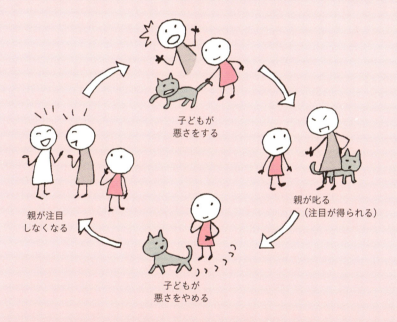

が結びついて、子どもは悪さをし続け、親は叱り続ける。

こうした事態を、行動分析では社会的悪循環と呼ぶ。

ここで「叱る」という問題を解決すると思われる行動が、かえって「悪さをする」という問題（行動）を強化し、存続させていることに注目しよう。

これはMRI派が指摘する問題と偽解決がループする悪循環そのものである（→症状処方、384ページ）。

SELF-MONITORING

24

セルフモニタリング
数えることで行動を変える

難易度

開発者

リチャード・マクフォール（Richard McFall, 1939 -）

参考文献

McFall,RM. (1970).Effects of self-monitoring on normal smoking behavior. Journal of Consulti
ng and Clinical Psychology, 35(2),pp. 135–142.
『行動変容法入門』（レイモンド・G・ミルテンバーガー、二瓶社、2006）

用途と用例

◎ 解決策がうまくいったかどうかデータが必要なとき。

◎ 問題行動を減らしたいとき。

◎ 特定の行動を習慣づけたいとき。

レ シ ピ

❶ ターゲットとする行動・反応を決める。

☞減らしたい行動や習慣、逆に増やしたい・定着させたい行動や習慣をターゲットとする。

たとえば禁煙したい場合は喫煙の回数や吸った煙草の数、読書の習慣を定着させたい場合は1日に読んだページ数をターゲットとする。

行動以外にも、特定の思考や感情（不安やうつ気分）や感覚（空腹感など）をターゲットとすることもできる。

☞解決策を評価する場合は、解決策によって改善すると予想されるもののうち、回数や頻度で測定できるものを選ぶ。

❷ 記録方法を決めて、すぐに記録できるように準備しておく。

☞頻度や回数など1日単位で記録する場合は毎日グラフに書き込む方法もよい（変化がわかりやすい）。

❸ 行動したときや反応が生じたときは、できるだけ早く、それを記録する。

☞後で記録すればいいと思っていると、記録が不正確になるか、記録することを忘れてしまう。

チックや爪噛みなどの頻繁に起こる反応を記録するには、反応に気づいたらすぐにカウンターを押す。かつては腕時計型の計数カウンターが用いられたが、現在は指につけるタイプのデジタル計数機が安価で手に入る。

☞持続する感情や一定時間かかる行動を記録するには、次のようなシートに直接記入する。1日（24時間）分の感情や行動の推移を記録できる。以下のフォーマットは1週間分を1枚にまとめたもの。ターゲットにした感情について、その強さを0〜100の数値で表

す。

1日単位で回数や頻度を記録する場合も、小さなカードやメモ、記録用のスマホアプリなどを常に携帯して、すぐに記録しておく。

記録する活動・感情：

時間	月　日 月	月　日 火	月　日 水	月　日 木	月　日 金	月　日 土	月　日 日
午前 0 時							
午前 1 時							
午前 2 時							
午前 3 時							
午前 4 時							
午前 5 時							
午前 6 時							
午前 7 時							
午前 8 時							
午前 9 時							
午前 10 時							
午前 11 時							
午後 0 時							
午後 1 時							
午後 2 時							
午後 3 時							
午後 4 時							
午後 5 時							
午後 6 時							
午後 7 時							
午後 8 時							
午後 9 時							
午後 10 時							
午後 11 時							

☞そして1日の最後に次のような行動頻度記録用紙などに転記する。

第Ⅰ部　リニアな問題解決

行動頻度記録用紙

記録する活動・反応：

頻度	1	2	3	4	5	6	7	8	9	10	11	12	13	14	15	16	17	18
／																		
／																		
／																		
／																		
／																		
／																		
／																		

4 **はじめて1〜2週間記録を取ってベースライン（基準となる値）とし、必要なら目標を設定する。**

☞目標設定は、ベースラインを元に、高すぎず現実的なレベルに設定する。

5 **3の要領で記録を取り続ける。**

6 **定期的に記録を見直し吟味する。**

☞1日の最後にその日の記録をまとめる時間を決めて、その際にこれまでの記録を見直す時間もつくるといい。1週間毎に記録を詳しく見直し、変化をチェックする。

◎目標を達成したら、維持するために記録を続けるか、次の目標を設定する。

◎目標達成までいかなくとも、ターゲットとした行動・反応がよい方向へ変わってきている（たとえば問題行動が減ったり、定着させたい行動が増えたり）場合は、行動を変化させる技法の使用は見送り、そのまま記録を続ける。

◎ターゲット行動・反応が変化しない場合や悪い方向へ変わってきている場合は、必要なら、行動を変化させる技法（たとえば、行動

24 SELF-MONITORING

デザインシート〈→ 231 ページ〉）を用いるか、別の技法を使う。これらの技法を使った場合もモニタリングを続け、技法の適用前と後でどう変わったかを 1 週間毎に見直す。

サンプル

掻きむしり行動の回数をセルフモニタリング

行動頻度記録用紙

記録する活動・反応：掻きむしり

頻度	1	2	3	4	5	6	7	8	9	10	11	12	13	14	15	16	17	18
10/7	✓	✓	✓	✓	✓	✓	✓	✓	✓	✓	✓	✓	✓	✓	✓	✓	✓	
10/8	✓	✓	✓	✓	✓	✓	✓	✓	✓	✓	✓	✓						
10/9	✓	✓	✓	✓	✓	✓												
10/10	✓	✓	✓	✓	✓	✓	✓	✓	✓	✓								
10/11	✓	✓	✓	✓	✓	✓	✓	✓	✓	✓	✓							
10/12	✓	✓	✓	✓	✓	✓	✓	✓	✓	✓								
10/13	✓	✓	✓	✓	✓	✓	✓	✓	✓	✓	✓							
10/14	✓	✓	✓	✓	✓	✓	✓	✓	✓	✓	✓	✓	✓	✓	✓			
10/15	✓	✓	✓	✓	✓	✓	✓	✓										
10/16	✓	✓	✓	✓	✓	✓	✓	✓	✓									
10/17	✓	✓	✓	✓	✓	✓	✓	✓	✓	✓	✓							
10/18	✓	✓	✓	✓	✓	✓	✓	✓	✓									
10/19	✓	✓	✓	✓	✓	✓	✓	✓	✓	✓	✓	✓	✓					
10/20	✓	✓	✓	✓	✓	✓	✓	✓	✓	✓								
10/21	✓	✓	✓	✓	✓	✓	✓	✓	✓	✓	✓	✓	✓	✓				
10/22	✓	✓	✓	✓	✓	✓	✓	✓	✓									
10/23	✓	✓	✓	✓	✓	✓	✓	✓										
10/24	✓	✓	✓	✓	✓	✓	✓	✓	✓	✓	✓	✓	✓					
10/25	✓	✓	✓	✓	✓	✓	✓											
10/26	✓	✓	✓	✓	✓	✓												

第 I 部　リニアな問題解決

日常の活動とうつ気分をセルフモニタリング （3日分を抜粋）

行動頻度記録用紙

記録する活動・感情：日常生活、うつ （最小 0 〜最大 100）

時間	10 月 12 日 月	10 月 13 日 火	10 月 14 日 水
午前 0 時			読書　20
午前 1 時	ゲーム　10	ネット　30	読書　30
午前 2 時	ゲーム　20	ゲーム　20	就寝
午前 3 時	ネット　30	就寝	
午前 4 時	就寝		
午前 5 時			
午前 6 時			
午前 7 時			
午前 8 時			
午前 9 時			起床・朝食　20
午前 10 時		起床　40	散歩・買物　30
午前 11 時		朝食　30	ぼんやりする　20
午後 0 時	起床・朝食　40	読書　30	読書　30
午後 1 時	テレビ　50	ぼんやりする　20	昼食　30
午後 2 時	横になる　60	ぼんやりする　20	そうじする　30
午後 3 時	起床（悪夢）80	おやつ　20	ぼんやりする　20
午後 4 時	ネット　60	ネット　30	読書　30
午後 5 時	ネット　30	ネット　60	読書　20
午後 6 時	ネット　30	夕食の準備　70	夕食の準備　30
午後 7 時	夕食の準備　30	夕食　50	夕食　20
午後 8 時	夕食　30	入浴　20	入浴　10
午後 9 時	コンビニ　40	雑用　30	読書　30
午後 10 時		ぼんやりする　40	読書　20
午後 11 時	入浴　10	ゲーム　20	読書　20

第 4 章　結果の吟味

レビュー

※ セルフモニタリングの効果と適用

　セルフモニタリングは、行動療法の中で開発されたもので、自分自身の行動や反応を観察し記録する方法である。

　繰り返される行動の頻度と時間帯、前後の出来事など、行動を変更するのに必要な情報（→行動デザインシート、231ページ）を、自分で集めることもできる。

　頻度についての人間の感覚は、とくにバイアスがかかり正しく認識することが難しいが、適切な方法で記録すれば、頻度についての自身の認識を修正することも可能である。

　しかも自分についてのデータを収集するだけに留まらず、行動や反応の生起状況を意識的に、また客観的に捉えられるようになることを通じて、行動や反応を改善する効果が認められている[＊1]。

　セルフモニタリングによって、自分の行動・反応のある側面に注意を払うだけで、自分にとって悪い問題行動や問題反応は減り、自分にとってよい（定着させたい、習慣づけたい）行動は増加することがわかっている[＊2]。

　このため、セルフモニタリングは、他の行動変容法の前段階として、また行動改善のアプローチとして、幅広い問題に適用されている。たとえば、肥満の治療、不眠の改善、生徒の教室内行動の変容、学業成績の改善、喫煙行動の改善、広場恐怖症の治療、うつ気分の改善、チックの

[＊1] Kanfer, F．H．1980 Self － management methods. In F. H. Kanfer & A．P．Goldstein (Eds．) Helping people change (2nd. Ed.). New York :Pergamon Press,334 － 389.

[＊2] McFall,RM.(1970).Effects of self-monitoring on normal smoking behavior. Journal of Consulting and Clinical Psychology, 35(2),pp. 135–142.

治療、アトピー性皮膚炎患者の掻破行動の抑制、高校生のクラス参加行動の改善、自傷行為の治療、自傷行為に関する強迫観念の除去、子どもの適切な行動に対する両親の注目行動の形成、アルコール中毒患者の飲酒行動の改善、水泳練習への参加態度の改善、対話行動の改善などに用いられ、効果を発揮している［＊3］。

※ 行動を改善する材料を集める

　行動や反応をひたすら記録し見直すだけでその行動・反応が改善するのは驚きだが、セルフモニタリングにはそれ以外にも効果がある。

　1つは、行動をコントロールするためのデータを実地に収集できることである。

　セルフモニタリングすることで、行動・反応の増減パターンや時間帯による変動などを知ることができる。変動のパターンを知れば、冷静に対処しやすくなる。良いとき悪いときの波があることを知り、いつもずっと悪い状態が続くわけではないことを理解すれば、少しは落ち着いて悪い状態をやり過ごすこともできる。

　たとえば鬱に苦しむ人は、四六時中うつ状態に苦しんでいると思いがちであるが、セルフモニタリングしてみると、うつ気分にも波があり、最悪に近いこともあれば、それほどでもないましなときもあることがわかる。

　さらに我々の行動・反応は、時間的にその前後に起こる出来事から影響を受けている可能性が高い。

　好調の際の前後の状況のデータから、行動・反応を改善するヒントが

［＊3］セルフモニタリングの適用についての研究を日本語で紹介したものでは、山口正二 & 坂野雄二．(1981)．認知的行動療法に関する最近の研究．千葉大学教育学部研究紀要．第1部, 30, 15-25. http://opac.ll.chiba-u.jp/da/curator/900025356/

得られる可能性がある。あるいは不調の際の前後のデータからも、不調を少しでもマシにする状況や刺激が何かを知れるかもしれない。

たとえば、皮膚を掻きむしる回数が、早く就寝した次の日に減っているなら、睡眠時間や就寝時間によって掻きむしる行動を減らせるかもしれないと思いつく。ならば、早く寝る、また睡眠時間を長くすることを試してみて、セルフモニタリングの結果、掻きむしる回数がどう変化するかを比べることができる。

自分の行動・反応についてデータを取ることは、自分に対していわば科学者になることである。手づくり的ではあるし、対象は自分だけであるが、自分に対して何が有効で何がそうでないか、データをもって確かめることができる。

これは自己コントロールへの自信を高め、実際に自己コントロール力を改善することにもなる。

※ セルフモニタリングは認知も変える

人間の感覚や知覚は想像以上に正確だが、苦手なこともある。弱点の1つが頻度や確率を取り扱うことだ。

正確に記録を取れば取るほど、セルフモニタリングは、それまでぼんやりと思っていたのとは異なる自分の姿を浮かび上がらせる。

記録を取ってみると、行動・反応は思った以上に頻発していたり、逆に思ったほど頻回ではなかったりする。

たとえばネガティブな気分でいるとネガティブな事象は誇張されて感じられる。ネガティブな行動や反応は実際よりも頻発しているように思えるのだ。記録と突き合わせてみると、実際はそれほど多くないことがわかる。

セルフモニタリング

　逆に、食事行動をセルフモニタリングしてみると、日常生活の合間にちょっとした間食を何度もしていることがわかることがある。1回1回は少量であるため本人はさほど意識していないが、すべて集計してみると結構なカロリーが摂取されていることが判明する。

　自分にとってのデータは、自己イメージを、そして当人の認知を、変える力がある。

　なにより外部から押しつけられたものでなく、セルフモニタリングによって自分が関与（コミットメント）したデータであることが強い。セルフモニタリングによる行動の変化が、知らず知らずのうちに引き起こるように、認知を対象にした働きかけでないことがかえって、抵抗感を刺激せず、静かに認知の変化を引き起こすのである。

　一般にものの見方や考え方、あるいは信念といったものは、変えるこ

とが難しい。

　理由の1つは、そうした認知はヒトの内部（たとえば脳内）にのみある
というより、周囲の人間との相互作用の中に埋め込まれ、再生産される
ことによる。脳内だけを変えようとしても、多くの場合、変化に逆らう
向きの作用が、他人とのやり取り、周囲の人間との相互作用から生じて
くる。

　脳内に話を限ったとしても、なお困難がある。信念や感情、記憶や知
覚といったものの間にも相互作用があるからだ。

　ネガティブな信念を抱いていたり、ネガティブな感情に取りつかれて
いる人は、物事のネガティブな側面ばかりを取り上げ、ネガティブに評
価・意味づけし、その結果ネガティブな信念や感情を余計に強めてしま
う。ポジティブなものの見方を外部から注入したとしても、互いに影響
しあう信念や感情やその他の認知機能は、「そうはいってもやっぱり」
とネガティブなループに引き込み、ポジティブな働きかけを台無しにす
る。

　セルフモニタリングは、そうした悪循環ループをつくる認知に、デー
タの記録と見直しという別のループを接続することで、悪循環をおだや
かに組み替える可能性を持っている。

PROBLEM SOLVING TIMELINE

25
問題解決のタイムライン
問題解決を時系列で振り返る

難易度 🔍🔍🔍🔍🔍

開発者
読書猿

参考文献
『ナラティヴ実践地図』（マイケル・ホワイト、金剛出版、2009）
Sawyer, R. K. (2012). Explaining creativity: The science of human innovation 2nd ed. Oxford University Press.

用途と用例
◎ 自分の問題解決のステップを検討する。
◎ 問題解決の経験を血肉化する。

第4章　結果の吟味

レ シ ピ

　次のチャート（問題解決の各ステップを縦軸に、時間の進行を横軸にとったもの）に問題解決の進捗状況を記録していく。

吟味	学習・知識化
	反省・分析
	結果の検証
実行	進行管理
	実行計画
	結果予測
探索	解決策の選択
	解決策の統合
	解の探索
	情報収集
認知	問題理解
	問題定義
	問題察知
	目標設定

サ ン プ ル

飼い犬のハリーがいなくなった

　問題解決のタイムラインの使い方を示すために、ごく単純な問題解決の例として飼い犬がいなくなったケースを取り上げよう。

このケースは、解の探索の段階で、さまざまな手（保健所に連絡する、迷い犬のポスターを貼る等）を同時並行的に実施すべきだったと反省している。

　つけ加えるなら、問題理解の段階で「いなくなった理由」を網羅的にリストアップした後、可能性が低い理由を除外するようにすれば、対策としての解の探索も1つの方法に限定されず、さまざまな手を同時に打つことにつながっただろう。

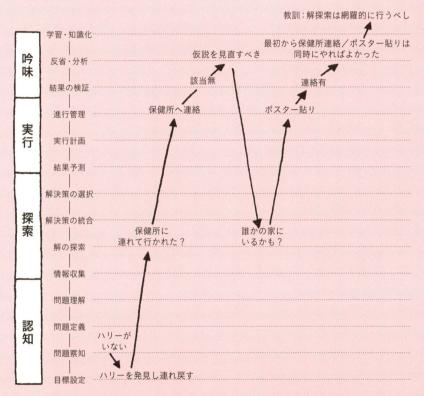

新田次郎『強力伝』50貫の花崗岩2個を白馬岳山頂に運ぶ

　安西祐一郎『問題解決の心理学』[*1]の冒頭で取り上げられている新田次郎『強力伝』[*2]の問題解決プロセスを図解化してみよう。

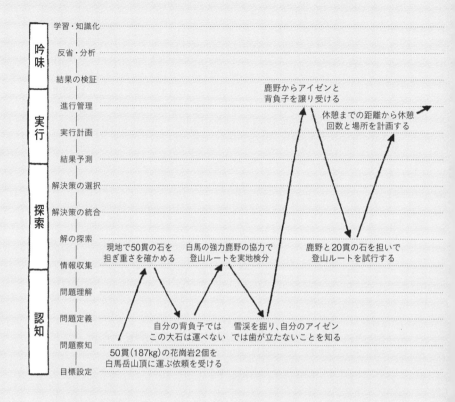

　小宮山は富士山のスペシャリストだが、白馬岳は、富士山とは地形、気候、雪渓のでき方など、あらゆる環境が異なっていた。

　基本的に登り続ければいい富士山と異なり、白馬岳の登山ルートにはアップダウンがあり、巨大な重量を背負っての下り坂は小宮山を苦しめた。

　また現地の強力である鹿野の協力が得られたものの、鹿野が岩崩れの

[＊1]『問題解決の心理学——人間の時代への発想』(安西祐一郎、中公新書、1985)
[＊2] 富士山麓で活躍した伝説の強力・小宮山正(作中では「小宮正作」)が風景指示盤を白馬岳に運び上げた実話に取材した小説。『強力伝・孤島』(新潮文庫、1965)に収録。作者の新田次郎は、富士山観測所に勤務(昭和7年～昭和12年)の際、小宮山と知り合った。小宮山は、富士山の登山口である御殿場の強力の中でも抜群の力持ちとして知られ、180kg以上もある風景指示盤を支える花崗岩2つを運んだが、その2年後に体をこわして亡くなっている。現在もこの風景指示盤は白馬岳に実在する。

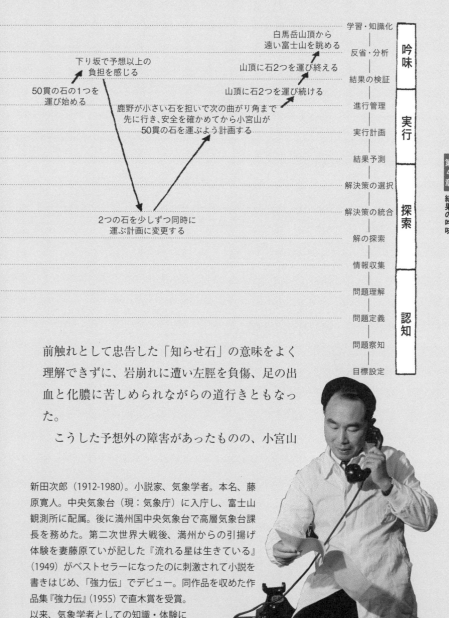

前触れとして忠告した「知らせ石」の意味をよく理解できずに、岩崩れに遭い左脛を負傷、足の出血と化膿に苦しめられながらの道行きともなった。

　こうした予想外の障害があったものの、小宮山

新田次郎（1912-1980）。小説家、気象学者。本名、藤原寛人。中央気象台（現：気象庁）に入庁し、富士山観測所に配属。後に満州国中央気象台で高層気象台課長を務めた。第二次世界大戦後、満州からの引揚げ体験を妻藤原ていが記した『流れる星は生きている』（1949）がベストセラーになったのに刺激されて小説を書きはじめ、「強力伝」でデビュー。同作品を収めた作品集『強力伝』（1955）で直木賞を受賞。以来、気象学者としての知識・体験に根ざした山岳小説、歴史小説などを執筆した。（写真：© 文藝春秋／アマナイメージズ）

と鹿野は試行と計画を繰り返し、慎重に事を進め、見事にこの難行を完遂している。

レビュー

※ 問題解決の進行を図解化する

この手法は、マイケル・ホワイトが外在化する会話の進行をマッピングするために開発した「立場表明地図」[＊3] を参考に、問題解決の振り返りのために、問題解決の進行を図解化できるようにしたものである。

問題解決のステップについては、キース・ソーヤーが既存の問題解決技法の諸段階をまとめたもの[＊4] を拡張／変更したものである。このステップは本書の構成の元にもなっている。

※ 問題解決は手順どおりに進まない

ソーヤーも指摘するように、実際の問題解決は、ステップどおりに順を追って進むことはむしろ稀である。

自分や他人が行った問題解決をこのチャートで表現してみると、問題解決のステップを進んだり飛ばしたり戻ったりを繰り返すのが普通である。

たとえば、通常は問題を定義し理解してからその解決を考えるのが、どの問題解決手法にも共通する順序であるが、解決策を考え実行に移した後に問題の知られざる一面に触れ、問題の理解が進み、問題定義からやり直すことも珍しくない。時には、問題解決を経て、そもそもの目標すら変更となる場合もある。

問題解決は、また我々自身についての認識を改める契機ともなる。問

[＊3] 『ナラティヴ実践地図』（マイケル・ホワイト、金剛出版、第1章、2009）

[＊4] Sawyer, R. K. (2012). Explaining creativity: The science of human innovation 2nd ed. Oxford University Press. ,p.89 Table 5.1: Sawyer's Eight Stages of the Creative Process, and HowThey Correspond to Other Process Models

第1部　リニアな問題解決

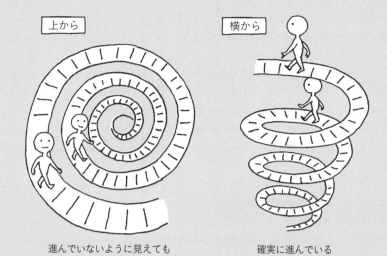

進んでいないように見えても　　確実に進んでいる

題解決の中で自身が変わり、問題解決に求めるものも変わっていくのである。

　直線的に問題解決が進むことを理想とすれば、手戻り逆戻りに見えるが、我々の問題理解と問題解決は繰り返しの中でも螺旋状に進んでいるのである。

❖ 問題解決から学ぶ

　しかし、問題解決の経緯を後から振り返ってみるなら、もっとうまくやれたと気づくことも少なくない。
「あの手戻りは避けられた」「最初からもっと広い解決策を検討しておくべきだった」など、次回以降の問題解決に役立つ知見が見つかる可能性は高い。

　問題解決を学ぶことは、何らかの問題を解決することよりも、難しい。

　しかし、1つの問題を解決し終えた者には、最上の教材が目の前にある。自身が行った問題解決そのものが、それだ。問題解決のタイムラインは、自身の問題解決を図解化し、振り返るツールである。

　問題解決の進行に合わせて記入するのが望ましいが、その場合にも、解決後に振り返りながら再度つくり直すことを推奨する。

SOLVE AGAIN FROM SCRATCH

26
フロイドの解き直し
解き終えた直後が最上の学びのとき

難易度

開発者

ロバート・フロイド（Robert W. Floyd, 1936 - 2001）

参考文献

「プログラミングのパラダイム」『ACM チューリング賞講演集』（共立出版、1989）収録

用途と用例
◎ 問題解決の経験を血肉化する。

第 I 部　リニアな問題解決

レシピ

1 （難問を解決したら）全く同じ問題を最初からもう一度解いてみる。

2 同様の問題に取り組む共通のルールのようなものを探す。

3 解き直しとルール探しを通じて、より早い／よりうまい解き方がわかるだけでなく、他の問題解決に転用できる、より一般的なアプローチが発見できる。

サンプル

ロバート・フロイドの例

1964年、フロイドは構文解析のアルゴリズムを開発した [＊1]。

構文解析とは、単語（トークン）の並びから文がどのように構成されているかを調べ、その構造を表現したデータ（抽象構文木やパースツリー）に変換するプロセスである。

たとえばabc= 1 + 2 ×（3 +df）という命令をコンピュータで実行する場合、これをそのまま左から順番に処理するわけにはいかない。

なぜなら〈かけ算を足し算より先に行わなければならない〉や〈括弧の中を先に計算する〉という規則があり、また〈イコールの左側を計算した結果をイコールの右側に代入する〉という規則もある。

[＊1]「正しくないトップダウン構文解析法がいくつか発表された後であるが、私はちょうど人間社会における部下の雇用、解雇の組織にも似た処理系の階層的な組織を見つけて、その組織の行動をシミュレーションするパラダイムを考え、正しい構文解析法を設計する問題に取り組んだ」『ACM チューリング賞講演集』p.161。フロイドの原論文は Floyd, R. W. (1964). The syntax of programming languages-a survey. IEEE Transactions on Electronic Computers, (4), 346-353.

このため、字句解析[*2]によって「abc」と「=」と「1」と「+」と「2」と「×」と「(」と「3」と「+」と「df」と「)」というトークンに切り分けた後、コンピュータが処理する順序となるよう、次のように単語（トークン）の間の構造を分析し、構造化されたデータ（抽象構文木）に変換する。これが構文解析である。

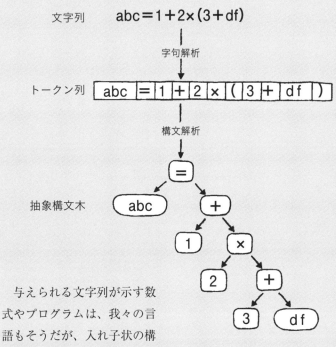

　与えられる文字列が示す数式やプログラムは、我々の言語もそうだが、入れ子状の構造となっている（原理的にはこの入れ子はいくらでもできる）。
　フロイドは、これを分析・処理するために、人間の階層組織のアナロジー（確かに構文木は組織図に似てなくもない）、すなわち上司は直属の部下を雇用・解雇できるが、自身もより上位の上司から雇用・解雇されることから着想し、構文解析を行うアルゴリズムを開発した。
　1967年、フロイドは構文解析で自分が行った問題解決を再検討して、

[*2] 最初に与えられた文字列は文字の羅列であり、そのままでは処理することができない。これを単語（トークン）ごとに切り出すプロセスを字句解析という。

一般性のあるルールを探し出すことで、非決定性のアルゴリズムを書くための一般的方法を開発した [*3]。

フロイドがつくったのは、バックトラッキングするプログラムを自動生成する方法である。

バックトラッキングは以下の図のように、ツリー状に解を探索するプロセスである。

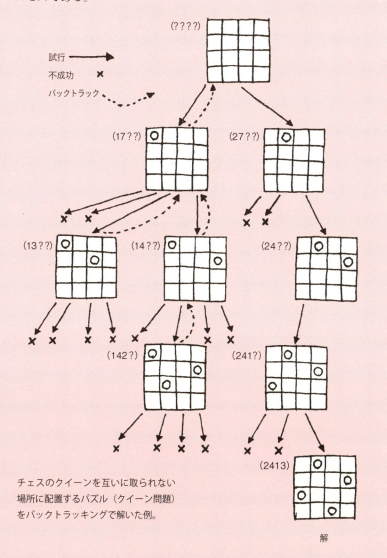

チェスのクイーンを互いに取られない場所に配置するパズル（クイーン問題）をバックトラッキングで解いた例。

解

26 SOLVE AGAIN FROM SCRATCH

力まかせ探索（→113ページ）はすべての組み合わせを試すが、バックトラッキングでは、うまくいかないことがわかれば、その先の枝の探索は取りやめてうまくいっていた所まで戻る、つまりバックトラックする。こうすることで試す組み合わせの数を減らして、力まかせ探索よりも随分効率のよい探し方ができる。

　フロイドは、このバックトラックのプロセスを人間がプログラム中に明示的に書かなくても、条件を与えてやれば、こうした解探索型の問題が解けるよう自動バックトラックを実現した。

　これは基になった構文解析の問題にも応用することができ、さらに後には人工知能の分野でも有用であることがわかり、Prolog［＊4］のような論理プログラミング言語のベースの1つにもなった。

レビュー

※チューリング賞受賞者の教訓

　チューリング賞は、現代計算機科学の父の1人とされるアラン・チューリングの名を冠した、計算機科学分野で革新的な功績を残した人物に

［＊3］「そうした一般性のあるルールを探し出すことによって、私は先に述べた再帰的コルーチンに基づく構文解析のアルゴリズムを出発点にして、非決定性のアルゴリズムを書くための一般的方法に到達した。この非決定性のアルゴリズムはマクロ展開によって通常の決定性のアルゴリズムに変換できるものである。そこで使ったパラダイムは、計算機による問題解決という一見関係のないと思われる人工知能の分野でも有用であることが後になってわかった。実際、プログラミング言語 PLANNER や MICRO PLANNER、QA4 などで使われている」『ACM チューリング賞講演集』p.162。フロイドの原論文は Floyd, R. W. (1967). Nondeterministic algorithms. Journal of the ACM (JACM), 14(4), 636-644.

［＊4］1972 年ごろにフランスのアラン・カルメラウアーとフィリップ・ルーセルによって考案された論理プログラミング言語。名称はフランス語「programmation en logique（論理によるプログラム）」に由来する。Prolog におけるプログラミングは、コンピュータがどんな順序で何をするのかを与えるのでなく、「事実」と事実の間の関係を表す「規則」を与えるものとなる。こうしてできたプログラムは、与えられていない新しい「質問」をすると、「事実」と「規則」の組み合わせから「質問」が成り立つかどうかをバックトラッキングによって試行錯誤した上で答えを返す。近年ではソフトバンク社が開発した感情認識ロボット Pepper の開発に用いられている。

第Ｉ部　リニアな問題解決

年に1度、Association for Computing Machinery（ACM）から贈られる賞であり、この分野で世界最高の権威を持つ賞である。コンピュータ科学における永続的で優れた重要性があると認められた貢献に贈られる。

　チューリング賞受賞者は、秋に行われる ACM の年次大会で記念講演をする慣わしとなっている。受賞者＝講演者にはさらに講演の内容を印刷するための原稿を準備することが求められる。

　1978年、ロバート・W・フロイドに対して「計算機科学の重要な複数の分野、すなわち構文解析の理論、プログラミング言語の意味論、プログラムの自動検証、プログラムの自動合成、アルゴリズムの解析等の

イギリスの数学者、アラン・チューリング（Alan Turing, 1912-1954）は計算可能関数の数学的定式化としてアルゴリズムを実行するマシン（チューリングマシン）の概念を導入し、計算機科学の基礎を築いた。第二次世界大戦中は、イギリスの暗号解読センターである政府暗号学校で、ドイツの暗号を解読するいくつかの手法を考案。ドイツが使用していた、エニグマ暗号機を利用した通信の暗文を解読するための機械 bombe を開発した。戦後は、マンチェスター大学で初期のコンピュータ Manchester Mark I のソフトウェア開発に従事した。写真は bombe のレプリカ。（写真：Tom Yates）

確立への寄与」という功績により、チューリング賞が授与された。

「プログラミングのパラダイム」と題したチューリング賞の受賞記念講演で、フロイドは問題解決者にとって宝石にも値する「ある種の技術」について触れている。

「やっかいなアルゴリズムの設計を行ったときに味わった私自身の経験では、ある種の技術が自分の能力を高めるために非常に役立った。すなわち、意欲をそそる問題を1つ解いた後で、そのときの『洞察』だけを頼りにして、同じ問題を再び最初から解く。この過程を解ができるかぎり明解かつ直接的になるまで繰り返す。そうして同様な問題を解くための、一般性があり、しかもそれがあれば与えられた問題に最も効果的な方法ではじめから接近できるというようなルールを探し出す。そのようなルールは永久に価値のあるものになることが多い」（『ACMチューリング賞講演集』162ページ）

※なぜ、わざわざ解き直すのか？

問題解決は、そもそもコストの高い行為である。

最低でも多くの認知資源と二度と戻らない多くの時間が費やされる。大抵の場合、さらに資金や権限、多くの人の参加・協力が必要になる。そして極めつけは、成功は必ずしも約束されているわけではないことである。

その上、さらに問題を解き直すのは、贅沢な行為だ。

それゆえに解き直しは、自分の頭脳だけあれば足りるような問題解決で、すなわち数学やその隣接分野で、主に行われてきた。

なぜ（わざわざ）、解き終えた問題にもう一度取り組むのか？

その理由は人は自分がやった問題解決であっても、そのすべてを理解してはいないからである。

問題解決に何が有効であり何がそうでなかったかを見極めるのには距離をとる必要がある。投じた努力の意義と意味、自分自身の内に生まれたインスピレーションの含意を理解するには時間がかかる。

第I部　リニアな問題解決

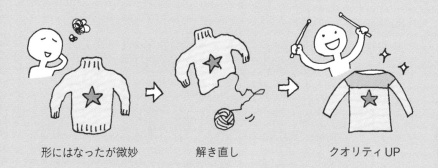

形にはなったが微妙　　　解き直し　　　　クオリティUP

それらの本当の果実は、まだ収穫されていないのである。

※ 解答可能が約束されていること

　問題解決を学んでいると（問題解決の書物を読んでいると）しばしば忘れがちだが、我々が出会う問題の多くは、実のところ解答不能である。そもそも解くべきでない問題も少なくない（→ニーバーの仕分け、32ページ）。

　これに対して、二度目に解く者に約束されたものが1つある。それは、その問題が解決可能であることだ。

　一度目に解くのと二度目以降の大きな違いは、その問題が解決可能かどうかを知らないのと知っているのとの差である。

　また二度目の問題解決は、たいていは一度目のときよりずっと速やかに進み、労は少なく益が多い。二度目であればこそ、一度目では気づかなかったアイデアやアプローチを思いつける。ことによると、一度目では到達し得なかった解決を発見できる可能性すらある。

　なんとなれば、我々はすでに問題について熟知しており、加えてその問題において解決がどんなものなのか、そもそも解決があるのかについても今や多くを知っている。試行錯誤の多くの枝ははらわれ、一度目には選択肢（オプション）とならなかったアプローチへのチャレンジも可能になる。

　そして、立ち塞がっていた問題は、解決にたどり着いた今、長く厳しい問題解決をともに戦った戦友となっている。

26 SOLVE AGAIN FROM SCRATCH

❋ 問題解決の最良のメンター

　問題解決スキルを身につけることは、問題を解決することと同じか、それ以上に難しい。

　大抵の問題は、既存の知識だけでは解けない。解けるとしたら、そもそも問題に値しない。問題解決においては、「答え」はこれから見つけるもの、いや創り上げるものであって、あらかじめ誰かの頭やポケットの中にあるのではない。

　問題解決は新しい知識の創造を含んでいる。そのため決まった手順を適用するだけでは不可能であり、ほとんど必然的に飛躍や逸脱、もちろん試行錯誤、それに僥倖すらも不可欠の構成要素となる。

　問題解決がまっすぐ進むものでないのなら、何を導きとすればいいのだろうか？

　自分がやった問題解決自体が、最良のメンターになることをロバート・W・フロイドは教えている。

「要約すると、まじめなプログラマには次のように言いたい：仕事時間の一部をさいて自分の方法を検証し、洗練することに使いなさい。プログラマというのは、未来や過去の締切に追われてあえいでいるのが常であるが、方法論の抽象化に努めることは、賢明な長期投資である」（『ACMチューリング賞講演集』168ページ）

　267ページの写真はCC-BYライセンスによって許諾。ライセンスの内容の確認は以下を参照。http://creativecommons.org/licenses/by/4.0/deed.ja

第Ⅱ部 サーキュラーな問題解決

THE PROBLEM SOLVING SKILLS DICTIONARY

THE MIRACLE QUESTION

27
ミラクル・クエスチョン
問題・原因ではなく解決と未来を開く

難易度

開発者

スティーヴ・ド・シェイザー（Steve de Shazer, 1940 - 2005）
インスー・キム・バーグ（Insoo Kim Berg, 1934 - 2007）

参考文献

『解決志向ブリーフセラピーハンドブック』（シンシア・フランクリン他、金剛出版、2013）

用途と用例

◎ ゴールをつくり出す。

◎ 問題や原因ではなく、解決や未来へ注意を向ける。

第Ⅱ部　サーキュラーな問題解決

レシピ

1 問題が完全に解決・解消したところを想像し、その様子をできるだけ詳しく描写する。

☞「もし真夜中、あなたが眠っている間に奇跡が起きて、あなたが目覚めたときには問題がすでに解決したとすると、あなたは何によって奇跡が起きたことを知るでしょうか？」（導きの問い）

2 描写したものの中で、最も簡単で実現しやすそうなものを1つだけ選ぶ。

オシャレ　　　美容　　　ダイエット

3 2で選んだものを実現する手段を考え、第一歩を実行する。

サンプル

伊達男たちの安全眼鏡 [＊1]

　ゼネカ社がイタリアで経営する化学工場では、作業中の安全眼鏡の着用が義務づけられていたが、着用率ははかばかしくなく、何度も対策のための会議が開かれていた。

　当初は通常の問題解決でよくやるように、原因が分析された。

　着用しない労働者に問題がある、さらに掘り下げて、労働者に危険度の理解と安全への自覚が不足している等々、問題点が挙げられ、それに基づき対策が講じられた。

　着用を呼びかけるポスターに始まり、危険性を説明する研修会が何度も開かれた。しかし長年、安全眼鏡なしに作業を続けてきた経験からか、作業に潜む危険性に無感覚になっており、着用率はなかなか上がらなかった。

　そんな中、この会社に解決志向アプローチが導入された。

　幹部は早速長年取り組んできたのに成果が上がらないこの問題に、解決志向アプローチを使ってみることにした。

❶ 問題が完全に解決・解消したところを想像し、その様子をできるだけ詳しく描写する。

　彼らはまず問題が完全に解決したところを想像してみた。

　労働者たちが皆、耐薬品性と耐熱性に優れた安全眼鏡をかけて作業をしている様子を思い浮かべた。理想の光景のはずだが、なぜだかしっくりこない。

　「彼らがかけたがらないのもわかる気がする」と言い出す幹部まで現れ

[＊1]『ソリューション・フォーカス──組織の成果に直結する問題解決法』（マカーゴウ、ジャクソン、ダイヤモンド社、2008）

第Ⅱ部　サーキュラーな問題解決

た。別の幹部が弁護するように「しかし安全が第一じゃないか、見た目は二の次だ」と主張した。

❷ 描写したものの中で、最も簡単で実現しやすそうなものを1つだけ選ぶ。

　結局、会議で幹部たちが選んだのは、安全眼鏡じゃなくてもいい、とにかく眼鏡の類をかけさせることはできるか、という課題であった。

　ヒント、というより、ほとんど解決に等しいものが、問題のない未来を想像したときに幹部の頭に浮かんでいた。

　イタリアの伊達男たちが、誰に命じられるわけでもなく、職場どころかプライベートですら、自発的にかけている眼鏡があるじゃないか。そう、サングラスだ。

　幹部たちはサングラスのカタログを取り寄せ、人気のあるミラーシェード（鏡面反射加工）タイプのサングラスを発見した。

❸ ❷で選んだものを実現する手段を考え、第一歩を実行する。

　幹部たちは、労働者たちの意見を入れ、ミラーシェードタイプの新し

27 THE MIRACLE QUESTION

い安全眼鏡を開発した。

　労働者たちは進んでこの安全眼鏡をかけるようになった。着用率は天井に達したが、それだけに留まらなかった。彼らは化学的に危険のない場所でもこの眼鏡をかけ続けるようになったのだ。

レビュー

※ 根本原因を退治できるか？

　通常の問題解決は、理想と現状のギャップを問題として捉え、その原因を究明した後に、問題の原因に対して対処策を講じる。

　この問題解決のアプローチは2つの前提の上に成り立っている。

　1つは、因果関係を遡ることで根本原因（あるいはより根本的な原因）にたどり着くことができるという前提、もう1つは、根本原因（あるいはより根本的な原因）を取り除くなり無力化できれば、そこから因果関係で結びついたすべての結果（もともとの問題を含む）は生じなくなるという前提である。

　しかし、これらの前提はかなり強い要請であり、現実にはしばしば成り立たない。

　根本原因を突き止めることは、常に可能というわけではない。出来事は単独の原因で起こることはない。数多くの原因によって生じ、その出来事はまた数多くの出来事の原因の1つとなる。無数といってよい因果関係を残らず網羅

第Ⅱ部　サーキュラーな問題解決

するのは、多くの場合、現実的に不可能である。

　因果関係のうち、少数の主要なものだけを考えれば済む場合でも、困難はまだある。

　結果が原因のいずれかに影響を与えるような場合、つまり因果関係がループしているとすれば、どこまで遡っても巡るばかりで根本原因に行き着かないことになる。

　こうした因果ループは、例外的なものではない。辛辣なグレゴリー・ベイトソンの指摘によれば、直線的に因果関係をたどれると信じることができるのは、因果ループの一部を都合よく切り取っているからに過ぎない。

1625年ごろに描かれたウロボロス。自らの尾を飲み込み、頭と尾がつながることで円環をつくる蛇・竜のこと。語源は「尾を飲み込む（蛇）」を意味する古代ギリシア語（ουροβόρος）。円環では、始まりと終わりが一致することから、始まりも終わりも消えるために、不滅または永遠の象徴とされた。終末が発端に帰るころから永劫回帰のシンボルともなり、あるいは陰と陽のような反対物の一致などを表すことにも用いられる。自らの尾をくわえるというモチーフは、アステカ（ケツァルコアトル）、古代中国（猪竜、玉猪竜）、エジプト神話（メヘン）、北欧神話（ヨルムンガンド）など世界中に存在する。

27 THE MIRACLE QUESTION

また根本原因が突き止められたとしても、取り除くことができるとは限らない。

根本原因を削除することをもって解決する〈外科手術〉的な問題解決は、〈患部〉のように問題を局所化できないと用いることができない。〈外科手術〉的な問題解決ではまた、問題解決者と問題の当事者は分離している。たとえば、特定の汚染源に対して対処すれば解決する問題（公害企業などがこの場合の〈患部〉となる）には〈外科手術〉的な問題解決は可能だが、不特定多数（つまり我々のほとんどすべて）が汚染源となり被害者にもなる環境問題には適用困難である。

重要なのは、問題は物ではないということだ。とくに社会の中で生じている問題は、社会を形づくっている人びとの間の相互行為から発生している。一方的な因果関係ではなく、お互いがお互いに影響を与え合う中で生まれ、再生産されるがゆえに問題は存続する。

問題に苦しむ当事者が訴える〈主訴〉には、当事者がとった解決のための行動が入り混じっているが（おそらく当事者の行動は問題を形成する悪循環の一部となっている）、彼らもまた直線的因果性に基づいた問題解決のフォーマットを使って、誰か／何かを原因として批判する。この〈主訴〉に従い、その原因を取り除き問題解決をしようとするなら、我々もまた問題を形成する悪循環の一部に組み込まれるだろう。

※ 奇跡の質問と解決志向アプローチの誕生

解決志向（ソリューション・フォーカスト）アプローチは、こうした因果ループを前提とする円環的因果性の見方と、問題を形成する悪循環という観点を前提に、問題志向と原因究明の泥沼を避けて、別のやり方で解決に至ろう（あるいは解決を構築しよう）とするものである。

問題やその原因ではなく、解決や問題の当事者（クライエント）が持っている資源（リソース）や強み（ストレングス）に焦点を当てるこのアプロ

第Ⅱ部　サーキュラーな問題解決

ーチは、システム論的な家族療法を継承する形で登場した。

　ベイトソンの共同研究者たちが立ち上げたMRI（Mental Research Institude）派（→症状処方、384ページ）の家族療法に関心を抱いていたスティーヴ・ド・シェイザーやインスー・キム・バーグとその仲間たちは、1978年ブリーフファミリーセラピーセンター（BFTC）を開設した。

　原因究明ではなく、問題を再生産している悪循環に焦点を合わせたMRI派のシステム的アプローチに強く影響を受けながら、BFTCで臨床を重ね、自分たちのセラピーをつくり上げていった。

　MRIの影響から、BFTCでは当初、原因究明よりも直截に問題を扱うことが重視されたが、その一環として、クライエントに次回の面接までに、「今後変えたいこと」のリストをつくってきてもらう宿題を出していた。つまり解決したい問題のリストをつくるというものである。

　1982年、BFTCのセラピストの一人が、お決まりの「今後変えたいことリスト」をほんの少し変えた宿題を出すことを提案した。反対に「今後変えたくないこと」のリストをつくってもらうのである。

　表面的にはわずかな変更だったが、この変更は問題から解決へと視点を変換することを含んでいた。つまり「今後変えたくないこと」とは、クライエントの生活の中に生じている他よりましな、少しだけポジティブな出来事に他ならなかった。

　この宿題が出されると、クライエントの何人かは、多くの困難やネガティブな出来事で埋め尽くされた生活の中から、ポジティブな出来事を拾い出して来るようになった。

　その効果は目覚ましいものだった。面接にやってくる人たちは皆、自分ではどうすることもできない難問を山ほど抱えていたので、自分の毎日の生活の中にわずかであってもポジティブな出来事が生じていることに気づかないでいた。ひっきりなしに困難に見舞われる中で、どのような出来事も知らず知らずネガティブに解釈するようになり（ネガティ

ブな出来事→ネガティブな認知）、その結果ネガティブな出来事だけを選択的に拾い上げるようになっていたのである（ネガティブな認知→ネガティブな出来事）。しかし、ポジティブな出来事は確かに存在した。この発見は、ネガティブな出来事と認知の悪循環に裂け目を入れ、そこから脱出するきっかけとなりうるものだった。

　この成功を受けて、ド・シェイザーは、さらに進めて、次のような課題を創案した。

「次にお会いするまでの間、あなたの家族に今後も起こり続けてほしいと思うことで、実際にどんなことが起きているか観察してきていただきたいのです」

　この尋ね方は「変えたくないことリスト」よりも、変化が実際起こっていることを前提にした表現になっている。ド・シェイザーはつまり、「あなたの周りに〈すでに生じている解決〉を拾ってきてほしい」と言っているのである。

　これと関連して、クライエントが再訪したときになされる質問も創案された。

「何か変化がありましたか？」→ Yes →「何がうまくいったのでしょう？」→「どんな風にしてその変化を起こしたのですか？」

　ド・シェイザーはまた、MRI派を研究する中で、ミルトン・エリクソンについても学んでいた。そうしてポジティブな変化やその兆しを掘り起こすために自分たちが工夫してきた、これまでのやり方の先に、エリクソンのクリスタル・ボール（水晶玉）テクニックがあることを再発見したのだった。

　エリクソンは、催眠状態で占い師が使う水晶玉をイメージさせ、クライエントに自分の症状が治った「未来」が水晶玉に写っているところを

第Ⅱ部　サーキュラーな問題解決

ミルトン・エリクソン（Milton Hyland Erickson, 1901 - 1980）。20世紀最大の催眠療法家として知られる精神科医。アメリカ臨床催眠学会の創始者で、初代会長も務めた。1950年代前半から60年代にかけて、グレゴリー・ベイトソンの下でコミュニケーション研究に携わっていたジェイ・ヘイリーとジョン・ウィークランドは、ベイトソンにコミュニケーション過程に見られるパラドックスに関するものである限り、どんなことでも好きなように研究してよいという自由を与えられていた。エリクソンの催眠セミナーに参加したいというヘイリーとウィークランドに対し、ベイトソンは喜んで手はずを取った。ベイトソンはマーガレット・ミードと共にバリ島で撮影した映像の分析（バリ島では、人びとはトランスに入ったまま買い物に行く）をエリクソンに依頼したことがあり、この催眠家とは知り合いだったのだ。セミナーに参加後、2人はアリゾナ州フェニックスにあるエリクソンの個人診療所へ通いつめた。時にはベイトソンも参加し、彼らがインタビューした録音テープは何百時間にもなった。当時は心理療法の素人だったヘイリーとウィークランドはこの薫陶を経て、戦略派とMRI派という2つの新しい心理療法の創設者となった。

第5章　問題の認知

報告させたのだ [＊2]。

　ド・シェイザーは催眠を使わずとも、同じことをクライエントにイメージさせる質問をつくり出した。「これから、とても変な質問をするのですが……」と前置きした上で、次のように尋ねるのである。
「もし真夜中、あなたが眠っている間に奇跡が起きて、あなたが目覚めたときには問題がすでに解決したとすると、あなたは何によって奇跡が

[＊2]『現代思想─催眠療法における一方法としての時間の偽定位』（ミルトン・エリクソン、2002年3月号、青土社）

27 THE MIRACLE QUESTION

起きたことを知るでしょうか？」

　人の注意という認知資源を、未来に振り向けることで、解決を構築する足がかりとする質問はこうして誕生した。

※ ミラクル・クエスチョンという難問

　最悪の状況の中で、ささやかなプラスに目を向けることはもちろん、容易なことではない。

　そしてミラクル・クエスチョンもまた、決してたやすく答えられる問いではない。

　とくに問題を形成する悪循環に取り込まれ、繰り返し解決のための努力を行い、その都度失敗してきた人にとっては、思考の方向をこれまでとは正反対に切り替えなくては答えられない種類の質問である。

　しかし、これは答えがない類の意地悪問題ではない。むしろ、この問いに答えることができるのは、置かれた状況に絶望する当人だけなのである。逆説的だが、絶望することができるのは、希望を抱いたことがある者だけだ。

　ミラクル・クエスチョンは打ちのめされた者のためにこそ問われる。

　明日＝解決がどちらにあるかわからぬ状況でこそ、つまり最も答えるのが難しい場面でこそ、奇跡を問う質問は力を発揮する。

第Ⅱ部　サーキュラーな問題解決

THE LADDER OF INFERENCE

28
推論の梯子
正気に戻るためのメタファー

難易度

開発者

クリス・アージリス (Chris Argyris, 1923 – 2013)

参考文献

Chris Argyris(1982). Reasoning, Learning, and Action (San Francisco: Jossey-Bass)

『フィールドブック 学習する組織「5つの能力」企業変革をチームで進める最強ツール』（ピーター・センゲ他、日本経済新聞社、2003）

用途と用例

◎ 固まったものの見方をリセットする。

◎ 思考や認識の前提を見直す。

第5章 問題の認知

レシピ

1 **推論の梯子の上にいることを知る。**
☞ 何かを認識しているとき、また行動しようとしているとき、我々は次のような推論の梯子の上にいる。

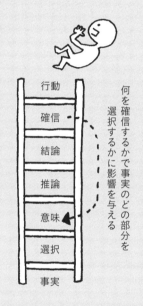

行動：私は確信に基づいて行動する。
確信：私は周囲の世界に関する情報を持っている、私の結論は事実である。
結論：私は結論を引き出す。
推論：私は自分がつけ加えた意味に基づいて推論する。
意味：私は（文化的・個人的な）意味をつけ加える。

選択：私は自分が観察しているものの中から事実を選ぶ。

事実：（ビデオに記録できるような）観察可能な事実や経験。

❷ 梯子を下りる。

☞一旦、確信や推論をリセットするために、推論の梯子を下りる。

☞次のような導きの問いに答えてみるといい。

今の状況をビデオカメラで撮影すれば何が写っているだろうか？

今の状況を感想抜き、感情抜きで描写するとどうなるか？

❸ 梯子を上りなおす。

☞今度は一段ずつ、自覚しながら梯子を上がっていく。梯子の各段を質問にしたものに1つずつ答えていくといい。

☞質問への答えは、先ほどまでどっぷり浸かっていた推論や結論の影響を当然受ける。言い換えれば、梯子を上りなおす作業は、自分がどんな推論をしていたかを確認するプロセスでもある。

しかし、推論の梯子を上りなおすことで、先ほどは無自覚かつ自動的に行っていた選択や意味づけや推論を省み、変更する余地が生まれる。

☞〈梯子を上る質問〉

選択：私は自分が観察しているものの中からどの部分に注目するのか？

意味：私は選んだものに、どんな意味をつけ加えるのか？

推論：私は意味に基づいて、どんな推論をするのか？

結論：私は推論に基づいて、どんな結論を引き出すのか？

確信：私の結論は事実であると確信するか？

行動：私の結論や確信に基づいて、どんな反応、行動が生まれるだろうか？

サンプル

プレゼンでの失敗を検証する

　プレゼンの後、予想外の質問を投げかけられ、立ち往生してしまった
あなたはなんとか我を取り戻し、ビデオカメラで撮影できるような事実
のレベルまで戻り、一つひとつ自分がどんな梯子を上っていたかを確認
してみることにした。

☞事実：プレゼン先の若い担当者（男性）が立ち上がり、次のような
　　　　言葉を口にした。
　　　　「2、3質問があるのですが……」

　選択：私は（ほとんど無意識に）質問者の行動の中から、些細な点を
　　　　いくつか選んでいた。彼は立ち上がるとき、小さくため息を
　　　　ついていた（気がする）。その前には、指で机の上をこつこつ
　　　　叩いていた（気がする）。

　意味：私は、彼のその行動には「苛立ちが現れている」と意味づ
　　　　けした。

　推論：私は、彼は私のプレゼンが気に入らなかったのだろうと、
　　　　推論した。

　結論：私は、彼が私のプレゼンを否定しようと思っている、と結
　　　　論した。

　確信：私は、彼が私を無能だと思っている、と確信する。

　行動：私の動悸は速打ち、顔から汗がどっと出てくる。

　スモールステップで推論の梯子を上ったおかげで、それぞれのステッ
プの間に隙間を見つけることができる。たとえば、

☞結論：「彼が私のプレゼンを否定しようと思っている」というのが、

そのとおりだとしても、(確信)「彼が私を無能だと思ってい
る」とは限らない。

推論：「彼は私のプレゼンが気に入らなかったのだろう」というの
が、そのとおりだとしても、(結論)「彼が私のプレゼンを否
定しようと思っている」とは限らない。

意味：彼の行動に「苛立ちが現れている」のがそのとおりだとし
ても、(推論)「彼は私のプレゼンが気に入らなかった」とは
限らない。

レ ビ ュ ー

❋ 誰もが推論の梯子の上にいる

　ヒトは、事実そのものよりむしろ、事実に付与された意味に反応する
生き物である。

　しかし、このことを自覚する人は多くない。

　知識として、ヒトのこうした〈仕様〉を知っている人も、推論の梯子
を無自覚に登ってしまう。

　とりわけ困難な状況に陥ると、我を失うと同時に、意味づけられてい
ることを忘れ、自分は今動かしがたい現実に直面していると信じて疑わ
なくなる。

❋ メタファーとしての推論の梯子

　〈推論の梯子〉は、ヒトのこの仕様と、(ヒトにとっての) 世界の成り立
ちを思い起こすためのメタファーである。

　このメタファーはヒトの認知の階層を梯子の段にたとえたものだが、
さらなる含意を派生させる。たとえば、一度この梯子の存在を思い出せ

287　　　　　　　　　　　28 THE LADDER OF INFERENCE

ば、自分が〈推論の梯子〉の上でバランスを失いかけていることに気づいたり、異なるものの見方をするためには、一旦梯子を下りる（事実のレベルにもどる）必要があると理解することができる。

※ 意味づけなしの事実に戻ることは可能か

　さてメタファーというものは、物事のある側面に光を当てて注目させるというメリットの代わりに、そうでない側面を陰に追いやり見えにくくするデメリットを持っている。

　ここで取り上げた梯子のメタファーもまた、ヒトの認知のあり方についてある側面だけに注目させるものであり、結果的にかなり楽天的な見立てを誘導するとの批判もあるだろう。

　たとえば梯子のメタファーは、異なる梯子も共通の地面の上に立っていることを、言い換えれば、どの梯子も最後まで下り切ってしまえば同じ事実にたどり着くことを含んでいる。

　これは我々の世界に対する常識的な見方であり、それゆえにメタファーとして力を持つのだが、哲学的には素朴実在論として批判されるものである。

　我々は世界が見かけどおりでないことも、人の認知はさまざまに偏りがちであることも知っている。

　また完全に意味づけを剥ぎ取ってしまえば、理解もコミュニケーションも不可能になる場合がある。

　身近なところでは、文字がそうである。文字からその意味を剥ぎ取ってしまうと、単なる曲線の集まりになってしまう。

❖ 認知を引き剥がすことの難しさ

実際問題として、梯子を上り下りするほど簡単には、我々は自分の推論や意味づけをリセットできるわけではない。

というのも、我々の認知は、我々の頭の中で孤立しているのではないからだ。推論の梯子が教えるように、どのように物事を捉えるかによって、我々の感情や行動は左右される。そして我々の行動は、誰かの行動に影響を与え、誰かの行動もまた我々の行動に影響を与える。

つまり我々の認知は、相互行為を介して互いに結びついているのである。

たとえば、抗争中の両者は、互いを非難し合うような相互行為に陥っており、多くの場合、両者の認識もまた対立し合う形で再生産される。

こうした相互行為に巻き込まれた認知は、「相手を邪な意図を持って事実をわざと歪めて見ている」か、さもなくば、「そもそも物事を正常に見ることができないのだ」といった形をとりがちである。

しかし、忘れてならないのは、我々はそうした相互行為の共同制作者なのであって、奴隷ではないことだ。

完全にリセットすることが難しくても、推論の行方や意味づけを変えることは不可能ではない。

また、変えることができないときでさえ、別の推論や意味づけがありうると知るだけで、当事者には余裕が、そして相互行為のループには緩みが生まれうる。

そうした余裕や緩みを生むために、この梯子のメタファーはゆっくり上り下りできるよう一段一段があえて細かく分けられている。

❖ 対立する梯子から眺め直す

推論の梯子は、個人が自分の認知を再検討するときだけでなく、前述のような対人的な場面で用いることもできる。

再確認すると、対立し合う人たちは、同じ出来事を違う見方で見ている。推論の梯子のメタファーを使って言えば、それぞれが違う梯子の上にいる。

少し詳しく言い直せば、事実の異なる部分を取り上げ、別の意味づけをし、逆向きの推論を行って、相容れない結論を下している。

　推論の梯子のメタファーを使って、対立するやり取りが、どんな梯子の上にいる者の間で行われているかに思い至ることができれば、相手と相手の認知の間に隙間を入れて考えることができる。

　大げさに言えば、対立しているのは、私とあなたではなく、異なる梯子がもたらす認知と認知なのだ。

　そう考えることは、一種の外在化（→問題への相談、305ページ）をもたらす。問題と個人を切り分け、個人攻撃を避け、問題を生み出すメカニズムを冷静に分析するだけの余地を生み出す。

　認知を巻き込むような対立状況は、先に見たように、相手を悪意溢れる極悪人か、物事をまともに考えられない異常者として見なす認知を再生産するだろう。

　この対立的な悪循環を緩め、その閉じたループから離脱するのに、推論の梯子のメタファーは役に立つ。

REFRAMING

29
リフレーミング
事実を変えず意味を変える

難易度

開発者

グレゴリー・ベイトソン（Gregory Bateson, 1904 – 1980）

ポール・ワッラウィック他（Paul Watzlawick, 1921 – 2007）

参考文献

『変化の原理──問題の形成と解決』（ポール・ワッラウィック、ジョン・H・ウィークランド、リチャード・フィッシュ、法政大学出版局、1992）

Bateson, G. (1955). A theory of play and fantasy.（邦訳「遊びと空想の理論」、G・ベイトソン『精神の生態学』〈新思索社、2000〉に収録）

用途と用例

◎ ものの見方を変えることで行動や状況を変える。

◎ 認知を巻き込む悪循環を抜け出す。

第5章 問題の認知

レシピ

1 解決したい問題を選ぶ。

2 問題となっている状況を支える認識を同定する。

☞自身の問題の見方を分析して、問題を支える認識を同定するには、たとえば推論の梯子（→ 283 ページ）を使うことができる。

複雑な問題の場合は、現状分析ツリー（→ 314 ページ）や因果ループ図（→ 326 ページ）をつくって問題に関わる（自分を含む）当事者や状況間の関係を図示した後に、その中に自分の認識に関わるものを探す方法もある。

3 認識の枠組み（フレーム）を変更してみる。

☞問題状況に巻き込まれている場合、ネガティブなものをポジティブに捉え直すリフレーミングが使われる。

たとえば、部分褒め（よい部分を探す）、より大きな全体の一部として評価する、自分ではない誰かの役に立っている、ないよりはまし（なければもっとひどかったはず）、結果はともかく意図は良い、といったリフレーミングがよく使われる。

☞ポジティブなものをネガティブに捉え直すリフレーミングやポジティブ／ネガティブな評価を剥がすニュートラル・リフレーミングもある。たとえば推論の梯子（→ 283 ページ）はニュートラル・リフレーミングの技法だと考えることもできる。

4 問題状況やそれを生み出す悪循環を構成する、自分や他人の行動や状況を、定義し直してみる。

第Ⅱ部　サーキュラーな問題解決　　　　　　　　　　　　　　292

5 必要なだけ(しっくりくるもの、改善につながりそうなものが見つかるまで)**2**と**3**を繰り返す。

サンプル

トム・ソーヤーのペンキ塗り

　リフレーミングの最も有名な事例は、日本の中学英語の教科書にも取り上げられる、『トム・ソーヤーの冒険』第2章のペンキ塗りのエピソードである。

　罰として塀のペンキ塗りを申しつけられたトムがペンキを塗っていると、ベンがやってきて、トムをからかい出す。「僕らはこれから泳ぎに行くけど、君は行けるかい？ ああ、君はお仕事だったね」と言うわけだ。

　しかしトムはその言葉尻を捉えて、こう切り返す。「お仕事って何のこと？」

マーク・トウェイン (Mark Twain, 1935-1910) はアメリカの作家、本名サミュエル・ラングホーン・クレメンズ。印刷業、ミシシッピ川の水先案内人、新聞記者を経て作家となる。筆名は、川の深さを伝える際に使われる水夫用語から(マーク・トウェインは"水深2尋"の意)。少年時代の経験をもとに書かれた『トム・ソーヤーの冒険』(1876)、『ハックルベリー・フィンの冒険』(1884)は、世界的古典として広く読まれている。

これにはベンも言い返さざるを得ない。そのペンキ塗りが仕事でなかったら何だって言うんだ？と。

トムは言葉で曖昧に返事をしながら、行動で反論する。つまり実に楽しそうに、そして優雅にペンキを塗り続けるのだ。トムは言外にこう主張している。そこでよく見てな、そうしたらこれがどんなに楽しいか、君にだってわかるだろうから。

「ここで事態は新しい光を浴びることになる」と著者マーク・トウェインは注意を促す。

結局、ベンはトムが楽しげにペンキ塗りする姿に見惚れ、ついにこう言ってしまう。

「ねえ、トム。ちょっとだけでいいから、僕にも塗らせてくれない？」

老獪なトムはもちろん二つ返事には承諾しない。散々断った挙句、どうしてもというなら、とベンに対価さえ要求して、しぶしぶペンキ塗りの権利を譲る。こうしてトムはペンキ塗りを代わってもらい、その代金まで受け取ったのである。

トムがやったことは、同じ事態を新しい光で照らすこと、すなわち〈罰としての仕事〉であったペンキ塗りを、〈譲りたくないほど楽しい行為〉としてリフレーミングすることだった。

ペンキ塗りという行為の内容は何一つ変わっていないことに注意されたい。変わったのはただ、その意味づけのみである。

タレーランのイエナ橋の弁護

トム・ソーヤーの例は、フィクションとして見ればユーモアの一種として受け取れるが、改めて考えると、政治家がよくするような悪い意味での詭弁と見ることもできる。

確かにリフレーミングの例は、政治の世界に多くの例を見いだせる。

傑出した使い手の一人は、ウィーン会議で活躍したフランスの外交官タレーランだろう。

侵略した挙句に敗北し、ヨーロッパ中を敵に回したにもかかわらず、領土を失うことも賠償金を支払うことも回避するなど、敗戦国フランス

第II部　サーキュラーな問題解決

シャルル・モーリス・ド・タレーランの肖像。フランスの名門貴族に生まれたが幼少期の事故で片足が不自由になったため聖職へ進み、1789年に開かれた全国三部会には聖職身分議員として参加、国民議会の成立へ尽力、教会財産の国有化を実現させるなど革命派として活動した。このことが教皇の批判を招いて聖職を離脱、外交使節団の一員としてイギリスに渡り、ロベスピエール失脚後に帰国。外相に任じられ、ナポレオンが政権を掌握したのちも長く外相の地位にあった。しかし、ナポレオンの拡張政策に反発、外相を辞したのちはひそかにナポレオンの失脚を画策した。ナポレオンが退位すると、ルイ18世のもとで再び外相になった彼は、ウィーン会議に出席し、列強の利害の対立に乗じて正統主義と勢力均衡の原則によってフランスの地位を保全することに成功した。（写真：©Roger-Viollet/amanaimages）

が戦勝国に要求を呑ませたその手腕は、ほぼ同様の経緯をたどった第一次大戦時の敗戦国ドイツが戦後被ったペナルティの大きさと比較すれば、その卓越さが理解しやすい。

　そのうち、イエナ橋（Pont de Jéna）の弁護は、タレーランの仕事の中では大きなものではないが、リフレーミングの好例といえる。

　この橋は、プロイセン軍を1806年ナポレオンが破ったイエナの戦いでの勝利を記念し「イエナ橋」と名づけられたものである。戦後プロイセンは、負の記憶を払拭せんとして、この橋の破壊を強硬に主張した。

　タレーランは、この橋にもともとつけられるはずだった「士官学校橋（「軍人の学びの橋」とも解することができる）pont de l'École militaire」を持ち出し、橋の名を元に戻すことを提案して、プロイセンを説得した。すなわち、プロイセン軍はこの敗北を教訓に自身を建てなおし、最終的に

ナポレオン軍を破るに至ったが、その〈学びの場所〉としてイエナ橋を
リフレーミングしたのである。

　タレーランの提案が受け入れられた理由は、プロイセンにとってもメ
リットがあったからだ。橋を破壊して、一時的に国民感情がおさまった
としても、傷ついたプロイセン軍の自尊心はおそらくは回復しない。タ
レーランの提案は、それ以上のものである。プロイセン国民と軍が負っ
たトラウマを癒す〈ものの見方〉を提示し、ある種のセラピーを施した
とも言える。プロイセンはこの提案に乗り、再生の物語を大いに喧伝す
ることで、敗北の心傷を克服した。

暴徒を撃たずに解決

　出典が明らかでないフォークロアであるが、パリ市街の出来事だと伝
えられる。

　広場を占拠した暴徒を鎮圧するよう命令された隊長は、部下に広場を
包囲させ、銃口を向けさせた後、次のように呼びかけた。

「我々は広場を占拠した暴徒を鎮圧するよう命じられた部隊です。しか
し市民の皆さんに銃弾が当たる危険があるため発砲することができませ
ん。我々は市民の皆さんが速やかに広場から退去することを要求しま
す」

　こう告げて、包囲の一部を解いた。そうして市民は全員広場から出て
行った。

　こうして部隊は発砲することができるようになったが、そのときには、
広場には撃つべき暴徒は1人も残っていなかった。彼らは「市民」とし
て全員が広場から出ていったのだ。

　隊長は結局、一発の銃声も響かせることなく、誰も傷つけることなく、
〈広場が暴徒に占拠されている〉という問題を解決した。

　隊長がやったのは、〈広場を占拠する暴徒〉を〈傷つけてはならない
市民〉としてリフレーミングすることだった。

第II部　サーキュラーな問題解決　　　　　　　　　　　　　　　　296

しかし隊長が忘れていなかったように、〈暴徒〉とは結局のところ「広場に集った怒れる市民」に他ならなかった。これをそもそも当局が〈制圧すべき対象〉としてリフレーミングしていたのだ。

この隊長のリフレーミング（再リフレーミング）が優れているのは、鎮圧命令やその前提となる枠組み（フレーム）に溺れず、しかも反抗するよりむしろ利用することで、誰にとっても銃弾による鎮圧よりましな結果を勝ち取ったところである。

レビュー

※ リフレーミングとは何か？

リフレーミングとは、事実を変えず、事実を認識する枠組み（フレーム）を変えることで、その意味を変えることである。

ヒトは、あるフレームを受け入れることによって初めて、現象を知覚し、確認し、命名することができる。出来事が同じでも、フレームを変えれば、その意味は変わってしまう。意味が変われば、その出来事に対する我々の反応（行動や感情）もまた変わる。

リフレーミングがただの言い換えにとどまらず、行動や状況を変える効果を発揮する理由は、ヒトは事実ではなく、事実についての意味に反応する生き物だからである。

※ 問題解決とリフレーミング

我々の問題や悩み事は、しばしば我々の認知を巻き込んだ悪循環によって維持され再生産される。

現実がしぶとく変えがたいのは、我々の働きかけを受けつけぬほど固いからではなく、我々の相互行為のループによって不断につくり直され

ているからなのだ。

そして、こうした悪循環はしばしば否定的な評価や動機づけを構成要素とする。

悪循環のループを解くのに、問題や構成要素についての意味づけを変えることができれば、有効なことは少なくない。

事態を直接変えることができなくても、その意味づけの変化が当事者の反応（行動や感情）を変え、その変化が相互行為のループの中で増幅できれば、当初変えることが難しかった事態が変わりうる。

これは悪循環のループが強力なほど、つまり問題が難問であるほど、認知上の小さな変化が大きな変化を引き起こし、問題が解決する可能性があることを意味する。

実際、リフレーミングを開発したシステム的家族療法では、何年もの間続き、外部からのどのような働きかけをも受けつけなかった難問が、小さな変化をきっかけに速やかに解消される実例を多く積み上げている。

※ どんなリフレーミングが失敗するのか

では、認知を変えれば万事OKかといえば、そうはいかない。

実をいえば、認知を変えるのは一般に難しい。

認知は行動の原因であるだけでなく、その結果でもあるからだ。脳内だから自由自在というわけにはいかず、気の持ちよう次第とはいかない（これは、すべては私の心の中にある、という個人中心主義や、やる気があればなんでもできる、という主意主義的誤謬の一種である）。

フレームは個人の中にある単なる思い込みではなく、事象に意味を付与する相互作用の枠組みである。

認知もまた、脳内に孤立しているのではなく、相互作用の網目からなる社会というシステムに埋め込まれており、その中で不断に再生産される。だから認知だけを変えようとすることは、かなり難しい。

つまり認知も、因果ループの中で再生産される。この認知を含む因果

ループは一種のシステムを構成しているから、変動には負のフィードバックが働き、元の状態に戻ろうとする力が働く。

たとえば内気な自己概念を変えようと、積極的な行動をすると「イメージと違う」などというネガティブな反応が周囲から返ってきて、「余計なことをしなければよかった」と余計に内にこもるケースがその例である。

あるいは、自分以外の誰かに「こんな見方もある」と提案するとしよう。どうでもいいものなら見過ごされるだろうが、問題に深く関わるものであればあるほど、外からのリフレーミングの提案は拒否されやすい。それは、今までの認識が、そして認識に基づく問題解決の努力が、間違っていると指弾するも同然だからだ。

しかし、リフレーミングが拒否されるのは、それが何の力も効果も持たないただの言葉や言い換えに過ぎないからではない。むしろ、その逆だ。リフレーミングへの強い反発は、無自覚にであれ、その威力を裏書きしているのである。

❋ どんなリフレーミングならうまくいくのか

では、どんなリフレーミングならうまくいくのか。

トム・ソーヤーの例は、リフレーミングが単なる言い換え以上のものであること

『トム・ソーヤーの冒険』第2章の挿画。この物語では、いたずらっ子のトムが宿なしのハックたちと共に行う様々ないたずらや冒険が、会話を多く用いた軽快な文体で描かれている。同作者の『ハックルベリー・フィンの冒険』と対をなし、作品の舞台となったセント・ピーターズは、トウェインが少年時代を過ごしたミズーリ州ハンニバルをモデルとし、作中に登場する洞窟や川の中の島も当地に実在する。最も有名なエピソードであるペンキ塗りにちなんで、ハンニバルでは毎夏催されるトム・ソーヤー祭りでペンキ塗り競争が実施されている。

29 REFRAMING

を示す好例である。

相手を謎の中に置き、そこからの出口に罠のようにリフレーミングを仕掛けている。

その謎とは「真面目とは正反対のトムがペンキ塗りという面倒くさい仕事を喜んでしている、ありえない、なぜ?」というものだった。

その納得いかない状況から抜け出るためには、リフレーミングが示す新しい見方を受け入れるのが一番ましなのである。

しかしより重要なのは、このリフレーミングは、相手が信じる「トム・ソーヤーは不真面目で、ペンキ塗りなんて喜んでやるタイプじゃない」という認識に沿う形で行われていることである。

リフレーミングは、我々が持つ認識のすべてを改変するものではない。

より強固な認識や信念に沿う形で、それらと問題との間に生じた齟齬や矛盾を解消できるリフレーミングは、受け入れられるとともに力を発揮するだろう。

リフレーミングがハマると、その変化は相互行為とその認知のループを変え、永続的なものとして定着する。

ウィトゲンシュタインが『哲学探求』で指摘したように、新しいゲームが始まれば、古いゲームに戻ることは困難となる。

※ リフレーミングの起源と展開

リフレーミングを問題解決の技法とし、また理論化したのは前述したようにシステム的家族療法の分野である。

ベイトソンは論文「遊びと空想の理論」[＊1]で、動物も行う遊びが成立する構造をフレームの概念で説明した。おなじ「噛みつき」という行為が、攻撃であったり遊びとなったりするのは、それを意味づけるメ

[＊1] この論文は、1954年、メキシコシティで開かれたアメリカ心理学会の地区別カンファレンスで発表された（研究グループのジェイ・ヘイリーが代読）。ベイトソンらを中心にしたコミュニケーション理論の研究グループは精神分裂病（現在の統合失調症）のコミュニケーション的研究を進め、1956年「精神分裂病の理論化に向けて」という論文の中でダブル・バインド理論を示した。

第II部 サーキュラーな問題解決

タ・コミュニケーションの枠組み（フレーム）による。ベイトソンはこの論文の最後で、フレームの概念（とくにフレームを変更すること）をサイコセラピーに適用する可能性について検討しており、これがリフレーミングの心理療法における理論化の嚆矢となった。ベイトソンの小さな研究グループのメンバーだったジャクソンやヘイリー、ウィークランドは、のちに MRI（Mental Research Institute）を創設し、ここがシステム論的な家族療法そしてブリーフセラピー（短期療法）の震源地の１つとなった。

リフレーミングは、MRI派だけの専売特許ではない。構造派家族療法のリラベリング（個人の症状と見なされるものを対人関係的に再定義する）やミラノ派の肯定的意味づけも同種のものと見なすことができる。ロゴセラピーの創始者フランクルも、同様のアプローチを用いていた。また認知療法が開発したさまざまな認知的再構成の手法は、まさしくリフレーミングを行うためのものである。

※ リフレーミングは人類とともに古い

現在では、心理療法を越え、リフレーミングは社会福祉や看護、教育などの対人支援の分野へ広く展開している。

しかしヒトが事実よりも事実の意味づけに反応する仕様を考えれば、リフレーミングの歴史は人類とともに古いとすら言える。

グレゴリー・ベイトソンはイギリス出身のアメリカの人類学者。ケンブリッジ大学で自然人類学を修め、文化人類学者マーガレット・ミードと結婚。1940年に渡米し、1956年には帰化した。ミードとの共著『バリ島民の性格——写真による分析』（1942）は映像人類学のさきがけとなった。ミードと連れ立って参加したメイシー会議でサイバネティックスに出会い、精神病棟でのフィールドワークからは「ダブルバインド」という概念を生みだした。システム的家族療法の誕生を準備したが、その後イルカのコミュニケーションに関心を移し、自然界の広い事象を包括する「精神の生態学」を構想、人類学から精神医学・動物行動学にわたる学際的な功績を残した。

ストア派の哲学者エピクテトスは、我々を悩ませるのは事実ではなく事実についての我々の意見の方だと看破していたが、より古く、またより広く人類の歴史の中で観察されるのは、宗教の事例である。

　たとえば、塗油式のように、油または脂を人または物に塗ってそれらのものが神聖なものとの新しい関係を得たことを象徴する儀式は、世界中で観察される。恐るべき病気の原因とみなされた悪霊や穢れの祓や除去に対して用いられただけでなく、ユダヤ教では司祭や王が位につくとき塗油によってその聖性と神の恵みが象徴された。イスラエルの未来の救済者を「メシア」と呼ぶが、これはもともと〈神によって注油された者〉を意味している。

　聖別されることで日常的な使用から区別されて、違った意味合いを持たされるのである。

　この宗教儀礼によるリフレーミングが強力なのは、それがただの個人的な思い込みではなく、その宗教を信じ再生産に参加する人たちの相互作用によって、維持され再生産されるからである。聖別を意味する西欧語、たとえば英語の consecrate という単語が「共に聖なるものにする」（com 共に ＋ secr 聖なる ＋ ate 〜にする）という語源をもつことからもわかるように、あくまでも共同行為であった。

❋ 日常にあるリフレーミング

　現在の日本では、聖別というリフレーミングを目にすることは少ないかもしれない。

　では、こんな例はどうだろうか。

　スープの一滴が服に落ちたとき、我々は服が（スープ）で汚れたと感じる。しかし、スープ自体は汚染されたものかといえば、今さっきまで平気で口に運んでいたことからして、そうではないとわかる。

ここでもスープは化学的に変化したわけではなく、あるべき場所にあるか、そうでない場所にあるかの違いが、その意味づけを変化させているのである。
　聖なるものとは反対に、穢れも、事物自体が変化したというより、その位置づけと意味づけが変化した例である。
　人類学者のメアリー・ダグラスは、穢れの感覚は、ものが本来あるべきところにではなく、境界を超えて存在するときに生じる、と述べている［＊2］。

　また、トム・ソーヤーの例がそうであったように、ユーモアやジョークの多くは、リフレーミングと関係が深い。どちらも、ある枠組みで始め、それを突然全く違うものに取り替える。あるものや状態を全く別の状況に置くか、または、違う意味を与える。
　そもそも言語表現の工夫は、リフレーミングの効果を狙うものが少な

［＊2］『汚穢と禁忌』（メアリ・ダグラス、思潮社、1972）

29 REFRAMING

くない。

　たとえば「人生は旅だ」といった隠喩は、人生についての異なる見方を導入しようというものである。この隠喩がもたらすリフレーミングは、目下直面している困難を、旅先で遭遇した驟雨の経験に（そして雨はいずれやむという事実に）結びつけるかもしれない。

　ことわざ、格言の類が、愛用され継承されてきたのは、その隠喩的リフレーミングの効果ゆえだとも言える。

※優れたアイデアはリフレーミングをもたらす

　実を言えば、アイデアを生み出すことが問題解決につながることにも、リフレーミングが働いている。

　アイデアがもたらすのは、せいぜい我々のものの見方や考え方の変化に過ぎない。しかし真に新しいアイデアは、これまでとは異なるものの見方を引き出すことで、これまで見過ごしていた側面に気づかせたり、軽視していた側面の重大さに注意を向けさせる。

　こうして行動のレパートリーが広がり、異なる行動が生起することで、これまで悪循環を形成していたループが切り替わる。我々はそれを解決と呼ぶのである。

CONSULTING THE PROBLEM ABOUT
THE PROBLEM

30
問題への相談
問題と人格を切り離す

難易度

開発者

サリヤン・ロス（Sallyann Roth, 1945 - ）

デイビッド・エプストン（David Epston, 1944 - ）

参考文献

Roth, S. & Epston, D.(1996). Consulting the problem about the problematic relationship: An exercise for experiencing a relationship with an externalised problem. In Hoyt, M. (ed): Constructive Therapies 2. New York: Guilford Press. [＊1]

用途と用例

◎ **問題解決が個人攻撃に陥っているとき。**

◎ **問題に取り込まれ何をすればいいかわからないとき。**

第5章 問題の認知

[＊1] 上記の論文の邦訳は『ナラティヴ・セラピーの冒険』（デイヴィッド・エプストン、創元社、2005）の第13章に収録されている。

レシピ

❶ 問題を擬人化し、問題に苦しめられる当事者を〈主人公〉と呼んで、以下のような仮想インタビューを行う。

☞ 問題を独立した人格のように扱うために、問題の性質に合った名前をつけておく。問題に苦しんでいるのが自分自身の場合にも、まるで別の人のようにインタビューするため、主人公としてあだ名をつけておく。

❷ まず擬人化した問題に対して次のような仮想インタビューを行う。

☞ ① では問題さん、あなたのお名前を教えてください。
② あなた（あるいは「○○さん」と名前で呼びかけ、以下同様）は主人公にどんな影響を与えているのですか？
③ そのようなあなたの企みが成功するのはどんなときですか？
④ そのようなあなたの企みが失敗するのはどんなときですか？
⑤ あなたから見て、何が主人公の味方をしていると思いますか？
⑥ 主人公がどうすればあなたの力が弱まるのですか？

❸ 次に主人公にインタビューする。

☞① 主人公さん（あるいはあだ名で呼びかけ、以下同様）、ずいぶんとお困りのようですね。いったいどんなことでお困りなんですか？

② その問題（あるいは「〇〇」と擬人化した問題につけた名前で呼ぶ、以下同様）はどれくらいの期間続いているのですか？

③ その問題はどれくらい主人公さんに影響を与えているのですか？

④ 主人公さんがその問題に少しでも抵抗できたのはどんなときですか？

⑤ 問題がなくなったとしたら主人公さんはどんな風に変化しますか？

サ ン プ ル

2年間自分の部屋に引きこもった本人がこの技法を使った例

　　自己嫌悪と罪悪感に満ちた考えを反芻し、食事を持ってくる母親には「死んでやる」「殺せ」「食事に毒を入れろ」という悪態しか、このところ口にしていない。

❶ 問題の擬人化と〈主人公〉の名づけ。

☞問題には「こもらせ様」という名前をつけた。怪異現象を動詞の連用形で表現したものを妖怪の名づけに使うことがあるが [＊2]、それにならった。

　　こもっている当人には巌窟王 [＊3] というあだ名をつけた。

❷ まず擬人化した問題に対して次のような仮想インタビューを行う。

☞① では問題さん、あなたのお名前を教えてください。

　　「こもらせ様じゃ」

② こもらせ様は巌窟王さんにどんな影響を与えているのですか？

「わしが取りついた人間は、部屋から出るのが怖くなってしまうぞ。そうして仕事や他の社会的活動をできなくしてしまうぞ」

③ そのようなこもらせ様の企みが成功するのはどんなときですか？

「家族が家に居て起きて活動をしているときじゃ」

④ そのようなこもらせ様の企みが失敗するのはどんなときですか？

「深夜、家族とも他の誰とも会わずにおれる時間なら、巌窟王は部屋から出たり、近くのコンビニに行ったこともあるな」

⑤ こもらせ様から見て、何が巌窟王の味方をしていると思いますか？

「食事をつくっておるのは母親じゃな。菓子パンでも与えておけばいいのに、三食食事をつくって部屋の前に置いていきよる。医者に見せたらいいのか、しかし本人は部屋から出たがらんし、どうしていいかわからんようじゃ」

⑥ 巌窟王がどうすればこもらせ様の力が弱まるのですか？

「この部屋から出ることじゃろうな。わしの力はここにしか働かん。遠くへ行けば行くほど、わしは何もできんようになる」

❸ 次に主人公にインタビューする。

☞① 巌窟王さん、ずいぶんとお困りのようですね。いったいどんなことでお困りなんですか？

「部屋から出られない。出るととても不安になる。家族から腫

[＊2] 例として「小豆洗い」（全国に見られるが江戸時代の奇談集『絵本百物語』には越後国の高田の伝承が紹介される）や「油すまし」（昭和初期の郷土史家・浜田隆一の著書『天草島民俗誌』が初出）、「釣瓶落とし」（同種の妖怪は全国に見られるが、この名を持つのは東海地方、近畿地方の伝承）、「鑵子転ばし」（福島県で伝わる）などが挙げられる。

[＊3] 黒岩涙香がアレクサンドル・デュマ・ペールの『モンテ・クリスト伯』を翻案して『萬朝報（よろずちようほう）』に連載（1901年3月18日〜02年6月14日）した際の訳題。正式には『史外史伝巌窟王』。主人公である団友太郎は、無実の罪で幽閉されながらじっと復讐の機会をうかがっている。

れ物に触るように扱われてつらい。自業自得だが死にたくなる。長い間どこへも行っていない。外出することから離れていると、ますます外に出るのが怖くなるみたいだ」

② こもらせ様の影響は、どれくらいの期間続いているのですか？
「2年ぐらい」

③ こもらせ様はどれくらい巌窟王さんに影響を与えているのですか？
「生活のほとんどすべてが支配されている。今自分の世界はこの部屋の中に限られてる」

④ 巌窟王さんがこもらせ様に少しでも抵抗できたのはどんなときですか？
「抵抗は無駄。この中では、こもらせ様は無敵。ただ、みんなが寝静まった後に外出してコンビニに行ったことはある。すぐに戻ってきたけど」

⑤ 問題がなくなったとしたら巌窟王さんはどんな風に変化しますか？
「すべてが変わる。ちゃんと朝起きて夜眠る生活になる。食卓でちゃんとしたものを食べる。風呂にも入る。服も買い直す。外出できる。昔はよくロードバイクで遠くへ行った。また行けるようになる」

レビュー

※ 問題に尋ねる外在化法

　この技法は、ナラティブ・セラピーの実践家であるサリヤン・ロスとデイビッド・エプストンによって提唱され、ナラティブ・セラピーの創始者の1人であるマイケル・ホワイトによって改定されたトレーニングを元にしたものである。

　本来は3人がそれぞれ、問題役、主人公役、インタビュアー役を務め、ロールプレイングを行うものだが、わずかな修正を加え、自問自答にも使えるようにした。

　問題自体を擬人化しインタビューすることで、問題解決や問題についての再評価の糸口を見いだす点がユニークな技法である。

　サンプルでは、引きこもりの感情と行動の悪循環の中に、インタビューを通じて、いくつかの例外が発見された。こうした例外は、悪循環に巻き込まれた当事者からは無視されるか、「たまたまそうだっただけ」と価値を低められているものである。しかし、こうした例外は、悪循環

デイビッド・エプストン。カナダ出身、ニュージーランドで活躍するセラピスト。オーストラリアのマイケル・ホワイトとともに、ナラティブ・セラピーの創始者とされる。ホワイトとの共著『物語としての家族』(1990)によって、外在化を始めとする技法を用いたナラティブ・セラピーを世に問い、脚光を浴びる。オークランド市にあるファミリー・セラピー・センターで共同所長としてナラティブ・セラピーを実践する。（写真：David Epston）

を解くきっかけや資源となりうる。

※ 外在化とは何か？

インタビューの質問は、擬人化や影響相対化質問というナラティブ・セラピーにおける外在化の技法が盛り込まれている。

外在化は、個人攻撃の罠を解き、問題と人格を分離して扱う道を開く。問題を、その人の人格や「本質」とは別の出自を持つものとして扱えるようになると、その人を非難したり自分を恥ずかしく思うことに消耗していた認知資源を問題の分析や解決の構築に回せるようになる。

さらに、当事者にとって考えることも耐えがたかった問題を、自分を非難しないで済む分だけ、いくらか取り扱いやすくできる。

問題の擬人化は、問題をあたかも一人の人格であるように扱う、外在化の技法である。

擬人化によって問題は、関係者とは独立した別のアイデンティティを与えられることになる。

こうして当事者を含む問題に巻き込まれている関係者それぞれと、問題との関係について考察する余地が生まれる。

影響相対化質問は、問題から人間への影響関係だけでなく、人間から問題への影響を問う質問である。

関係者と問題を分離できると、まずは問題によって振り回される関係が取り上げられ、問題から人間への一方的な影響関係に意識が集中する。

問題と人格の分離

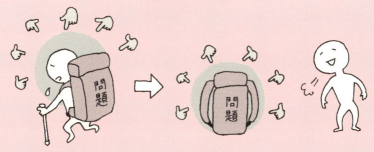

しかし、次に人間から問題へのもう一方の関係を調べることで、外在化はさらに深まる。このための質問が影響相対化質問である。

　関係者それぞれと問題の間にある双方向的な影響関係が検討することは、問題に巻き込まれる中で見過ごしてきた現実の一面を発見するプロセスともなる。

※ 個人攻撃の罠

　日常で遭遇する問題について、たとえば仕事や人間関係でうまくいかないことがあると、我々はその原因について他人や自分の性格や能力、やる気や適性のせいにしてしまうことが少なくない。

　これを個人攻撃の罠という。

　これがなぜ「罠」なのかといえば、ここにはまり込むと、特定の個人を問題の根本原因である〈犯人〉として見なし批判して（あるいは叱りつけたり、反省を求めたりして）おしまいになりがちで、それ以上の究明もなければ、具体的な改善のためのアクションを取ることもなく、結果として問題は放置されてしまう。

　他人を個人攻撃するよりもやっかいなのは、自分を責める個人攻撃の罠にはまることである。問題が改善されないまま続くことは同じだが、問題の根本原因が自分（の性格なり能力なり）にあると見なせば、問題を解決するには自分を変えるしかないことになる。

　これは多くの自己啓発書が「布教」する教説の根底にあるものだが、問題解決の観点から見れば、実際的な問題解決を回避させるばかりか、無駄な努力を誘発させるデマゴギーである。

　「自分」を変えることで何らかの成果を得ようとすることは、喩えるなら、スピードメーターの針を動かして自動車を加速させるようなものである。こうした考え方は、因果の向きの捉え方が逆さまになっている。

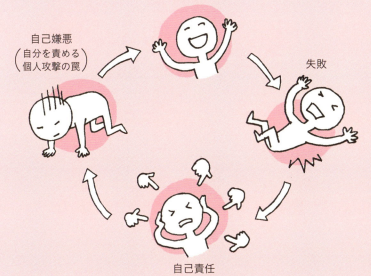

　スピードメーターは自動車のスピードが変化した結果動くのであって、その逆ではない。

　行動によって何らかの成果が得られた結果「自分」は変わるのであって、その逆ではない。

　変えられないことにエネルギーを投下しても成果が得られないばかりか（→ニーバーの仕分け、32ページ）、その失敗までも自分に原因を求めることになりがちである。

　これが高じて、努力が自己否定につながりさらなる努力を要求するループに入り込むと、自分を責め苛むことが続き、問題に巻き込まれた当人の精神的健康まで悪化させかねない。

　外在化の技法は、こうした個人攻撃の罠から関係者を救い出そうとするものである。

ⓘⓒⓞ 310ページの写真はCC-BYライセンスによって許諾。ライセンスの内容の確認は以下を参照。http://creativecommons.org/licenses/by/4.0/deed.ja

30 CONSULTING THE PROBLEM ABOUT THE PROBLEM

CURRENT REALITY TREE

31
現状分析ツリー
複数の問題から因果関係を把握する

難易度

開発者

エリヤフ・ゴールドラット （Eliyahu Moshe Goldratt, 1948- 2011)

参考文献

『ザ・ゴール2──思考プロセス』（エリヤフ・ゴールドラット著、ダイヤモンド社、2002.2）

用途と用例

◎ 複数の問題の関係を把握する。

◎ 問題を生み出している悪循環を浮かび上がらせる。

第II部　サーキュラーな問題解決

レ シ ピ

1 分析する目的と範囲を決める。

☞何のために分析するのかを〈目的〉に応じて、分析にあたってどこまでを考慮するかという〈範囲〉が変わってくる。

2 原因－問題面－結果をリストアップする。

☞3列からなる表に原因－問題面－結果を書き出していく。

まずは分析しようとする範囲について、何が／どこが悪い（まずい）のかを3列の中央の列である〈問題面〉に書き出していく。

〈問題面〉が5〜10個も書けたら、それぞれについて〈問題面〉が何をもたらしているか／何を引き起こすかを右列の〈結果〉の欄に書いていく。

それぞれの行に〈結果〉が書けたら、最後に〈問題面〉をもたらす条件や原因について、左列の〈原因〉を埋めていく。

☞ここで書き出した各項目が、現状分析ツリーの要素（エンティティ）になる。

3 エンティティ同士を因果関係で結びつけていく。

☞数十個のエンティティを平面上に配置し、互いに結びつける作業は、ジグソーパズルを完成させるような手間がいる。

ジグソーパズルを解く人は、まず同じ色のピースを集めて、その中で結びつきそうなピースをつなげてみるところから始めるだろう。現状分析ツリーをつくる場合も、まず結びつきそうなエンティティを集めてグループ化するところから始めるといい。

☞ ❷でつくった原因−問題面−結果を書き出した表で、同じ行に書かれていたエンティティは、〈原因〉→〈問題面〉→〈結果〉という方向で因果関係があると考えられていたものである。他のエンティティとの関係を考える中で修正が必要になることも多いが、まずは同じグループとして近くに配置するといい。

☞ 次にグループ同士の間に因果関係がありそうなものを、近くに集めてみる。あるグループの〈結果〉が他のグループの〈原因〉とつながるなら、より大きな因果関係のグループができる。

❹ 論理関係をチェックし、必要なエンティティを追加する。

☞ エンティティがある程度、結びつけられたら、矢印の先にある結果が生じるためには条件が欠けていないかをチェックし、必要なら条件としてエンティティを追加していく。

☞ 因果関係をチェックするには、次の公式に当てはめてみて、成り立つかどうかを確かめる。

もし〈原因となるエンティティ〉が生じるならば、〈結果となるエンティティ〉が生じる

☞ 時には、エンティティの追加が必要になるかもしれない。

たとえば3つのエンティティを〈漏電する〉→〈火がつく〉→〈火災が起こる〉という形で因果関係の矢印で結んだとしよう。しかし〈漏電する〉だけでは、必ずしも〈火がつく〉とは言えない。他の原因、たとえば〈可燃物が近くにある〉という条件を併せてはじめて〈火がつく〉という結果に結びつく。

❺ 現状分析ツリーを完成させ、悪循環ループ、中核問題、根本原因を発見する。

☞ エンティティを因果関係で結び、現状分析ツリーをつくっていく

第Ⅱ部　サーキュラーな問題解決　　316

と、多くの場合、結果から原因へ戻る関係が見つかり、原因→結果→原因というループができる。容易に解決しない問題を扱う場合はほぼ確実に、こうした悪循環ループが問題を存続・再生産させるために一役買っている。

☞結びつけられた問題の中で、それ自体最も深刻で、さらに多くの問題の直接的／間接的な原因となっているものが、〈中核問題〉である。

因果関係をたどって、最も〈底〉にある原因、そこから他のほとんどのエンティティが結果として生じる原因が〈根本原因〉である。

サンプル

不健康で不摂生な生活を見直す

健康診断で「高血圧と高脂血症の危険あり」と言われたあなたは、運動不足で太りがちな自分の生活を振り返ることにした。

❶ 分析する目的と範囲を決める。

☞分析の目的は、「高血圧と高脂血症の危険」を回避できるよう、生活習慣を変えることであり、分析の範囲は、自分の生活に関わる範囲ということになる。

❷ 原因－問題面－結果をリストアップする。

☞関係ありそうな問題面として次の6項目をリストアップし、それぞれに原因と結果を考えた。

「原因 - 問題面 - 結果」表

〈原因〉	〈問題面〉	〈結果〉
脂肪のとりすぎ、肥満	高血圧・高脂血症の危険ありと診断された	動脈硬化になりやすい 心筋梗塞、脳梗塞になりやすい
運動する機会がない	運動不足である	消費カロリーが少ない
摂取カロリーが消費カロリーを上回る	肥満	脂肪細胞肥大
仕事が忙しい	早食いである	過食になる
疲労が溜まっている	休日は家でごろごろして過ごす	運動不足である
脂肪細胞肥大	細胞あたりのインスリン受容体減少	インスリン効果の低下

❸ エンティティ同士を因果関係で結びつけていく。

☞「原因−問題面−結果」表を、そのまま図化すると以下のようになる。

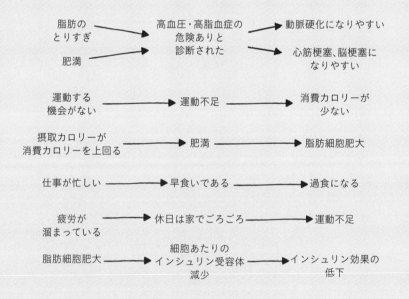

第Ⅱ部 サーキュラーな問題解決

☞「肥満」のように複数箇所に出てくるものはまとめ、また「摂取カロリーが消費カロリーを上回る」原因として「消費カロリーが少ない」と「過食になる」を選び結んだものが以下である。

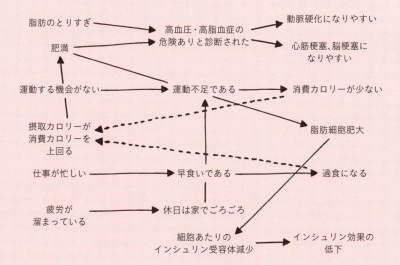

31 CURRENT REALITY TREE

❹ 論理関係をチェックし、必要なエンティティを追加する。

☞ ❸のままではあまりに見づらいので、因果関係の結びつきを保ったまま、図を見やすく整理する。

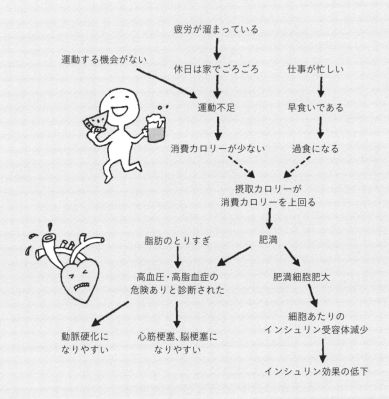

☞次に論理関係をチェックし、欠けているエンティティを追加していく。

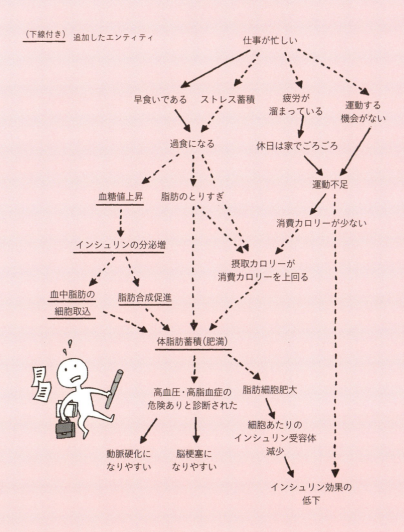

31 CURRENT REALITY TREE

5 現状分析ツリーを完成させ、悪循環ループ、中核問題、根本原因を発見する。

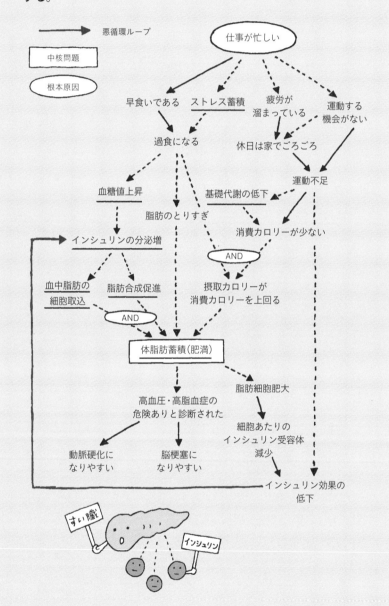

レビュー

※相互依存する全体を把握するために

　現状分析ツリーは、エリヤフ・ゴールドラットの制約条件の理論（TOC : Theory Of Constraint）の思考ツールの１つであり、問題をシステムとして、つまり複数の要素が関連し合った全体として、分析するためのツールである。

　制約条件の理論は、もともと製造業の生産工程を全体最適化するために考案された理論である。

　生産プロセスでは、各工程ごとに最適化を行っても、全体としてパフォーマンスは改善されないことが多い。たとえば、ある工程の効率が２倍になったとしても、後続する工程の効率が変わらないなら、生産性の高い工程と低い工程の間で、製造途中の部品や仕掛品が溜まるだけである。これを一般化すれば、製造工程全体のパフォーマンスは、最も効率の低い工程（ボトルネックと呼ぶ）によって決まることになる。

　全体最適化のためには、ボトルネックの工程を改善するか、ボトルネックの生産性に合わせて他の工程の生産性を調整することが必要となる。

　ゴールドラットはこの知見を普遍化し、生産工程だけでなく、要素が相互依存し合うシステムならば、全体最適化のために同様のことが必要になると考えた。

　モグラ叩きのような、そして最終的なパフォーマンス向上につながらない対処療法ではなく、効果をあげるためには、複数の要素が関連し合った全体を把握する必要がある。

　相互依存の有り様を分析し、図示するためのツールの１つが、ここで紹介する現状分析ツリーである。

31 CURRENT REALITY TREE

❋ 問題もまた相互依存している

　なぜなぜ分析（→『アイデア大全』、102ページ）やロジック・ツリー（→81ページ）が、問題の原因を掘り下げていくのに対して、現状分析ツリーでは複数の問題からはじめて、それらを互いに関係づけることで、全体の関連を浮かび上がらせようとする。

　同種の問いを繰り返し問うことで進めることのできるなぜなぜ分析やロジック・ツリーよりも、現状分析ツリーは難しく、つくるのに時間がかかる。

　ジグソーパズルのようにどのピース同士を組み合わせるべきか見つけ出さねばならないし、さらに足りないピースに気づき、考え出すことも必要になる。

　しかし現状分析ツリーの表現力と分析力は、ロジック・ツリーを大きく上回る。

　まずロジック・ツリーと異なり、項目間の論理関係、とくに複数の原因間の AND／OR 関係が明示される。

　論理関係を明示することが要求されるために、「他の原因／条件はないか？」と問わなければならず、そのことが最初は気づかなかった問題や要因を発見する契機となる。

　さらにロジック・ツリーでは扱うことが難しい原因と結果のループも、現状分析ツリーでは表現することが可能である。

❋ 現状分析ツリーから未来分析ツリー（Future Reality Tree）へ

　さらに、このツリーは、その分析を未来に向けることもできる。

　たとえば、ある解決策を導入した場合、どんな効果と副作用が生じるか検討するツールとしても用いることができる。

　現状を分析してつくった現状分析ツリーに解決策を追加してつくり

直すことで、その解決策が及ぼす好影響と悪影響の連鎖も含めて図示することになるからだ。

　我々は、現状分析ツリーの作成を、ネガティブな出来事（困った事態、ないほうがいい出来事など）を挙げることから始めたが、未来を扱う未来分析ツリーでは、ポジティブな出来事（起こったほうがいい出来事など）を導入し、その原因／結果を展開することで分析ツリーを拡張していく。

　この場合も、因果関係で結ぶことを手がかりに、最初は気づかなかった要素を探し、追加していくことになる。

　ツリーに織り込まれた要素は、すべて原因→結果の矢印で互いに結ばれている。その因果関係をたどることで、どこに介入すればその先のどこまでの事象に影響を与えることができるかを知ることができる。

　またツリー全体を調べることで、悪い副作用に伸びる因果関係の根を断ったり、よい効果をもたらす因果関係を強化したりといった介入戦略を立案することもできる。

31 CURRENT REALITY TREE

CAUSAL LOOP DIAGRAM

32
因果ループ図
悪循環と渡り合う

難易度

開発者

デニス・メドウズ（Dennis Meadows, 1942 - ）

参考文献

『成長の限界──ローマ・クラブ「人類の危機」レポート』（D. H. メドウズ他、ダイヤモンド社、1972）

『フィールドブック学習する組織──「5つの能力」企業変革をチームで進める最強ツール』（ピーター・センゲ他、日本経済新聞社、2003）

用途と用例

◎ **悪循環・好循環を把握する。**

◎ **要素間の関係を図解化する。**

第II部　サーキュラーな問題解決

レシピ

1 1つの問題を選んで、それに関するデータを集める。

2 問題を理解するのに欠かせない要素（重要変数）を見つける。
☞① 重要変数には「名詞」を選ぶ。
「売上が増加する」「売上の増加」「売上の少なさ」等ではなく、「売上」を変数とする
② 重要変数には増減するものを選ぶ。
たとえば「心理状態」には増減は考えられないが、「幸福感」なら増減する
③ ポジティブな名詞を選ぶほうがわかりやすい。
「縮小」より「拡大」のほうが、因果関係を示す矢印で結びつけたとき、関係がわかりやすい
④ 実際の状態を示す重要変数（Actual Variable）の他に、見かけの状態を表す知覚された変数（Perceived Variable）が必要でないか考える。

3 重要変数同士の関係を因果関係を表す矢印を使って描く。
☞① 矢印の両端の重要変数が同じ向きに変化する関係の場合は、矢印には＋（プラス）をつける。

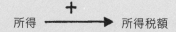

例：収入が増えると、所得税額は増える。

② 矢印の両端の重要変数が逆向きに変化する関係の場合は、矢印には−（マイナス）をつける。

預金引き出し ——→ 預金残高
　　　　　　　　　－

例：預金引き出しが増えると、預金残高は減る。

③ すべての重要変数が、他のいずれかの重要変数と矢印で結びつけられるようにする。

4 描いた図の中に現れるそれぞれのループが拡張循環か平衡循環かを明示する。

☞ループのそれぞれについて、構成する矢印のプラスとマイナスを確認して、ループごとにその性質を明示する。

☞① ループを構成する矢印の中でマイナスの数がゼロか偶数個ならば、そのループは拡張循環（reinforcing feedback loop）である。拡張循環では、変数で生じた変化は次のように増幅していく。

変数Aが増加すると変数Bが増加し、変数Bが増加すると変数Aがさらに増加する。
変数Aが減少すると変数Bが減少し、変数Bが減少すると変数Aがさらに減少する。

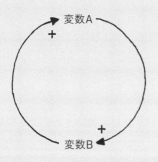

変数Aが増加すると変数Bが減少し、変数Bが減少すると変数Aがさらに増加する。
変数Aが減少すると変数Bが増加し、変数Bが増加すると変数Aがさらに減少する。

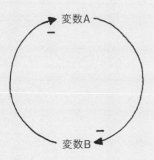

② ループを構成する矢印の中でマイナスの数が奇数個ならば、そのループは平衡循環（balancing feedback loop）である。

平衡循環では、変数に生じた変化は、次のように相殺される。
変数Aが増加すると変数Bが減少し、変数Bが減少すると変数Aは減少する。
変数Aが減少すると変数Bが増加し、変数Bが増加すると変数Aは増加する。

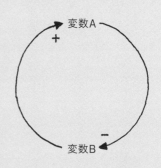

5 因果ループを解読する。
☞① 自分に関係の深い重要変数、興味深い重要変数を1つ選ぶ。
因果ループ図に登場する重要変数はすべてつながっているので、どこから始めても、すべての変数を見ていくことになる。
② スタートに選んだ重要変数は今の時点でどんな変化をしているか（増加しているか、減少しているか）を確認する。
③ ②で確認した変化は、スタートに選んだ重要変数につながる、他の重要変数のそれぞれにどんな影響を与えるのか（増加するのか、減少するのか）、さらにその重要変数につながる重要変数は……と矢印をたどりながら確認していく。
④ 矢印をたどって、スタートに選んだ重要変数に戻る。矢印をたどりながら確認した各重要変数の変化とその波及を文章化しておく。

32 CAUSAL LOOP DIAGRAM

サンプル

パニックによる銀行倒産

❶ 1つの問題を選んで、それに関するデータを集める。

ここでは「パニックによる銀行倒産」、いわゆる取りつけ騒ぎ（bank run）をテーマに選んだ。

取りつけ騒ぎは、特定の金融機関や金融制度に対する信用不安などから、預金者が預金・貯金・掛け金等を取り戻そうとして（＝取りつけ）、急激に金融機関の店頭に殺到し、混乱をきたす現象である。

取りつけ騒ぎは、経営破綻するという噂や、不確実な情報、デマが引き金となることが多い。

金融機関の各支店は全預金を払い戻すことのできる現金を保有しているわけではない。そのため、取りつけ騒ぎによって銀行業務が混乱／停滞するだけでなく、預金引き出しができず窓口を閉鎖するなど、さらにパニックを招くことになり、最悪の場合、経営破綻に至る場合もある。

つまり、きっかけは事実無根のデマや噂であっても、パニックに拍車をかける悪循環によって「経営破綻する」という噂・デマが実現してしまうのである。

❷ 問題を理解するのに欠かせない要素（重要変数）を見つける。

まず取りつけ騒ぎの主役とも言うべき「個人による預金引き出し」は欠かすことはできない。

そして金融機関に対する不安も重要なファクターであるが、ここではより明確に「銀行倒産についての不安」とする。

第Ⅱ部　サーキュラーな問題解決

銀行の保有する現金の少なさも取り入れるべきだが、ここでは名詞ルールに従い「銀行の現金準備」とする。

　この問題のコアは、現実とは異なる認識が、巡り巡って現実を変えることである。したがって「銀行の支払い能力」については、実際の状態を示す変数（Actual Variable）だけでなく、知覚された変数（Perceived Variable）についても取り上げ、こちらは「銀行の見かけ上の支払い能力」としておこう。

　背景にある「経済状況の不安定さ」も取り入れておく。

❸ 重要変数同士の関係を因果関係を表す矢印を使って描く。

　❷で挙げた変数の間の因果関係を考えて、矢印で結んでいく。

「個人による預金引き出し」が増加すれば「銀行の現金準備」は減少する（ニ）。

「銀行の現金準備」が増加すれば「銀行の支払い能力」は増加する（＋）。

「銀行の支払い能力」が増加すれば「銀行の見かけ上の支払い能力」は増加する（＋）。

　しかし「銀行の見かけ上の支払い能力」は、主観的な要因によっても増減する。

「個人による預金引き出し」が増加すれば、それを見た人びとはこの銀行は危ないと思うだろう。つまり「銀行の見かけ上の支払い能力」は減少する（ニ）。

「銀行の見かけ上の支払い能力」が増加すれば「銀行倒産についての不安」は減少する（ニ）。

「銀行倒産についての不安」が増加すると「個人による預金引き出し」は増加する（＋）。

　最後に「経済状況の不安定さ」の増加は「銀行の見かけ上の支払い能

32 Causal Loop Diagram

力」を減少させ（<u>ー</u>→）、「銀行倒産についての不安」を増加させる（<u>＋</u>→）。こうして重要変数を矢印で結ぶことで、因果ループ図ができる。

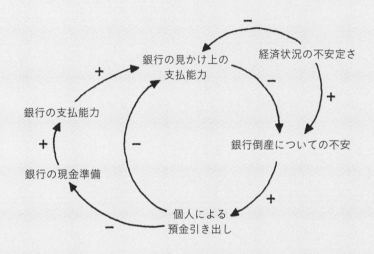

❹ 描いた図の中に現れるそれぞれのループが拡張循環か平衡循環かを明示する。

この因果ループ図には、2つのループがある。

1つ目（短い方）のループは、「個人による預金引き出し」<u>ー</u>→「銀行の見かけ上の支払い能力」<u>ー</u>→「銀行倒産についての不安」<u>＋</u>→「個人による預金引き出し」である。

このループはマイナスの矢印の数が2（偶数）であるので、拡張循環である。

もう1つの（長い方）のループは、「個人による預金引き出し」<u>ー</u>→「銀行の現金準備」<u>＋</u>→「銀行の支払い能力」<u>＋</u>→「銀行の見かけ上の支払い能力」<u>ー</u>→「銀行倒産についての不安」<u>＋</u>→「個人による預金引き出し」である。

このループもマイナスの矢印の数が2（偶数）であるので、拡張循環である。

5 因果ループを解読する。

個人の立場から、この因果ループをたどっていこう。

「個人による預金引き出し」から始めて、2つの拡張循環をたどることになる。

1つ目のループでは、「個人による預金引き出し」が増加すると、「銀行の見かけ上の支払い能力」の減少を引き起こし、これが「銀行倒産についての不安」を増加させ、その結果「個人による預金引き出し」はますます増加することになる。

もう1つのループでは、「個人による預金引き出し」が増加すると、「銀行の現金準備」を減少させ、これが「銀行の支払い能力」の減少をもたらし、そうすることで「銀行の見かけ上の支払い能力」はまたしても減少してしまい、これが「銀行倒産についての不安」を増加させ、結果として「個人による預金引き出し」はますます増加することになる。

わずかの増減もループを巡ることで増幅されていくのが、この因果ループ図の特徴である。

レビュー

※システムダイナミクス由来の思考ツール

因果ループ図は、システムダイナミクスの中で開発されたものである。

システムダイナミクスは、1956年アメリカのジェイ・フォレスターにより創案された分析・シミュレーション手法である。電気工学者だっ

たフォレスターは、黎明期のコンピュータ開発に貢献した後、企業活動の分析に電気システムの工学的観点を持ち込み、要素間の関係をモデル化し、シミュレーションを行った。当初インダストリアルダイナミクスと呼ばれたこの手法は、都市問題（アーバンダイナミクス）や世界全体をモデル化する試み（ワールドダイナミクス）に応用され、これらが整理統合され、さまざまなシステムを対象とするシステムダイナミクスとなった。

　ローマ・クラブからの委託で実施されたワールドダイナミクスの成果は『成長の限界』として出版され、世界的に反響を呼んだ。『成長の限界』を実施したチームの主査であったデニス・メドウズは、モデルを図解するにあたって、従来システムダイナミクスで使われてきたフローダイアグラム［＊1］ではなく、より簡便な因果ループ図を用いた。

　因果ループ図ではストックやフローの量関係を扱わないため、そのままでは数値シミュレーションに持ち込むことはできないが、フローダイアグラムよりも簡素で見やすく、モデルの特徴を直感的に理解できるため、複雑な因果ループを含むシステムの振る舞いを大づかみに捉えるのに適している。

※ 羅列思考を越えて

　図を描くことでシステムダイナミクスのモデル構築ができるソフトウエアの1つ STELLA のマニュアルの中で、バリー・レイモンドは、因果関係のループを捉え損なう思考方法を Laundry List Thinking（ランドリーリスト思考）と呼び、検討を行っている。

　ランドリーリストとは、いろんなもの（雑多なもの）をただ並べた長

［＊1］システムダイナミクスでは、検討対象とするシステムを連立常微分方程式の形に表し、これを差分法で離散的に解くことでシミュレーションを行うが、この微分方程式の数学モデルをつくるに当たり、システムを構成する要素間の因果関係、フィードバック関係を整理するために用いられる図解がフローダイアグラムである。フローダイアグラムは同値の微分方程式系やシステムダイナミクスのためのプログラム言語に変換することができ、近年ではコンピュータ上でフローダイアグラムを描画すれば自動的に微分方程式系が設定され、対話型の環境でシミュレーションを作成・実行するソフトウエアが開発されている。

ったらしいリストのことである。レイモンドはこの思考を Critical Suc-
cess Factors Thinking（重要成功要因思考）[＊2] とも呼んでいるが、たと
えば「成績を上げるには？　まず、いい先生でしょ、やる気も必要だし、
あとクラスもいい雰囲気でないと……」と成功の要因を列挙することが
これに当たる。以下では羅列思考という訳語をあてておこう。

　羅列思考は、我々の普段使いの思考であり、最も素朴な因果関係の捉
え方である。

　羅列思考を行っているとき、我々は一体何を無自覚のまま考慮の外に
置いているか（つまり考えていないか）を確認しておこう。

① 羅列思考ではまず、複数の原因を挙げる場合でも、それら原因の
　間にどんな関係があるかを考えていない。その結果、それらの原
　因たちがあたかも互いに独立しているかのように扱ってしまって
　いる。
　たとえば「過剰人口」の原因として「貧困」や「教育の不足」や
　「不十分な避妊知識」を挙げたとしよう。
　しかし「貧困」と「教育の不足」と「不十分な避妊知識」は無関
　係ではない。
　たとえば「貧困」は「教育の不足」を招き、「教育の不足」は「不
　十分な避妊知識」をもたらすことが考えられる。羅列思考はこう
　した関連を考慮の外に置いている。

② さらに羅列思考は原因から結果への一方向の影響だけを考慮し
　て、結果が原因に与える影響を度外視してる。

[＊2] レイモンドはこの典型例として『7つの習慣』（スティーブン・R.コヴィー、キングベアー
　　出版、1996）を挙げている。確かに、多くのビジネス書や実用書は「重要成功要因思考」に満
　　ちており、羅列思考の弊害を免れていない。

32 CAUSAL LOOP DIAGRAM

たとえば「貧困」は、リスクヘッジとして多数の子どもを持つことを促し「過剰人口」をもたらすが、「過剰人口」は一人あたりの社会のリソース量を制限し「貧困」につながる。つまり「貧困」と「過剰人口」はお互いが原因であり結果になっている。
「教育の不足」と「貧困」もまた、お互いが原因であり結果となっている（貧困が教育の不足を通じて再生産される）ことはよく知られている。
「教育の不足」はまた「不十分な避妊知識」を通じて「過剰人口」につながっている。

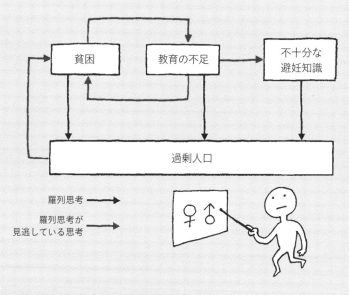

※ 循環的因果性と認識論的誤謬

　文化人類学を経てサイバネティックスの創立にも関わったグレゴリー・ベイトソンは、生理メカニズムから社会システム、生物圏までを

含めた生物界を構成する相互作用は、原因が結果に影響するだけでなく、結果もまた原因に影響を与える循環的因果性（circular causality）で特徴づけられるとし、これを見落とす思考や行動はすべて認識論的誤謬に陥っていると批判する［＊3］。

　因果関係を直線的に追うことができると考えるのは（たとえば問題には根本的な原因があると前提するのは）、こうした循環的因果性の一部分のみを取り出しているからに他ならない。ちょうど円の一部だけを切り取って「平坦な弧」だけを見るようなものである。

　ベイトソンの挙げる例を簡略化して説明しよう。木こりが樹木を切り倒そうと斧をふるっている。木こりは斧を動かし、斧が樹木を切る。木こり→斧→樹木という因果関係が見て取れるが、しかし、樹木に当たった斧はその衝撃を木こりに伝えており、樹木→斧→木こりの因果関係もまた無視することができない。なぜなら、樹木→斧→木こりというフィードバックがあるからこそ、木こりは斧のふるい方を調整することができ、結果として、うまく樹木を切り倒すことができるからである。

樹木が倒れるのはなぜか？

［＊3］『精神の生態学』（G・ベイトソン、思索社、1990）

循環的因果性を認識すれば、一方的に原因でしかなく、あるいは結果でしかない事象は存在しないことがわかる。何かを一方的にコントロールしようとしたり、根本原因だけを除去できると考え実行するに至っては、問題を拡大再生産させ拗らせるだけの、反生態的な認識論的愚行であるとベイトソンは論じる。

　しかし羅列思考が我々の日常的な思考の1つであったように、我々の日常経験は直線的因果性に依っている。さらに言えば、個人を責任の宛先にする道徳や法システムも、直線的因果性を前提に構築されている。

　直線的因果性の見方にどっぷり浸かった我々には、循環的因果性を理解し、使いこなすことは容易ではない。

　とくに困難に見舞われ、余裕のない状態で問題解決に挑まなければならない場合は、物事を単純化し、直線的因果性の見方で物事を解決してしまいたくなる。

　比較的単純かつ深刻でない問題に対しては、そして解決のためのリソースを大量に投じることができる場合には、直線的因果性に基づく力押しでもなんとかなることも、話をややこしくする。

　問題解決書の多くが根本原因の発見と対策に注力しており、悪循環の問題を取り上げる場合ですら、悪循環からさらに遡って根本原因を発見すればいいと主張する [＊5]。

　しかし我々の問題解決の努力すら悪循環のループに取り込んで問題を再生産する難問には、直線的因果性に立脚するアプローチは問題を維持・悪化させかねない。

　ベイトソンとともにコミュケーション研究を行ったウィークランドたちは、心理療法の領域でこうした悪循環問題を解く介入法を多数開発

［＊5］たとえば『問題解決プロフェッショナル──「思考と技術」』（齋藤嘉則、ダイヤモンド社、1997）には「問題が起きている場合というのは往々にして悪循環にはまり込んでいることが多い。その場合、問題を解決するにはその根本的原因の解決が最重要課題であり、現象に対する対症療法では何も解決しないところか、さらに深みにはまり込んでしまうこともある」とある。

第Ⅱ部　サーキュラーな問題解決　　　　　　　　　　　　　　338

することになるが、パラドックスを用いた介入法がその1つである（→
症状処方、384ページ）

　因果ループ図は、慣れない循環的因果性を理解し使いこなすための思
考ツールである。

※ 因果ループに介入する

　因果ループ図は問題分析の手法だが、悪循環を含む問題に対する介入
法を示唆するものである。

　問題を構成する重要変数を取り除いたり、変数間の関係を削除するこ
とは、一般にできない。

　できるのは、いずれかの重要変数の値を増加／減少させるか、あるい
は新たな重要変数を導入し、新しい関係を追加することである。

　サンプルで取り上げた「パニックによる銀行倒産」の例で考えてみよ
う。

　かつて、銀行の建物はまるで宮殿であるかのように豪華だった。巨大
な大理石を惜しげもなく使い、古代神殿のような装飾をふんだんに施し
ていた。これは、実際の「銀行の支払い能力」には直接関係はないが、「銀
行の見かけ上の支払い能力」を高める効果を狙ったものだった。

　因果ループを巡りながら、その効果を確認しよう。

「銀行の見かけ上の支払い能力」は、2つの拡張循環の一部となっており、
ここでの嵩上げは因果ループを巡るうちに増幅されていく。そして拡張
循環の他の要素、「銀行倒産についての不安」や「個人による預金引き
出し」を下げ、最終的には実際に「銀行の預金準備」や「銀行の支払い
能力」を高めることにまでつながっていくのである。

現在では、銀行は預金保険制度に加入し、保険料を払うことで、金融機関破綻時の預金保護（支払い保証）を得られるようになっている。「銀行の預金準備」を各銀行で高めなくても、もしもの時の「銀行の預金準備」を保証するのである。

　この効果もまた、拡張循環を巡ることで増幅され、「銀行倒産についての不安」や「個人による預金引き出し」を下げ、それどころか実際に「銀行の預金準備」や「銀行の支払い能力」を高めることにまでつながっていく。

　その結果、かつてのような豪華な銀行建築は不要となり、新しい銀行建築は以前よりずっと安普請になっている。

写真は2006年の豊川信用金庫本店。
1973年12月、愛知県宝飯郡小坂井町（現・豊川市）を中心に「豊川信用金庫が倒産する」という噂（デマ）が拡散し、これが取り付け騒ぎを引き起こし、短期間に約20億円もの預貯金が引き出された。後に豊川信用金庫事件として知られる。この事件について、愛知県警が信用毀損業務妨害として捜査を行った結果、女子高生のたわいもない雑談をきっかけとした自然発生的な流言が原因であることが判明。この捜査によって、デマがパニックを引き起こす社会的プロセスの詳細が具体的に特定された稀有のケースであり、社会学や心理学に貴重な事例データをもたらしたものとしても知られる。

SCALING QUESTION

33
スケーリング・クエスチョン
蟻の一穴をあける点数化の質問

難易度

開発者

スティーヴ・ド・シェイザー（Steve de Shazer, 1940 - 2005）
インスー・キム・バーグ（Insoo Kim Berg, 1934 - 2007）

参考文献

de Shazer, S. (1986). An indirect approach to brief therapy. In S. de Shazer and R. Kral (Eds.), In
direct approaches in therapy (pp. 48-54). Rockville, MA: Aspen.
『解決のための面接技法──ソリューション・フォーカスト・アプローチの手引き』（ピーター・
ディヤング、インスー・キム・バーグ、金剛出版、1998）

用途と用例

◎ 現状や進捗状況を把握する。

◎ 具体的目標を見いだし、次のアクションを生む。

◎ 良い例外、前向きの変化を捉える。

レシピ

❶ 今の状態や不都合／問題の状況を点数化する。

☞〈導きの問い〉

「これ以上にない最高の状態を 100 点（あるいは 10 点）、これ以下はない最悪の状態を 0 点とすると、今の状態は何点ですか？」

「問題が最悪の状態に陥っている場合を 0 点、問題が完全に解決した場合を 100 点（あるいは 10 点）とすると、今の状態は何点ですか？」[＊1]

❷ 点数の理由を考える。

☞〈導きの問い〉

仮に現状に点をつけて 30 点だとしたら

「とてもひどい状態なのに、0 点ではなく 30 点なのはなぜですか？」

「何が（どんなことが）30 点分を引き上げているのでしょう？」

☞点数の理由を考えることで、最悪の状況の中にも、次のような「よい例外」を見つけるきっかけが得られる。

☞最悪の状況の中でも、ましな時期や場面があったなら、なぜ／どんなことがあってましだったのかを思い出す。状況をいくらかましにしていたものが見つかったら、そのとき行っていた行動をまたやれないか考えてみる（小さな改善策のきっかけになるかもしれない）。

❸ 点数が少しだけ上がった場合を考える。

☞〈導きの問い〉

「点数が 10 点（1 点）上がったとしたら、何が変わっているでしょ

[＊1] ド・シェイザーらのオリジナルでは 10 点満点だが、100 点満点のテストに馴れた日本では、0 点から 100 点の点数付けを使う方がわかりやすい。参考：『こころの相談——カウンセリングを超える新技法：誰もが使える、短期療法での解決策』（小野直広、日総研出版、1995）

第II部　サーキュラーな問題解決　　342

うか？」

「点数が10点（1点）上がったとしたら、何が変わったときでしょうか？」

☞この問いを考えることで、状況改善のためには具体的に何が変化すればいいか（そのために何をすればいいか）が明らかになる。少しだけ（プラス10点ないし1点）の改善を考えるので、スモールステップで現実的な改善策が探しやすくなる。

❹ ❷や❸で見つけた改善策の実行後に、あるいは時間を経て、再度❶の点数化をやってみる。

☞小さな改善策の実行後、再び状況を点数化してみる。

以前の点数と比較して（少しでも）上がっているなら、「それほど悪いやり方じゃなかった」と控えめに喜び、同じ改善策を続けてみる。

以前の点数と変わらない場合は、「より悪化することを食い止められたのかも」と寿ぎ、同じ改善策を続けてみる。

以前の点数と比較して下がっているなら、再度❷と❸をやってみて、違うことを試す。

点数は下がっていても、まだ0点でないなら、0点になるのを食い止めたものは何かを考える（❷の繰り返し）。

点数がここから回復するとしたら、何が変わったときかを考える（❸の繰り返し）。

スケーリング・クエスチョンの概念図

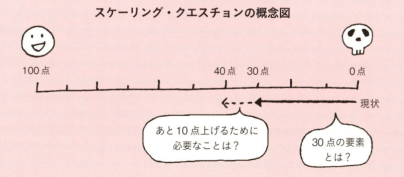

33 SCALING QUESTION

サンプル

学校へ行かない子どものケース

　この手法のルーツである家族療法で典型的な例として、登校拒否の子どもを持つ父母が来談したケースを取り上げる。

❶　今の状態や不都合／問題の状況を点数化する。

☞家族の抱える問題について状況を一通り聴取した後、セラピストは父と母に質問する。

☞😐「それでは、完全に問題が解決した場合を100点とすると、これまでお聞きした今の家族の状況は何点ぐらいになるでしょう？」

　😊「40点ぐらいかな」

　🧑「……30点ぐらいだと思います」

❷　点数の理由を考える。

☞😐「40点に、30点ですか、なるほど。……大変な状況であるにもかかわらず、0点や10点というわけでなく、それより高い点をつけておられます。点数をプラスしているものは、いったい何でしょう？」

　😊「学校に行けないのは確かに大問題ですし、そのせいで家の中で諍（いさか）いが絶えないのも本当ですが、ずっと家にいるせいか、あの子が家の仕事の手伝いをしているみたいなんです、それで……」

　🧑「ええ。顔を合わせると、私もいろいろ言ってしまうので、私が別の用事をしているうちに、洗い物がしてあったりとか」

　😐「以前はお子さんは自分からやらなかった手伝いをするようになった、ということですね」

第Ⅱ部　サーキュラーな問題解決

😊「あの子なりに気兼ねというか罪悪感みたいなものを感じているのかも」

❸ 点数が少しだけ上がった場合を考える。

☞😎「なるほど。では、今の点数が40点に、30点ということですが、これがあと10点だけ上がるには、今とどんな違いがあればいいか、あと、どんなことが起ればいいでしょうか？」

😊「あの子が、何かしたら、ということですか？」

😎「それ以外でも、家族の他の方でも、こういうことがあったら、『今の点数はプラス10点で、50点（40点）だ』と思われるか、ということなんです」

😊「そりゃ、学校へ行ってくれさえすれば……」

😎「それだと10点アップじゃすみませんよ。50点ぐらい上げないと。ほんの少しだけアップしたら、ということなんですが」

😊「じゃあ、手伝いを……私が戻ってきたら止めてしまうんじゃなくて」

😎「ああ、お母さんがいても、いなくても」

😊「ええ。私がいても、同じように手伝いをしてくれたら、今より点数は上がると思います」

😎「お父さんはどうですか？」

😊「そうですね。そう思います」

😎「では、お母さんがいるときもお子さんが手伝いを止めないようにするために、何かやっていただきたいんですが」

☞この後の話し合いではいくつかの案が出された。母からは、手伝いをしてくれてありがとうと伝えたいが、面と向かって言おうとしても出ていってしまうという話が出たので、①父を介して間接的に伝える、②面と向かわずにお礼を伝える（たとえば小さな紙にお礼を書いて貼っておく）などの案が出された。

❹ **❷**や**❸**で見つけた改善策の実行後に、あるいは時間を経て、再度**❶**の点数化をやってみる。

　☞次の面談で、父と母からは以下のような報告があった。

　☞😊「お礼を書いて貼っておいたんですが。それで洗い物の音がする間は、台所へ行かずに待っていたんです」

　　😑「どうでしたか？」

　　😊「貼っておいたお礼の紙は剥がしてありました。あとで、あの子が私のところへ来て『恥ずかしいから止めて』って」

　　😑「ああ、なるほど」

　　😊「それから『こんなことしなくても、ちゃんと手伝いはするから』って。次の日からは、私が洗い物をしているのを手伝ってくれるようになりました！」

　　😑「それはすごい。では、改めて伺います。今の状況は、点数にすると……」

レビュー

※解決志向ブリーフセラピーの生んだ質問

　スケーリング・クエスチョンは、解決志向（ソリューション・フォーカスト）ブリーフセラピーで創案された手法であり、ミラクル・クエスチョン（→272ページ）と共にソリューション・フォーカスト・アプローチで用いられる最も有名な質問である。

　ウォルピが開発した主観的障害単位（subjective unit of disturbance：SUD）[＊2] のように、問題の当事者（クライエント）自身がその困難の程

度を点数化する手法は以前からあったが [＊3]、ド・シェイザーたちは、解決とその兆しの発見のために点数化の質問を使うことを開発した[＊4]。

※ 極端に走る感情と認知

　我々の認知は、感情につかまると、最高か最悪かのいずれかに極端に振れやすい。感情はもともと認知機能を一方向に向ける機能をもっており、これはヒトという生き物の仕様といえる。

　ネガティブな状況に置かれた人がネガティブな感情を抱くのは当然だが、ネガティブな感情に浸っていると世界全体がネガティブなものに見えてしまう。

　困難な状況に置かれ、解決すべき問題に直面している人の多くは、「とにかく何もかもうまくいかないんだ！」という心持ちに襲われるが、これは問題解決において障害となる。

[＊2] Wolpe, J. 1958 Psychotherapy by reciprocal inhibition. Stanford University Press. ジョセフ・ウォルピ（Joseph Wolpe, 1915-1998）が開発した、行動療法の治療技法の１つである系統的脱感作法では、クライエントにリラックス法を習得させた後、最も弱い不安／恐怖刺激をイメージさせ、不安を感じたら一時中断してリラックスさせ、また不安／恐怖刺激に直面することを繰り返す。その段階の不安／恐怖を克服できたら、一段階強い不安／恐怖刺激へと進む。この段階的に不安／恐怖刺激に直面する準備として、不安・恐怖を患者に引き起こす最も強いものから軽度のものまで順位づけをした不安階層表を作成するが、この順序づけに主観的障害単位が用いられる。

[＊3] たとえば 1960 年代に開発され、ギャラップ世論調査に主観的幸福感の測定尺度「キャントリルの階梯（Cantril Ladder）」として組み込まれた、ハドレー・キャントリル（Hadley Cantril、1906 – 1969；オーソン・ウェルズのラジオ番組「火星人襲来」がもたらしたパニックの研究でも知られる）の Self-Anchoring Striving Scale もまた、スケーリング・クエスチョンの先駆と考えられている。「キャントリルの階梯」は考えうる最良の生活を 10、最悪の生活を 0 として現在の生活をその 0~10 の 11 段階の尺度で評価するものだが、キャントリルはこの質問に加えて、さらに「5 年後自分はどの段階にいるか？」を尋ねることで、点数化の質問を未来志向的に用いている。参考文献 Cantril, H. (1965). The pattern of human concerns. New Brunswick, NJ: Rutgers University Press.

[＊4] Malinen, T. (2001). From think tank to new therapy: The process of solution-focused theory and practice development. (http://www.tathata.fi/artik_eng/thinktank.htm) が報告しているド・シェイザーの述懐によれば、この質問を開発したきっかけは再訪したクライエントの発言だったという。セラピストが「前回のセラピーからどうされてました？ どんなことがよくなりました？」と尋ねたところ、そのクライエントは「もうほぼ 10 点になりましたよ！（I've almost reached 10 already!）」と応じた。これ以来、ド・シェイザーたちは点数化の質問を使うようになった。

有限の能力しか持たない我々は、世界のすべてを相手にするわけには
いかないからだ。

現実の中からある一部分を、自分でも手をつけられる問題として切り
出してこなければ、解決はおぼつかない。

白黒で世界を塗りつぶすのでなく、もっと詳細に見る必要がある。

＊ 点数化による詳細化

困難に陥っている（巻き込まれている）人の認知はネガティブに偏向し
がちで、変化を捉えることが難しい。

たとえいくらかましな状況があったとしても、そうした良い状況を無
視するか、気づいたとしても「どうせすぐもっと悪くなるのだから意味
がない」と無意義なものとして処理してしまう。

しかし現実は、どれほど絶望的な状況でもアップダウンの繰り返しを
含んでいる。ほんの少しだけ良い状況は、ほとんど何も良いことがない
状況とともに、繰り返し訪れる。

「良い」「悪い」という二極化しやすい日常の言葉遣いのままでは、小
さな変化やその兆しを捉えることは難しい。

より細かい物差しを導入するために、たとえば最悪と最高の間を10
段階に分けてみる。

点数化してみると、気分といえば「良い」か「悪い」かぐらいしか思
ったことがなかった人が、より丁寧に気分の程度を扱うことができるよ
うになる。

点数化することはほとんど誰にも可能であるくらいに容易だが、その
一方で、問題や感情について数値化する習慣を持つ人は少ない。

日常生活はもっとずっと曖昧な分け方で運用されている。

したがって点数化は、日常の感覚よりは詳細な把握や比較を可能とす
るし、微細な変化を捉えることにもつながる。

第Ⅱ部　サーキュラーな問題解決

昨日の気分と比べて今の気分は上か下か（気分は上がったのか下がったのか）を考えることはあっても、このやり方では、さらに長いスパンで気分の変動を省みることは難しい。
「昨日の不安は点数でいうと 3 だが、今日は 5 はいっている」と点数化すれば、微妙な変化をつかむことも、長期にわたってその変化を記録し追跡することも可能である。

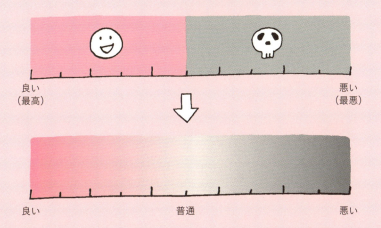

二極から 10 段階での評価へ

　日常の感情や問題の程度を表す言葉をそのまま使うのに対して、点数化することで、状況からいくらか心理的に距離を置くことができる。

※〈よい例外〉を拾い上げる

　スケーリング・クエスチョンは、現状把握のための技法であるが、それ以上の狙いを持っている。
　解決志向アプローチでは、（見えないか、見えても非常に弱い形ではあるが）解決はすでに、問題の当事者（クライエント）に生じていると考える。困

33 SCALING QUESTION

難は、問題の当事者の認知を巻き込む形で悪循環が形成されていて、当事者自身が解決の存在を無視し続けているところにある。

最悪の状況にいると信じる人も、点数化すると0点のような極端な点数をつけないことが多い。ド・シェイザーによれば、窮状を訴える人たちの多くは、3点（100点満点なら30点に当たる）前後の点をつけるという。

そこには、最悪の状況をいくらか緩和している何かが存在している。

0点を3点に引き上げているものが何かを考えることで、最悪の状況の中にも、「よい例外」を見つけるきっかけが得られる。

たとえば、0点ではなく3点を思わずつけてしまったのは、最悪の状況が続く中に、ほんの少しだけましな時期や場面があったからかもしれない。

あるいは、実際には大した助けにならなかったけれど、望外にも誰かにやさしい声をかけられたことがあったのかもしれない。

点数化は、ネガティブに振れた認知が無視している微細なものを拾い上げる効果があると言った。当事者も気づかないか、気づいても無視している、「最悪の状況をいくらか緩和している何か」を拾い上げることに、スケーリング・クエスチョンは役立つ。

解決志向アプローチでは、スケーリング・クエスチョンが拾い上げた「最悪の状況をいくらか緩和している何か」を、霧散しないように支え、その可能性を掘り下げることを支援する。

＊ 未来志向で目標を拾い上げる

「最悪の状況をいくらか緩和している何か」を見つけ出せなかったとしても、スケーリング・クエスチョンにはまだ次の手がある。

点数がほんの少しだけ上がった場合について、「今とは何が変わっているか？」を問うのである。

「もし点数が上がるとしたら」と問うよりも、まるで既定路線のように

「上がった場合」について問うほうが効果的だと知られている。

ミラクル・クエスチョン（→272ページ）を知る人は、点数上昇後の世界についてのこの質問が、共通点を持っていることに気づくだろう。

逆にスケーリング・クエスチョンから見れば、ミラクル・クエスチョンとは「問題が完全に解決して点数にして100点満点（10点満点）となった場合」について質問することだといえる。

ほんのわずかな分だけ（点数について最小単位の分だけ）改善した未来を想像してみよう。その未来は、現在とあまり変わっていないが、全く変わっていないわけではない（だとしたら、点数もまた同じはずだから）。

わずかに違っているはずの未来を想像することは、どんな変化が改善につながるのかを、当事者に教えてくれる。

わずかな違いであれば、その違いをつくり出すのは、それほど大きな仕事ではないはずである（少なくとも、問題を完全に解決する大仕事よりはずっと）。

また、抜本的な改革や根本的な解決といったビッグワードがしばしば抽象的なアイデアに向かいがちなのに対して、わずかな違いと、それを生み出す行動は、具体的であることが多い。抽象的な言葉では言い当てることができないほど微細な違いなので、具体的に表現するしかないのである。

小さな違いを生み出す行動は、小さな行動である。だからこそ、力弱き人にも、実施可能であることが多い。

小さな違いと馬鹿にすることなかれ。それは絶望に塗りつぶされた世界に穿たれた蟻の一穴［＊5］になりうるものである。

スケーリング・クエスチョンは一見平易にして平凡な技法であるが、我々の目を微細なものに向けることで、小さな亀裂からはじまる、解決への一歩を示してくれる。

［＊5］「千丈の堤も蟻の一穴から」「蟻の一穴天下の破れ」などのことわざに表れる。蟻が掘って開けた小さな穴が原因となって、巨大な堤防が崩れたり、天下の大事が生じることをいう。

ETHNOGRAPHY

34
エスノグラフィー
現場から知を汲み出す

難易度

開発者

ブロニスワフ・マリノフスキー（Bronislaw Kasper Malinowski, 1884 - 1942）

参考文献

Mariampolski, H. (2006). Ethnography for marketers: A guide to consumer immersion. Sage.

『ビジネスマンのための「行動観察」入門』（松波晴人、講談社現代新書、2011）

用途と用例

◎当事者が言語化しない／できないデータが必要なとき。

◎潜在的なニーズや価値観を把握したいとき。

レ シ ピ

❶ 調査計画を立てる。

☞エスノグラフィーは長期にわたって調査対象に調査者が没入する
コストの高い調査方法であり、やり直しがきかないため、事前の
計画が重要である。

☞① 何が知りたいか、なぜ知りたいか（知ってどうするのか、どうなる
のか）が調査の起点となる。

② それを知るには他のアプローチでは駄目かを検討する（コストが
高い調査法なので、他の手段でわかるなら、そのほうが良い）。

③ 5W1Hを詰めていく。

〈いつから、いつまで〉

〈どこで、誰を対象に〉

〈どれくらいの頻度、回数で〉

〈どんな風にアプローチするか〉

❷ 調査対象を特定し、相手の許可を取る。

☞エスノグラフィーの対象は何らかの集団（集落や施設を含む）である。
外からではわかりにくい側面を調べるために、調査対象の集団の
中に長期に入り込むことになる。そのため、そうした調査が可能
かどうかを事前に確かめ、集団の有力者から調査の許可と協力を
得ておくことが望ましい。

☞許可や協力を得るのが難しければ、調査対象を変更するか、調査
方法をエスノグラフィーから別のアプローチに変える必要がある。
その場合は❶に戻って計画を再検討する。

第6章
解決策の探求

34 Ethnography

❸ 調査対象に対して参与観察を行う。

☞集団内に入り込み、そこで実際には何が行われているかを観察する。調査記録には以下の点を記す。

◎日時、場所：記入した細かい時刻と場所を記載。後で記憶を呼び起こすキーにもなる。

◎事実、起こったこと：誰が誰に対して何を、回数や頻度、その他詳細を記録。

◎調査者が感覚的に感じた印象：調査者の印象と明記して、事実と分けて記録する。

◎集団内での実際の発言、フレーズ：誰が誰にどんな状況で、どんな前後の出来事があって発言されたか。発話の正確な書き起こしと要約。

◎調査中に浮かんだ疑問、思いついた仮説：後に分析のヒントとなる。

☞疑問や仮説は調査が進むに従って変化していくが、逐一記録することで、その変化を促進する。調査者が抱く疑問や仮説が進化すればするほど、それまで気づかなかった微妙な出来事の違いに気づき、見えなかったものが見えていく。

❹ 調査対象のメンバーから聞き取りを行う。

☞観察によって「現に行われていること」はわかるが、その行動がメンバーにとって何を意味しているかは、観察だけではわからない。意味や解釈は、目には見えないが、1つの行動を他の行動に結びつけ、新しい行動を生み出す点で、無視できない側面である。これを知るには、集団のメンバーから聞き取りを行わなければならない。

☞調査をはじめてから時間が経過し、メンバーと関係が育ち、踏み

込んだことが聞けるようになると、これまでわからなかった意味や誤解していた解釈について、貴重な情報が得られるようになる。疑問や仮説をぶつけることで、これまで聞けなかった話が聞けたり、仮説が修正されたりするが、しかしメンバーから調査目的を満たす最終解答が得られるわけではない。

☞エスノグラフィーは、メンバー自身ですら気づいていない側面を掘り下げるところに価値がある。

メンバーの認識で足りているなら、そもそもよそ者である調査者が参与観察することも、エスノグラフィーも不要である。

メンバーそれぞれの見方や解釈も、ピースの1つとしてつなぎ合わせてある種の「パズル」を解き、それまで誰も見えなかった絵を描きあげることがエスノグラフィーの目的であり、目指すところである。

5 調査対象が生み出したアーティファクト（人工物）を蒐集する。

☞集落や部族の調査では、そこで使われる民具や祭具の写真を撮り、可能なら実物を譲ってもらい、使用法や込められている意味をメンバーに尋ねていく。

☞施設や組織の調査でも、メンバーによってつくられ使われるもの（つくられはしたが放置されているものも含む）が存在する。それは非公式のチートシートやマニュアルかもしれず、組織の理念を謳ったがボツになったパンフレットかもしれない。こうしたモノを介することで、それまでとは違った話が聞けたり、重かった口が饒舌になったりする。

アーティファクトは物言わぬ調査協力者である。

6 得られたデータを分析する。

☞① 観察、インタビュー、蒐集で得られたデータを、まずはテキスト化する。インタビューは文字起こしし、観察記録もテキスト

データとして入力する。蒐集したアーティファクトも、文書的なものはその内容をテキストデータにし、物品的なものは映像データに、その品についてのインタビュー、観察記録をテキストデータにしたものをリンクしておく

② ①でまとめたテキストデータを読み返し、セグメントに区切って、それぞれに内容を要約するコードを付与する。

③ すべてのテキストデータにコードづけが終わったら、付与したコードを再度読み返し、一覧化したり、分類してまとめを行う。事例－コード・マトリクス（『アイデア大全』、→89ページ）は、本来このためのツールである。他にも KJ 法（→159ページ）やコンセプトマップ（→149ページ）などが、コードの整理に使える。

④ コード間の関係を図式化し、すべての内容をまとめることができる仮説を立てる。

7 分析から得られた仮説を検証する。

☞ まずは手持ちのテキストデータを再検討し、**6**で立てた仮説でこれらのデータを説明できるか確かめる。大抵は一度でピッタリくる仮説が得られることはなく、繰り返し**6**の③と④を行い、仮説をつくり直す必要がある。その意味では、完璧からほど遠くても、とりあえずの仮説をつくってみて、データを再検討することを繰り返したほうがよい。

☞ さらに調査することが必要と感じたら、インタビューや追加調査を行う。

8 調査と分析から得られた知見を文章化しまとめる。

サンプル

Panasonic 社のインド向けエアコン Cube

　中所得者層以上の増加に伴い、アジア諸国で白物家電はステータスの象徴となった。アジア市場のほとんどで韓国メーカー（サムスン、LG）が過半数のシェアを占める中、アジア市場への展開を図りたい Panasonic インド支社の担当者は、インドでは普及の初期段階であったエアコンに着目し、約120名の現地社員が各家庭に赴き実際の使用状況を現場で観察していった。

　観察からは、①多くの家庭で天井扇が設置されていること、②エアコンが導入されても天井扇と併用されること、③天井扇、エアコンとも一日中使用されていること、④エアコンは寝室に設置されることが多いこと、⑤窓にはめ込むウインドウ型のエアコンが多いこと、などの知見が得られた。

　Panasonic 社は、③と④から音が大きいウインドウ型エアコンが寝室に設置されている点に着目し、日本で一般的な室内機と室外機が別で音が静かな別のセパレート型への潜在的ニーズがあることに着目した。加えて③の一日中使用されるという知見を掘り下げて、リモコンや調節機能を省略することに踏み切り、コストダウンを実現し、セパレート型をウインドウ型と同価格で販売することができた。

　この Panasonic 社のエアコンはインドで大ヒットし、インド市場への展開がなされた。現場での観察は以後も続き、製品の改良が行われている。

実例：プロクター・アンド・ギャンブル（P&G）社の Swiffer（静電気でゴミを取るフロア掃除シート）

　P&G 社はホームクリーニング（家庭向け掃除代行）サービスについてのエスノグラフィー的調査で家庭訪問する中、あることに気づいた。

調査チームは掃除代行のニーズがどこにあるかを調べていたのだが、訪問先の家族はそれぞれ、自分たちが求めるニーズとして、普段掃除を怠りがちになる場所や自分たちではキレイにすることが難しい箇所を挙げた。そして実際に掃除できていない場所やひどく汚れた箇所をみせてくれた。
　しかし調査チームは、どの家庭も口頭では挙げなかった共通にして最大のニーズを発見した。それは床だった。
　調査チームが訪問したどの家庭でも、床だけは毎回キレイにされていた。調査チームがやってくるのに床が汚れていては家に入れられないと、どの家も考えたのだ。これこそ最も大きな掃除ニーズ、ホームクリーニングの市場ではないか。そしてまた、インタビューでは浮かんでこないニーズだった。

　調査チームは調査対象をシフトし、床掃除の実際を観察することにした。
　どの家でもバケツに水と洗剤を入れてモップを浸け、濡れたモップで床を拭くという伝統的なやり方で床掃除を行っていた。バケツを部屋に運び込むのも、モップをつけるのも、汚れた水しぶきがとびかねない面倒な作業だった。
　さらに仔細に観察すると、モップでは取りにくいゴミやホコリがあるために、多くの家ではモップがけの前に掃き掃除をしていた。面倒な前工程があったわけである。
　調査チームと開発チームが取り組んだのは、掃き掃除とモップがけを同時にできる方法だった。しかも水もバケツも要らない方法。こうして

静電気でゴミを吸着する使い捨てシートをモップに装着する方法が考案された。元の目的の掃除代行とは異なっていたが、使い捨てシートとモップの組み合わせは代行サービスよりずっと安く、また今までのモップがけよりずっと簡単だったので、全米中にあっという間に普及することとなった。

レビュー

※ 文化人類学由来の質的研究法

エスノグラフィーとは、エスノ（民族）＋グラフィー（記述）という語源をもつ言葉で19世紀に登場し、「民族誌」と訳されてきた。

人類学という学問分野が成立する以前から、ヨーロッパからその「外」へ赴いた旅行者、宣教師、行政官などによって現地の人の暮らしや社会や文物を報告する民族誌が書き残されてきた。

こうした記録（間接資料）によって非ヨーロッパ社会の文化、歴史を再構成していたそれまでの民族学に対して、マリノフスキーは、1914年から18年にかけてニューギニア東部のトロブリアンド諸島で実地調査を行い、伝聞や推量に基づくのでなく、現地の言葉を覚え、集団の生活に関わりながら長期に暮らす中で観察（参与観察）した結果から新しいタイプのエスノグラフィーをつくり上げた [＊1]。これは、研究者自身の調査による直接資料に基づいて、対象社会の慣習規則や現象を理解しようとする社会・文化人類学の誕生の画期となった。

[＊1] Bronislaw, M. (1922). Argonauts of the Western Pacific: an account of native enterprise and adventure in the archipelagoes of Melanesian New Guinea. George Routledge and Sons, London. 参与観察型エスノグラフィーの嚆矢となったこの著作には、以下の邦訳がある。「西太平洋の遠洋航海者」泉靖一・増田義郎編訳、『世界の名著（59）マリノフスキー／レヴィ＝ストロース』（中央公論社、1967）所収。

現在、エスノグラフィーという言葉は、記述された成果物だけでなく、それを生み出す参与観察などの調査方法を包含した意味で用いられる。

＊エスノグラフィーのビジネス利用

方法としてのエスノグラフィーは、文化人類学に由来するところから、調査者が「異質な世界」（alien world）に交わることやそこでの意味構成を理解することに重きをおいたものだったが、その後、文化人類学から社会科学の他分野へと活用の場を広げ、調査対象も、必ずしも地理的に

1918年に撮影されたトロブリアンド諸島におけるブロニスワフ・マリノフスキーの現地調査の様子。ポーランド出身、イギリスで活躍した人類学者であるマリノフスキーは、ポーランド・クラクフのヤギエウォ大学やライプツィヒ大学、ロンドン大学で学んだ後、1924年ロンドン大学人類学講師、27年に同教授となり、1939年以降はエール大学の客員教授を兼任した。その間1914〜1918年はトロブリアンド諸島などメラネシアの北西部で実地調査に従事。この調査研究は、参与観察の手法と、研究者自身の調査による直接資料に基づいて、対象社会の慣習規則や諸現象を理解しようとする社会・文化人類学という学問が成立する画期となった。

離れた場所に限定されなくなり、都市社会、企業組織、消費行動、教育活動などを対象とする研究が多数蓄積されてきた［＊2］。

とくにビジネスの分野では、従来の市場調査やマーケティングで抜け落ちる部分を補完するアプローチとして、期待され活用されている。

この背景には、アンケートやインタビューなどの伝統的な調査方法が抱える限界についての認識がある。

アンケート／インタビューの回答者は自らのニーズを普段は意識し

［＊2］たとえば日本語で読めるものでは、『日常的実践のエスノグラフィ——語り・コミュニティ・アイデンティティ』（田辺繁治、松田素二、世界思想社、2002）や『現代人類学のプラクシス——科学技術時代をみる視座』（山下晋司、福島真人、有斐閣、2005）

34 Ethnography

ヘンリー・フォード（右）と Ford999 に乗ったレースヒーローのバーニー・オールドフィールド。フォードは天才的技術者かつ企業的成功者として、発明王エジソンとならんで語られる。16 歳で機械工となった後、1891 年にはエジソン照明会社の技術者となり、1893 年にはチーフ・エンジニアに昇進したが、これを辞して自動車製造に専念。1899 年にはデトロイトに会社を設立して自動車の設計に取り組んだ。1903 年にはフォード自動社会社を設立し、自動車の製造を始めた。T型フォード（1908-1909）を製造するために、"組み立てライン"方式による大量生産技術を開発し、製品を通じた社会への貢献、従業員への高賃金、顧客への低価格、そして自社には収益による社内留保を使った投資を目標にした「フォーディズム」を提唱・実行した。

ておらず、尋ねてもうまく答えられるとは限らない [*3]。しかしアンケートやインタビューを実施する側としては、消費者は自らの行動とその理由を説明できると前提せざるをえない。

　また、消費者はまだ出現していないものについてニーズを表明できるとは限らない。アップルの創業者スティーブ・ジョブズが好んだヘン

[*3] ジェラルド・ザルトマンは、従来の市場調査やマーケティング活動について次の 6 つを誤りとしてまとめている。① 生活者の思考プロセスは筋の通った合理的なものである。② 生活者は自らの思考プロセスと行動を容易に説明することができる。③ 生活者の心・脳・体、そしてそれを取り巻く文化や社会は、個々に独立した事象として調査することが可能である。④ 生活者の記憶には彼らの経験が正確に表れる。⑤ 生活者は言葉で考える。⑥ 企業から生活者にメッセージを送りさえすれば、マーケターの思うままに、これらのメッセージを解釈してくれる。『心脳マーケティング──顧客の無意識を解き明かす』（ジェラルド・ザルトマン、ダイヤモンド社、2005）

リー・フォードの言葉に「もし顧客に、彼らの望むものを聞いていたら、彼らは『もっと速い馬が欲しい』と答えていただろう」というのがあるが、自動車が手に入れられぬほど高価だった時代にアンケートで「自動車」のニーズを引き出すことはほとんど不可能だった。

※ 想定されないもの、表現されないもの

ノキア社はインドでの現地観察で、自社の携帯電話がラップで包まれて使用されているのを発見した。こうした使い方はメーカーの保証外になりかねず、いわば「自己責任」で行われていたので、ノキア社への利用者アンケートやクレームでは上がってこない情報だった。ノキア社は現地観察の結果、防塵機能を強化する対策を行った。

ゼロックス社は、自社のコピー機を使っているオフィスで従業員の愚痴や雑談を参与観察で多数集め、コピー機のトラブル解消マニュアルをわかりやすく改訂した。

当事者にとっては当たり前過ぎて無意識だったり（インドのエアコン、アメリカの床掃除の例）、タブーに触れたり不利益となる可能性があるなどの理由から表明するのが憚られるものだったり（インドの携帯電話）、非公式なため公式の報告に載りにくかったり（オフィスの愚痴や雑談）、こうした他の方法では拾いにくいデータを集めることはエスノグラフィーの得意とするところである。

数は少ないが「濃い」ユーザーの意見を汲み上げるのも、エスノグラフィーに向いている。こうしたユーザーは、イノベーター理論の提唱者エベレット・M・ロジャーズがいうところの [＊4]、イノベーター（革新

[＊4]『イノベーションの普及』（エベレット・ロジャース、翔泳社、2007年）。この邦訳は2003年の Diffusion of innovations (5th ed.) の翻訳だが、第1版は1962年に刊行されている。

的採用者）やアーリー・アドプター（オピニオン・リーダー）である可能性
があり、未だ顕在化していないニーズを先取りできる可能性がある。

　たとえば、花王の生活者研究センターはエスノグラフィーを用いてアン
チエイジング（抗加齢）に関する消費者の考え方や行動理由を理解する
調査を行った [＊5]。この際、大多数の考えを代弁する中間的な性格
や嗜好の人ではなく、「若くして糖尿病にかかり食事制限を強いられて
いる男性会社員」「あるときから白髪染めをやめアンチエイジングに消
極的になった40代の女性」「20代ながら老母役を得意とする女優」な
ど、アンチエイジングに対して好悪の強い感情を持ちそうな人たちを調
査対象に選んだ。

　この調査からは、加齢（エイジング）とは単に時間が経過し歳を重ねる
ことではなく、「アイデンティティの変化に対する機制（リアクション）」
であり、「病気や環境の変化といった何らかのきっかけから大切にして
いた価値観が崩れた際に、改めて自身のアイデンティティを更新する過
程である」との仮説が得られた。

　従来の「実年齢より5歳若く見せる」といった商品開発コンセプト
とは異なる視点が得られ、この仮説はさらに広い対象について調査され、
支持されることが確認された。

※オート・エスノグラフィーのすすめ

　このようにエスノグラフィーは調査対象（問題）の一部となるまで肉
薄し、従来型の調査では得られないデータや仮説を得る方法である。

[＊5] 上木 貴博「花王 消費者調査にエスノグラフィー手法を導入：「極端な消費者」に密着し普
　遍的な結論を得る」日経情報ストラテジー 2009/02/12.

とはいえ、エスノグラフィーは時間もかかるし、見知らぬ集団に入り込みさまざまな落とし穴に陥らずデータを集めまとめることは未経験の者には難しい。

それではエスノグラフィーの活用は、専門家に依頼できる者、社内にエスノグラファー（エスノグラフィーする人）を抱える企業（インテルやシティグループやP&Gや花王など）でないと不可能なのだろうか。

ここでは、伝記（バイオグラフィー）に対する自伝（オートバイオグラフィー）になぞらえ、オート・エスノグラフィーをすすめたい[＊6]。

いわば自分自身によるエスノグラフィーだが、自分が直面している問題や属している組織・集団について、あたかも外から来た人類学者のように眺め直すのである。これなら長期に観察してもコストは小さい[＊7]。遠くへ出かけることも、人間関係をゼロからつくる必要もない。難しいのは、慣れ親しんだ現象を、外から来た者の目で見ることだ。

あまりに慣れ親しんでいて、普段は見逃し聞き逃しているものを拾い集めることから始めよう。外から来た人類学者なら、疑問に思い、あなたに質問してくるかもしれない「社内常識、社会の非常識」となる事象は必ずあるはずだ。その他、日々の実践の中で、正規でない使い方をしているもの（道具や装置）、間に合わせで解決していること、など拾い上げるべきものは多い。

詳細な記録を取りながら、これまで持たなかった疑問や仮説が浮かぶようになれば、オート・エスノグラフィーはうまくいっている。

[＊6] 大原悟務（2012）「観察・エスノグラフィーの製品開発への応用」『同志社商学』63(5), 879-891.の提案を参考にした。

[＊7] オート・エスノグラフィーは、エスノグラフィーの研究計画をデザインする際にエスノグラファーが実施する方法でもある。仮説検証型の研究と違い、そもそも仮説発見的研究であるエスノグラフィーは、実施してみないとわからない部分が多いからだ。低コストでパイロット的に実施できるオート・エスノグラフィーで、思わぬ落とし穴を事前に察知し、研究計画を組み直すのである。

DOUBLE LISTENING

35
二重傾聴
もう1つの物語はすでに語られている

難易度

開発者
マイケル・ホワイト（Michael White, 1948 – 2008）

参考文献
『話がこじれたときの会話術——ナラティヴ・メディエーションのふだん使い』
（G・モンク . J・ウィンズレイド、北大路書房、2014）

White, M. (2004). Working with people who are suffering the consequences of multiple trauma: A narrative perspective. The International Journal of Narrative Therapy and Community Work, (1), 45–76.

用途と用例
◎ 問題の訴えから解決の手がかりを得たいとき。
◎ 悲観主義の悪循環から抜け出す手がかりを得たいとき。

第Ⅱ部　サーキュラーな問題解決　　　　　　　　　　　　　　　366

レシピ

語り手と聞き手の2人で行う。

❶ 語り手は問題について語る。聞き手は、語り手の問題についての訴え（主訴）を否定せず、共感をもって、丁寧に聞き取る（傾聴）。

☞聞き手は、語り手の語ることが理解できたときは、理解したとおりに順を追って伝え返す。理解できなかったときは、素直に「わからなかった」と伝え、語り手に丁寧に尋ねる。

❷ ❶を続ける中で、聞き手は語り手の語ることの中に、問題の訴え（主訴）とは異なる要素が含まれていないかを探していく。

☞異なる要素は、次のような流れで見つかることがある。

◎「たまたま」「偶然に」「一度だけ」「あれっきり」という言葉とともに、珍しいこと、例外的な出来事が語られていないか？

◎逆説の接続詞（しかし、でも）や接続助詞（〜なのに〜、〜だけど〜）の前後で違う物語が語られていないか？

◎ネガティブな語りの中で、何かが「ない」「失われた」「足りない」と言われていないか→この「ない」「失われた」「足りない」何かは、かつては存在した〈良きもの〉を示している。そして語り手にとっての〈良きもの〉が何かわかれば、その類似物や残滓の形で存在している例外を見つけやすくなる。

◎否定的な側面は100%否定的か？→否定的な発言を取り上げて大

げさに返すと「いや、そこまでは（ひどくない）」と部分的にであれ肯定的な面への気づきが得られることもある。

❸ 問題の訴え（主訴）とは異なる要素について、聞き手は話し手に関心を持っていると伝え、できればもう少し詳しく教えてくれないかと頼む。

☞◎ 拒否されたときは受け入れ、再び**❶**に戻って、話し手の問題の訴え（主訴）の傾聴を続ける。

◎ 話し手が問題の訴え（主訴）とは異なる要素について話すことに同意したら、叙述を否定せず、共感をもって、丁寧に聞き取っていく（もう１つの物語の傾聴）。

サ ン プ ル

職場の困った新人への対処法とは？

聞き手「今、何に困ってる？」

語り手「職場に１人、周りとうまくいってない新人がいて、それで困ってる」

聞き手「どんな風にうまくいってないんだろう？」〈理解できなかったときは尋ねる〉

語り手「コミュニケーションがね。仕事でわからないことがあっても、周囲に尋ねるのを躊躇するらしくって、ずいぶん時間が経った後、こっちに聞いてくる。簡単なことは、自分たちで教え合ってほしいんだけど」

第Ⅱ部　サーキュラーな問題解決

聞き手「周囲に仕事のことを聞くのも大変そうなんだ?」〈理解できた
　　　ときは理解したとおりに返す〉
語り手「一事が万事そう。朝来るときも、帰るときも、挨拶だって満足
　　　にできてないし」〈足りないものについての語り〉
聞き手「まさかと思うけど、むっつり黙ったままやって来て、黙ったま
　　　まずーっと帰っていく?」〈否定の大げさな返し〉
語り手「いや、そこまでは。口の中では、何かもごもごと、挨拶らしい
　　　ことを言ってるみたいだけど」〈挫折した行動についての語り〉
聞き手「じゃあ、少なくとも挨拶ってものがあることは知ってるんだ」
　　　〈否定の大げさな返し〉
語り手「面接試験を通って入社してるんだし、それくらいの常識はある
　　　だろ」
聞き手「いくつか例外が見つかったんで、少し掘り下げてみたいんだけ
　　　ど。その困った新人は、まるで良いところがないのかと最初思っ
　　　たけど、ほんの少しだけましなところがあるのがわかった。1つは、
　　　挨拶をするという常識を持っていること。もう1つは、ほとん
　　　ど聞き取れないレベルだけど、実際に挨拶しているらしいこと」
　　　〈理解できたときは理解したとおりに返す〉
語り手「ひどい美点だな」
聞き手「まったく。ただないよりは、ずっといい。もう1つ、これは新
　　　人さん自身のことではないけれど、『挨拶だって満足にできてな
　　　い』というくらいだから、挨拶はやはり大切なものだと君も考え
　　　ているんじゃないかな?」〈語り手にとっての「良きもの」〉
語り手「あたり前のことだけどな。やって当たり前」
聞き手「そう。当たり前。当たり前だけど、大切なこと。しかも今の問
　　　題のコミュニケーションに直結する」

369　　　　　　　　　　　　　　35 DOUBLE LISTENING

語り手「それは、まあそうだな」

聞き手「大切なことだけど、当たり前のこと、とも言える。実行するのに、
　　　　特別なスキルはいらない」

語り手「何を言いたいかわかってきた。しかし他のみんなのほうから新
　　　　人に挨拶するのか？」

聞き手「口の中でもぐもぐ言ってるのがわかるなら、聞こえたことにし
　　　　て、挨拶を返すだけでいいんじゃないかな。いかにダメな新人で
　　　　も、挨拶をしたら普通に挨拶を返すだろ？　当たり前だから。新
　　　　人にとっては、挨拶（もどき）をする度に無視される、無視され
　　　　るなら挨拶したくない、という悪循環を抜けるきっかけになるか
　　　　も」

語り手「まあ挨拶の1つもしてくれると、周りもやりやすいのは確かだし。
　　　　僕の周りの2、3人に声をかけてみるか」

レビュー

※ 自己と世界についての物語

　　ナラティブ・セラピーは、人が物語ることで自己を形づくり世界を秩
序立てることを実践と人間理解のベースにしている。

　　この自己と世界の物語は、その人のセルフ・イメージとものの見方の
基盤となる。

　　たとえば、困難な状況にある人は、自らを「困難な状況に陥っている
者」として物語る。互いに対立し合う人たちは、お互いを敵だとする物
語を語り合う。そしてこの物語に合った出来事を重視して物語に組み込
み、このネガティブな物語を分厚く編み直していく。その半面、物語に
合わない出来事は軽視され無視される。

憎悪の連鎖から破滅へ至る自己成就的予言のプロセス

　物語は、自己成就的予言の力を持っている。「あいつは敵だ」という物語に駆られて行った行動は敵対的な行動になり、お互いに相手の怒りと危機感、そして敵対的行動を惹起する。こうなれば「やっぱりあいつは敵だ」となり、お互いの行動を通じて、「あいつは敵だ」という物語は新たなエピソードを加えて強化され、分厚く動かしがたく支配的になっていく。

　この物語は、行動を通じて世界と結びつき、さらに言えば、因果ループを形成している。

　因果ループへの介入には、根本原因を探す必要がないことを思い出そう（→因果ループ図、326ページ）。ループを形成している要素なら、どこに介入してもいい。

　だとしたら、我々が自分に向けて語っている物語をもし変えることができたなら、因果ループを通じて、自分の行動を、そして世界のあり方を、

変えることができるかもしれない。

❖ もう1つの物語を育てる

では、どうやって自分自身に向かって語る物語を変えることができるのだろうか。

因果ループを構成する要素は、このループによって再生産されているために、単に取り除こうとしても、また再生してしまう。

必要なのは、因果ループを組み替えることだ。

ナラティブ・セラピーでは、支配的になっている物語（ドミナント・ストーリー）に対して、別の物語の芽を見つけ育てることで、物語と行動と世界をつなぐ因果ループを組み替えようとする。オルタナティブな物語を成長させ、もう1つの因果ループをつくるのである。

ナラティブ・セラピーの多くの技法は、オルタナティブな物語の芽を見つけ育てることを目指している。

二重傾聴は、ナラティブ・セラピーの創始者マイケル・ホワイトが、トラウマに苦しむクライエントの話を聞く際に用いていた方法である。

ホワイトは、トラウマについての話を聞きながら、同時に、クライエントがトラウマにどのように対処したのか、そしてクライエントが何を大切に思っているのか、といった話を聞き取っていった。

クライエントは確かにトラウマに長年苦しんでいたが、「トラウマの被害者」というのはクライエントの一面ではあっても、すべてではない。

多くのクライエントは苦しむだけでなく、何らかの仕方でトラウマに対処し、時にはトラウマの影響を弱め、楽しい一時を持つことすらできていた。

しかし、また少なくないクライエントが、自らを「トラウマの被害者」として位置づける中で、そうした良好だった状態を「一時的なもの」「偶然にすぎない」として扱い、軽視し、忘れてしまっていた。

ホワイトは、支配的な物語の下で「一時的なもの」「偶然にすぎない」として扱われていたものについて、共感と関心をもって傾聴することで、オルタナティブな物語の芽を守り育てようとするのである。

※「例外」は自分1人では見つけ難い

オルタナティブな物語の芽は、解決志向アプローチ（→ミラクル・クエスチョン、272ページ）（スケーリング・クエスチョン、341ページ）の「例外」に当たる。

しかし、この「例外」は、問題の当事者自身には発見することがなかなか難しい。

なぜなら、人間の認知は事前に抱いている全体像に合わない個々の事実を無視する傾向があるからである。ネガティブに傾いた認知は、ネガティブな事象や側面ばかりを取り上げる。

しかも、ネガティブに傾いた認知がネガティブな感情や行動を生み出し、世界へのネガティブな働きかけはネガティブなリアクションを引き出し、これがまたネガティブな認知を強化していく、という因果ループが形成される。

こうした因果ループの中で、ネガティブな認知は（ネガティブな感情や行動とともに）再生産されていくのである。

　しかしまた、ネガティブな結果を維持・再生産している悪循環の中にも、必ずループから逸れるような逸脱や例外が生じていることを、解決志向アプローチは教える。

　だとすれば、我々が語る、問題の染み込んだ物語（probrem-saturated-story）の中にも、支配的な物語から逸脱するような「例外」が、わずかであっても生じている可能性がある。

　支配的な物語に混じる何か異なるものが、物語－行動－世界という強め合う因果ループの中で、我々が極端に流れることに抵抗し、一色に染まることを食い止めている。

　1人で「例外」を見つけるのが難しいのなら、2人ではどうか。語り手と聞き手に分かれ、聞き手は少し距離を置いた立場から、語り手の語る物語に混じる「例外」を見つけ、拾い上げる。

　二重傾聴は、自分1人では見つけ難い「例外」を2人で探す技法である。

第Ⅱ部　サーキュラーな問題解決

A MAP OF THE PYRENEES

36
ピレネーの地図
間違ったプランもないよりまし

難易度

開発者

カール・E・ワイク （Karl E. Weick, 1936 - ）

参考文献

『センスメーキング　イン　オーガニゼーション』（ワイク、文眞堂、2002）

Holub, M. 1977. Brief thoughts on maps. J. and I. Milner, trans. Times Literary Supplement. Issue 3908:118. February 4.

用途と用例

◎ プランを立てることが難しいとき。

◎ 集団で意思決定をしなければならないとき。

第7章 解決策の実行

レシピ

❶ 解決したい問題のためにつくられたわけではない別の計画を一つ選ぶ。

❷ 別の計画を元に問題解決に取り組む。

❸ 別の計画を実施する中で不都合が出てきたら（当然出てくる）、どんどん
計画を変更して実施する。

☞間違ったプランは、なんとか使えるプランを生み出すきっかけ、
叩き台、メタファーとして使うことができる。

サンプル

アルプスで起きた遭難

　この技法の元になった逸話をもって例としよう。

　スイスでの軍事機動演習の中、ハンガリー軍の小隊の若い中尉は、ア
ルプス山脈で偵察隊を送りだした。

　その直後に雪が降り始めた。降雪は２日間続いた。その間、偵察隊は
戻ってこなかった。中尉は、部下を死地に追いやったのではないかと思
い悩んだ。

　しかし３日目にその偵察隊は戻ってきた。彼らはどこに行っていたの
か？　どうやって道を見つけたのだろうか？

　彼らが言うには、「我々は迷ったとわかって、もうこれで終わりかと
思いました。そのとき隊員の１人がポケットに地図を見つけました。お
かげで冷静になれました。我々は野営し、吹雪をやり過ごしました。そ
れからその地図で帰り道を見つけ出しました。それでここに着いたわけ

第Ⅱ部　サーキュラーな問題解決　　　　　　　　　　　　　　　　376

『ピレネーの本』(Sabine Baring-Gould、1907) の本文に掲載されていたピレネーの地図。ピレネー山脈はフランスとスペインの国境に位置する山脈で、イベリア半島の付け根を地中海からビスケー湾まで延長約430kmにわたって続く。山脈を横断する自動車道路や鉄道は多く建設されているが、山脈を縦断する道路が少ないため東西方向の交通の便は悪く、谷筋ごとに孤立する傾向が強い。

です」。

中尉は、偵察隊の命の恩人となった地図を手にとってじっくりと眺めた。驚いたことに、その地図はアルプスの地図ではなく、ピレネーの地図であった。

レビュー

※ 幸運すぎる小隊

サンプルに挙げた逸話は、印象的ではあるが、いろんな意味で事実かどうか疑わしい。

まず、どの地域のものか書いてない地図はありえない（地図の目的を損なう）し、仮に吹雪の中でどこの地図か判読できないような状況だったというなら、そもそも地図自体を読むことができないはずである。

また、市街地なら道に迷うか、目的地に着かない程度で済むが、誤りが崖に落ちる等生死に直結するアルプスでは、間違った地図に従って無事に済むには状況が過酷過ぎる、とヘンリー・ミンツバーグは指摘もする［＊1］。

仮に事実であったとしても、合理的に考えるなら「たまたま彼らは幸運であっただけ」と見なして、この話は終了してしまったほうがよいだろう。

ある特定の出来事や手段などを評価する際に、最終的に生き残った一部のみをもって判断してしまうことを生存バイアス（Survivorship bias）と呼ぶ。幸運なハンガリー軍の偵察隊の生還から何か教訓を得ようとすれば、間違った地図を使って帰還しなかった大勢のグループを無視することになる。

※ 分析が間に合わないとき

しかし、もしこれら多くの難点にもかかわらず、我々がこのエピソードに立ち止まってしまうとしたら、逆説的な結末の印象深さもさることながら、我々がこれと似た話をどこかで見聞きしているからなのかもしれない。

デタラメに見える指示や、事実誤認に基づく計画にもかかわらず、うまくいくことがある。

少なくないリーダーが、自分たちの組織が置かれた現状を正確に認識

［＊1］『戦略サファリ──戦略マネジメント・ガイドブック』（ヘンリー・ミンツバーグ、東洋経済新報社、1999）。さらに言えば、このエピソードを自著に使っているワイクは、出典であるHolub の詩を引用するかわりに、自分の言葉で語り直しており、アカデミックな基準に照らして剽窃と指弾されている。たとえば Basboll, T. (2008). Soft constraints: or, Why I think Karl Weick's Sensemaking in organizations is a great big polychromed gee-whiz pacifier sputtering facts and unfacts like a wobbly Roman candle.

第II部　サーキュラーな問題解決

していなかった（その時点では認識できなかった）にもかかわらず、成功を収めている。

　我々の世界は複雑過ぎて、また意思決定を下さなければならないタイミングが急過ぎて、十分な調査を行えないまま、とにかく行動しなければならない場合がある。

　こんなとき、我々は何を頼りに前へ進むことができるのだろうか。

　取り組もうとしている問題について、本当なら分析し、仮説を立て、解決策を考えるのが正攻法だが、そのためのリソース（時間や人材など）が足りない場合はままある。

　問題を分析する代わりに、我々は昔つくられた計画を引っ張り出して使うことがある。

　プランとまで言わなくても、目下の問題と似てそうな体験を引っ張り出して、そのまま解決策として用いることは珍しくない。

　巨大組織が直面する、これまでになかったような複雑な問題に対してすら、過去のうまくいったプランが再利用されることがある。

　こうした場合、当事者は、元の問題と目下の問題がいくらか似ていることが、成功を約束しているかのように信じている（あるいは信じるふりをする）が、現実と合致しない場合にもプランが役に立つとしたら、なぜだろうか？

※ プランはメンバーの注意を問題に集中する

　ダメな計画と無計画とでは、ダメな計画のほうがいくらかましだと考えられる、いくつかの理由がある。

36 A MAP OF THE PYRENEES

1つは、計画の存在が、集団のメンバーの努力を1つの方向に揃える点である。計画があることで、メンバーの注意は、互いの認識に齟齬があることよりも、計画と現実のギャップに注がれる。

もしも、お互いの認識の齟齬に注意が向けば、お互いの認識の違いをすり合わせる作業に努力が費やされる。極限状態においては、このすり合わせが、個人攻撃にも発展しかねない。

アルプス山中でピレネーの地図に頼る人たちは、地図と実際の地形が異なるというギャップに繰り返し遭遇しただろう。

しかしこの場合、対処すべきなのは地図と地形の違いだけである。

※プランは問題の複雑さも減らす

今のは、問題解決における集団／社会の複雑さを減らすというメリットだったが、プランは問題自体の複雑さについても縮減する。

対処すべき問題や状況が複雑すぎて、何から手をつければいいかわからない場合、仮初めの計画でも、それを現実とぶつけてみて、出てきたギャップに応じて計画を修正するほうがやりやすい。

プランを持つことは、現実をプランというメガネを通して見ることを要請する。この場合、我々はプランが想定する可能性だけを注視し、プランが扱おうとする側面だけに注力する。

こうして我々の認識と行動の選択肢を減らすことで、問題の複雑さを縮減できるのである。

冬のアルプス山脈。中央に見えるのがマッターホルン。ちなみに、ここアルプスで道に迷ったハンガリー軍小隊について、チェコの詩人ミロスラフ・ホルップ（Miroslav Holub, 1923-1998）が詩を発表している。ボヘミアのプルゼニに生まれたホルップはプラハで医学を学ぶ。第二次大戦に従軍後、チェコの科学アカデミーに入り、免疫学を研究。一時、フライブルクのマックス・プランク研究所にも勤務した。ホルップの詩は無韻であることもあって30以上の言語に翻訳されており、国際的に最も有名なチェコの詩人である。（写真：EPA＝時事）

もちろん、こうしたやり方は問題の複雑さを大胆にも切り落としていくことであり、見逃しに由来するリスクがある。
　しかし我々の問題解決に費やせる時間も資金も、さらには認知資源も有限である。
　現実と合致しなくても、仮初めのプランを導入することは問題解決のリソースを節約できる可能性がある。

❋ プランは現場で即興でつくり変えられる

　ピレネーの地図のエピソードはさらに、プラン実施に差し挟まれる〈創造性〉の存在を示している。
　実情に合わないプランを与えられた場合、しばしば現場は実施の段階で計画を不断に修正してなんとかやっていこうとする。
　どれほど詳細なプランでも、予想外のことはいくらも起こりうる。そして、大抵のプランは想定外の出来事に遭遇すれば、いくらか修正が必要になる。プランの立案者と実施者が別の場合は、なおさらプランと現実のギャップは生じやすい。
　しかし現場の〈創造性〉には功罪両面がある。どれほど革新的な計画であっても、現場は何とかして今までのやり方に近づくようプランを〈改造〉してしまい、革新性を骨抜きにするかもしれない。

❋ 度し難いヒトの気つけ薬

　ピレネーの地図の今1つの側面は、彼らはすでに最悪の状況に陥っていたという点である。
　偵察隊は、進むべき方向を見失っており、パニック寸前まで混乱に陥っていた。冷静さを失えば失うほど、彼らは絶望的な状況をさらに悪化させただろう。

そんな状況で〈発見〉された地図だからこそ、迷いと失望の悪循環から脱する一撃となりえたのだ。

　彼らは、その地図を正しい地図と誤認したがゆえに、冷静さをなんとか取り戻し、わずかな希望さえ抱くことができ、地図と現地のギャップをなんとかすることに、集団の認知資源を集中できた。

　我々は、出来事を筋道だって整理し秩序立てようとする傾向を持っている。その傾向はときには過度に働き、ありもしない秩序を現実に押しつけさえする。

　ヒトは、ぬいぐるみに感情を、雨音にメロディを、システム・エラーに悪意を、骨のひび割れに神意を、夜空の星に神話の登場人物を読み取る、度し難い生き物である。

　人類が、無秩序で理不尽な世界を生き抜くために、神話やコスモロジーを必要としてきたように、すべてを見通せない複雑な問題に対する我々もまた、〈ありもしない秩序〉を現実に押しつけるという代償を払って、我を取り戻し、迷いと失望の悪循環から抜けるのである。

　たとえば、組織の中で繰り返し生まれ提唱される、抽象的過ぎてさまざまな解釈の余地を残すビジョンやスローガンは、一種の〈ピレネーの地図〉なのだ。

※ 成功者の体験談はなぜバラバラか

　ヒトは、都合よく事実をピックアップし、目的や因果関係を押しつけ、混沌を物語に仕立て直す（→推論の梯子、283ページ）ことで、なんとかやっていく。

　このことは、たとえば成功者の体験談が、事実の記録としては実に当てにならないことを教えている。

　しかし、話はここで終わりではない。ピレネーの地図のエピソードが示唆するのは、これら体験談が事実と合致しなくても役に立ってしまうことがありうるということである。

第II部　サーキュラーな問題解決

成功者と生存バイアス

　この当てにならない地図のエピソードが生き延びて、我々のところに届いたように、成功者の体験談もまた、ほとんどの人が真似することができなかったとしても、偶然にも誰かが成功すれば淘汰されずに成功物語として伝承される。もちろん、偶然による成功には共通点はなく、あったとしても人として誰もが守るべき徳目めいたもの（努力、忍耐、感謝等）が取り出されるだけである。

※ 地図は不要なのか

　最後に、ピレネーの地図のエピソードから学んではいけない点を蛇足ながら指摘しておこう。
　間違った地図が役に立つ場合があるからといって、地図が不要になるわけではない。
　言い換えれば、現実に合致しないプランが役に立つことがあるからといって、実情を調査することが不要になるわけではない。
　これは、逆向きの教訓である。
　つまり、うまくいったからといって、それでプランが現実と合致していると油断してはならない。

PRESCRIBING THE SYMPTOM

37
症状処方

問題をもって問題を制する

難易度

開発者

ミルトン・エリクソン（Milton H. Erickson, 1901 ～ 1980）

参考文献

Erickson, M. H. (1965). The use of symptoms as an integral part of hypnotherapy. American Journal of Clinical Hypnosis, 8(1), 57-65.

『変化の技法——MRI 短期集中療法』（フィシュ、ウィークランド、シーガル、金剛出版、1986）

用途と用例

◎ 解決の努力が問題を生み出す悪循環の一部になっているとき。

◎ 意識的努力が余計に問題を悪化させているとき。

第Ⅱ部　サーキュラーな問題解決

レシピ

■ **取り除きたい問題**（症状）**をあえて促す**（より大げさに／スケジュールを決めて／意識的に行う、もっと続ける）。

サンプル

震えを止める

　震えは、それを止めようとすればするほど大きくなることがある。

　手で握った何かが（たとえば暴れる子が）動かないようにするためには、普通はぐっと手や腕に力を込めるものだが、自身が震えている場合には、力を込める、すなわち筋肉を緊張させることが、かえって震えを大きくする。

　こうした場合は、むしろ力を抜いてリラックスすればいいのだが、問題が目の前にあるとどうしてもそれを取り除こうという努力をしてしまうのが人間の性である。

　大抵は、緊張してはいけないのだと考えることで、余計に緊張してしまう。「リラックスしよう」と努めることで、震える手（足）に意識を集中してしまって、知らず知らずのうちに、やはり筋肉を緊張させてしまうことが多い。

　こうした場合は、むしろ逆説的な指示が有効である。

　今の場合、「症状」にあたるものは、「手が（足が）震える」というものだ。

　だから「症状」は、こんな風に「処方」される。

「手（足）をぶるぶる震わせてください。そうです、もっと！　もっと、

もっと、もっと激しく、もっとです！　……はい、もういいですよ」

　意識的に手（足）をはげしく震わせる努力をした後で、努力をやめると、震えは止まっている。

ナンパに失敗する

　論理療法の創始者、アルバート・エリスは、結婚カウンセラーからそのキャリアをはじめたほど、女性と交際することに高い関心を抱いていた。しかし（というか、だから、というべきか）、その方面について全く不得手であり、女性に声をかけたことすらなく、そのことに大きな不安を抱いていた。

　彼は、都市公園に出かけ、これはと思う女性に声をかけ、隣に座る許可を得ておしゃべりを交わし、別れるときにデートの約束をする、という苦行をはじめた。そして結果がどうあれ、100人の女性に声をかけるまでは決してやめないと心に誓った。

　彼は週末の度に公園で女性に声をかけつづけた。結果は散々なものだった。エリスがデートの約束にこぎつけたのは、100人のうち、たった1人だった。その彼女も、大方の予想通り、約束の時間、約束の場所に現れなかった。

　この結果をエリスはこう総括する。半分以上の女性が、はなっからエリスの言葉に耳を貸さなかったが、エリスが恐れていたこと……たとえば、女性がエリスが声をかける前に、チビでぶさいくな彼の姿を見て胃の内容物を地面にぶちまける、といったことは、何1つ起こらなかった。それどころか、数人の女性がエリスにベンチをすすめ、話を最後まで聞いてくれた。そして何よりも、エリスは女性に声をかける行動を妨げていた恐怖心を完全に払拭していた。

ギャンブルで食べていけ

　最初は厳しすぎる親への反発からギャンブルに走った息子は、今では

　ギャンブルという問題行動を続けることだけが、親からの関心を引く方法になっていた。親も息子がこうなったのは自分たちの責任だからと、息子を突き放すことも見捨てることもできず、親子ともども、この悪循環から抜け出せないでいた。

　家族療法家は、息子にギャンブルの道を極め、それで生計を立てるよう指示し、親にも息子がこの道に進めるよう十分に支援するように指示した。親にはさらに「あなた方はこれまで堅物すぎてギャンブルがどういうものかわかっていないだろうから、このままでは満足な支援はできないだろう。だから、その道の先達である息子から、週に2回、ギャンブルの手ほどきを受けるように」と指示し、息子には「君はこの道で食べていくプロなのだから、その指導料をちゃんと親から徴収するように」と念を押した。

　結局、この指示は守られなかった。親子とも家族療法家の指示には疑問と反発を感じていたが、より強く抵抗を示していた息子のほうが先に音を上げた。「こんなこと、やってられない」。親はもはや自分の悪行を引き止める役割を果たさず、それどころか、ギャンブルを教わるというのだから、もはやギャンブルを続ける意味はない（その意味づけは変わってしまったのだ）。

　悪循環は変化し、別の循環がつくられた。

37 PRESCRIBING THE SYMPTOM

次の面接に、息子はこなかったが、家族療法家には両親から、息子は
ギャンブルをやめ、アルバイトをはじめたと報告があった。

レ ビ ュ ー

※ 努力が拗らせる問題

　症状処方は、解決への努力がかえって問題を拗らせている場合に用い
られる、逆説的介入の代表的技法である。

　たとえば不眠症やインポテンツのような、自然に生じることを意識的
にやろうとして失敗する悪循環によく効く。

　たとえば、ある種の不眠症は眠ろうとするさまざまな意識的努力が覚
醒度を高めてしまい、かえって眠れなくなるという悪循環によって維持
され悪化する。

　このタイプの問題は思った以上に多い。フィシュらは身体的機能や行
為に関する大部分の問題がこれに含まれると指摘している。「すなわち、
性的機能に関する問題（インポテンツ、早漏、不感症、性交痛、性欲減退）、排
便機能に関する問題（便秘、頻回な排便）、排尿機能に関する問題（尿閉、頻尿、
公共施設での排泄困難）、振戦、チック、筋肉のけいれん、食欲に関する問
題、吃音、頑固な痛み、呼吸困難（過呼吸）、不眠、多汗、気分の問題（う
つ状態）、強迫観念と強迫行為、創造性や記憶障害などである」[＊1]

　これらはどれも状態が悪くなったり良くなったりを繰り返すという
共通点を持つ。悪循環に陥ってない場合には変動の幅はそれほど大きく
なく、「今は具合が悪いがしばらくすればましになる」ものとして扱わ
れ（やりすごされ）、とくに注意を引きつけず、専門家の援助を求められ
ることもない。

　しかし、これらの変動を問題視し、「あってはならないもの」として

[＊1]『変化の技法──MRI 短期集中療法』（フィシュ、ウィークランド、シーガル、金剛出版、
　　1986）168 ページ

コントロールしようとすると、悪循環がはじまる。

　第三者から見れば、この悪循環を解くことは難しくないように見える。ただ、その問題に「一生懸命になること」をやめればいい、というわけだ。しかし、この解決法はうまくいかないことが多い。悪循環は当事者の認知も巻き込んでおり、「今まで続けてきたこの努力だけが問題を解決する唯一の方法だ」と当事者が信じるにまで至るからだ。

　さらにもう１つ、ある行動をやめることは、思った以上に難しい。やめようとすることで、よりその行動や問題に注意を払うことになり、それが事態を悪化させるからだ。「やっぱり、今までの努力をやめてはいけないんだ」ということになる。問題を維持している悪循環はホメオスタシスを備えたシステムであり、システム内の変化には負のフィードバックが働き、元の状態に戻そうとする力が働く。

※ 問題と偽解決の悪循環

　偽解決とは、当人としては問題を解決しようとしているのだが、かえって問題を再生産しているような努力をいう。

　懸命な努力にもかかわらず、長期にわたって問題が持続している場合には、こうした偽解決と問題の間の悪循環が観察される。

　問題が続いているということは、これまでに試みたアプローチは、悪循環の一部となっている可能性がある。

　こうした場合、悪循環を抜けるためには、これまでにやったことのないアプローチが必要である。しかし、今までにやったことのないこと、それも悪循環を出し抜けるほど強力な何かを思いつくのは難しい。

※ それだけはやらない努力

　あえて症状を出すことは、通常、試みられたことがない行為である。

　問題解決のためのアプローチは、ふつう問題を否定することであるから、その問題をあえて生じさせることとは、これまで試みられた努力の

389　　　　　37 PRESCRIBING THE SYMPTOM

正反対であることが多い（問題逆転、『アイデア大全』、135ページ）。

※ 従うことも拒否することもできない指示

症状処方の強力さは、それだけではない。

症状処方は治療的ダブルバインドの一種でもある。

ダブルバインドは、従うことも、従わないこともできないような命令である。

たとえば「自発的に勉強しろ」という指示は、それに従って勉強すれば「自発的に」という部分に反し、かといって逆らって勉強しなければ当然「勉強しろ」という部分に反してしまう。

グレゴリー・ベイトソンらは、当初、こうした命令にさらされ、しかもそうした状況から抜け出せないことが、精神分裂症の原因となると考えたが [＊2]、こうしたねじれたコミュニケーションは、他の精神疾患においても、さらにもっと広範な場面でも、観察されることがわかった。

ダブルバインド

[＊2] Bateson, G., Jackson, D. D., Haley, J., & Weakland, J. (1956). Toward a theory of schizophrenia. Systems Research and Behavioral Science, 1(4), 251-264. 邦訳はベイトソン『精神の生態学』（新思索社、2000）に収録。なお、統合失調症（精神分裂病）における二律背反や矛盾状況への注目は、スキゾフレニア（統合失調症の原語）の命名者であるオイゲン・ブロイラーの両価性の概念、カール・ヤスパースの『世界観の心理学』における限界状況、H・F・サールズの「相手を狂気に追いやる努力」、ルセイカー兄弟の葛藤状況等、精神医学とその周辺で繰り返し取り上げられてきた伝統がある。

さらにベイトソンらの研究グループが長期間聞き取りを行った精神科医ミルトン・エリクソン（→ミラクル・クエスチョン、272ページ）は、同様のねじれて従うことも、従わないこともできないような命令を、治療目的に用いていた。

　治療的ダブルバインドは、たとえば「自発的に症状を出してください」といった指示の形を、つまり症状療法の形を取る。

　もし指示に従い症状を出すことができれば、それは「自発的に」という部分に反する。

　もし症状を出すことができなければ、この場合も「症状を出せ」という部分に反する。

　いずれにせよ従うことができないのは、単なるダブルバインドと同じだが、その指示に従えないことが、指示された者にとって望ましい結果となる点が異なる。

治療的ダブルバインド

37 PRESCRIBING THE SYMPTOM

「症状を出せ」という指示に従えない場合、問題の症状はなくなっていることになる。

では、本当に症状を出すことができた場合はどうか。そのときは、今まで自分の意思でコントロールできなかった症状をコントロールできたことになる。しかもそれは、「あってはならないもの」をコントロールしようとして悪循環を始めたあの努力と、正反対のものとなっている。

指示に対して相手が意識的または無意識的に抵抗する場合を織り込み済みである点も特徴である。

つまり、指示・命令に抵抗しようとすれば、その指示に従わないことになるが、その結果、症状は出せなくなる。ギャンブルをやめた息子の例がこれにあたる。

❖ 失敗を計画する

いまここで症状を出せ、という代わりに、来週までに最低2回は症状を出してみてください、という宿題を出す場合もある。

症状（シンプトン）スケジューリングとでも呼ぶべきだが、これも症状処方の一種である。

時間／空間を限定して症状を出すバリエーションもある。

たとえば「心配症の椅子」と呼ぶべき方法だが、不安を消そうとして余計に不安を掻き立てられる悪循環に陥った人に、座る椅子を決めて「1日30分、この椅子に座り、座っている間はずっと心配し続けるように」と指示するものがある。

心配や不安は、生きていれば当然生じるものであるが、「不安を覚え

てはならない」「心配してはならない」といった心配（不安）への心配（不安）という、二次三次……の心配（不安）が生じる悪循環が形成される。「心配症の椅子」は、この悪循環を崩すものである。

また、部分的な失敗を計画することもある。

たとえば、学力はあるのだが完璧主義すぎてテスト不安に陥っている学生に、最低１問はたとえ答えがわかっていても、無回答のまま残すか、わざと間違った答えを書くように指示するのである。

多くの場合、恐怖症の原因ははっきりしない。その理由は、恐怖や不安が回避しようとすればするほど大きくなるという性質を持っているからである。きっかけは問題にならないほど些細なものであっても、避け続けることで不安・恐怖は増大し、さらなる回避によってますます不安・恐怖は大きくなるという悪循環は、やがて人を外出できないほどの恐怖や不安に導くことがある。

逆に、意図的に失敗に触れることで、そしてその不安や恐怖を味わうことで、ついには不安や恐怖はなんとか耐えられる程度には小さくなる。このことが、不安や恐怖にとらわれることから、人を解放する。

問題解決史年表

年	出来事	関連項目・補足
300万年前	投擲する猿人の出現。ヒト科以外の猿には的に向かって投げることは難しい。アルフレッド・W・クロスビーは「目標めがけて投げることは、しばらく後に向こうで生じることを、今ここでコントロールすること」だとし、これを目的計画行動の萌芽と考えている。	〈問題解決の歴史〉
250万年前	オルドワン石器の登場。ホモ属（ホモ・ハビリス、ホモ・エレクトスなど）はもとより、アウストラロピテクス猿人などにより製作された可能性がある。将来の使用のために道具をつくっておく生物の登場を意味する。	〈問題解決の歴史〉
50万年前	火の使用のはじまり。問題解決の観点からは、発動の場所と時間を自由に決められ、身体能力に制限を受けない力を手に入れたことを意味する。	〈問題解決の歴史〉
20万年前	ホモ・サピエンスの登場。	
7万年前	虚構を扱う言語能力の登場。ヒトが神話と歴史と物語を扱うようになる。	リフレーミング（→291ページ）、問題への相談（→305ページ）
3万6千年前	アマの繊維から織物をつくるようになる。	〈問題解決の歴史〉
3万6千年前頃	現在知られる最古の洞窟壁画が現れる（南フランスのショーヴェ洞窟壁画）。	〈問題解決の歴史〉
紀元前3000年以前	文字の発明。言葉や情報を次世代へ伝承する方法（問題解決）であると同時に、問題解決を世代を超えて継承・蓄積する方法ともなった。	まえがき（→2ページ）
紀元前1570年頃	エジプト新王朝（〜紀元前1070年頃）には宗教的目的で塗油が用いられていた。	リフレーミング（→291ページ）

年	出来事	関連項目・補足
紀元前 1000 年頃	イスラエルのソロモン王、「子どもの真の母親は誰か」を判定する（ソロモンの知恵）。『列王記　上』第 3 章 16-28。ソロモン王は名を知られる最古の問題解決者。	〈問題解決の歴史〉
紀元前 8 世紀末	ホメロス『オデュッセイア』。第 12 歌にあるセイレーンのエピソードは、動学的不整合に対する問題解決の嚆矢。	オデュッセウスの鎖（→ 220 ページ）
紀元前 7 世紀	最古の図書館とも評されるアッシュルバニパルの王宮文書館、火災で書庫は放棄され、焼き固まった粘土板を現代に残す。	〈問題解決の歴史〉
紀元前 6 世紀	タレスのロバ、塩を積んだとき、川で転ぶと荷が軽くなることを覚え、繰り返し川で転ぶようになる。タレスは海綿をロバに負わせ、川で転ぶと荷が重くなるようにし、この行動を弱化した。行動随伴性の原理と応用の初出。	行動デザインシート（→ 231 ページ）
紀元前 427 年頃	ソフォクレス『オイディプス王』執筆。主人公オイディプスは古代社会の人間的完成であり、スフィンクスが問う難問に正解した優れた問題解決者。この物語は彼が自らの出自の謎を解いた結果、その罪を負うという、問題解決が責任倫理と結びつく好例となっている。	まえがき（→ 2 ページ）
紀元前 360 年頃	プラトン『ティマイオス』。この作品と『クリティアス』の中で記述したアトランティス大陸の王国は、世界の覇権を握ろうとしたものの、ゼウスの怒りに触れて海中に沈められたとされる。	キャメロット（→ 50 ページ）
紀元前 300 年頃	エウクレイデス（ユークリッド）の互除法。エウクレイデス『原論』の第 7 巻にみられ、最古のアルゴリズムとして知られる。	フロイドの解き直し（→ 262 ページ）
紀元前 250 年頃	アルキメデス『砂の計算者』。宇宙を埋め尽くすのに必要な砂粒の個数を概算。	フェルミ推定（→ 122 ページ）

年	出来事	関連項目・補足
紀元前3世紀末	『荘子』内篇成立。第七「応帝王」篇に「無可有郷」という自然のままで、何の作為もない理想郷が登場する。後年、ユートピア的な理想郷の訳語としても使われた。	キャメロット（→ 50 ページ）
268 年	ポルピュリオス『エイサゴーゲー』を執筆（〜 270 年）。この書に登場するポルピュリオスの樹は系統樹思考の嚆矢となった。	マインドマップ（→ 136 ページ）
340 年頃	パッポス『数学集成』。この第 7 巻 ἀναλυόμενος は、ジョージ・ポリヤによれば「解析の宝庫」「問題を解く術」あるいは「発見術 Huristics」と訳せるという。	〈問題解決の歴史〉
892 年	菅原道真『類聚国史』編纂。日本におけるカードを用いた情報整理の嚆矢。「六国史」（日本書紀など国家編纂でつくられ た史書）の記事を、1 項目ごとにカード（「短策」）に抜き書きしていき、同種の事項を束ねた上で時間順に配列、分類することで『類聚国史』を編集した。	KJ 法（→ 159 ページ）
1145 年	シリアのガバラ司教ユーグ、教皇エウゲニウス 3 世に東方に現れたプレスター・ジョン王の情報を伝える。プレスター・ジョンは、アジアあるいはアフリカに存在すると考えられていた、伝説上のキリスト教国の国王。この後、プレスター・ジョンの書簡の写しとされるものがヨーロッパ中に流布し、プレスター・ジョンの使者が現れたという噂も広まっていく。	キャメロット（→ 50 ページ）
1177 年	『ランスロまたは荷車の騎士』（〜 1179 年、1181 年とも）にアーサー王の王国ログレスの都キャメロット初出。	キャメロット（→ 50 ページ）
12 世紀	ソールズベリのジョン『メタロギコン』でベルナールの言葉として「私たちは巨人の肩の上に乗る小人のようなもの」と記す。	まえがき （→ 2 ページ）、文献調査（→ 101 ページ）

問題解決史年表

年	出来事	関連項目・補足
1516 年	トマス・モア『ユートピア』出版。	キャメロット（→ 50 ページ）
1535 年	ライムンドゥス・ルルス『学問の樹 (Arbor-scientiae)』、諸学を系統樹で体系づける。	マインドマップ（→ 136 ページ）
1543 年	ピーター・ラムス（ピエール・ド・ラ・ラメー）『弁証論的分割法』で二分法のツリー図を用いる。	ロジック・ツリー（→ 81 ページ）
1605 年	セルバンテス『ドン・キホーテ』前編を発表。	キャメロット（→ 50 ページ）
1620 年	ベーコン『ノヴム・オルガヌム』。知識を他の目的のための手段・道具であると主張し、発見のための帰納法を重視。偏見・先入観を分類した「4 つのイドラ」論を含む。	〈問題解決の歴史〉
1637 年	デカルト『方法序説』。正しく理性を使うための 4 規則の中に、問題の分割と網羅的列挙を挙げる。	ロジック・ツリー（→ 81 ページ）
1644 年	デカルト『哲学原理』。哲学全体を 1 つの樹木に喩えて、根に形而上学、幹に自然学、枝に諸々のその他の学問を割り当てる。	ロジック・ツリー（→ 81 ページ）
1676 年	ニュートン、フックに宛てた書簡に「巨人の肩の上」と記す。	文献調査（→ 101 ページ）
1719 年	デフォー『ロビンソン・クルーソー』。主人公ロビンソンは作中「人生帳簿」という幸不幸の帳簿を開発する。フランクリンの「心の代数」の元ネタ。	フランクリンの功罪表（→ 177 ページ）
1742 年	ヤング『生、死、永生に関する夜想詩』にて「先送りは時間の盗人」とうたう。	ぐずぐず主義克服シート（→ 202 ページ）
1770 年頃	サミュエル・ジョンソン、友人ボズウェルに「こいつは 100 年後にも重要か？」と問う。	100 年ルール（→ 24 ページ）
1772 年	フランクリン、プリーストリに「心の代数」についての手紙を送る。	フランクリンの功罪表（→ 177 ページ）

年	出来事	関連項目・補足
1789 年	ベンサム『道徳と立法の諸原理序説』。幸福と苦痛の価値を合計して両者の差を出して現世の幸福を得られる、という着想から、功利主義という新しい道徳原理を構築。	フランクリンの功罪表（→ 177 ページ）
1796 年	エドワード・ジェンナー、最初の種痘を試みる。	症状処方（→ 384 ページ）
1798 年	コールリッジ『クーブラカーン』執筆。この幻想詩でうたったモンゴルの夏の都ザナドゥは幻想的な楽園の代名詞となった。	キャメロット（→ 50 ページ）
1814 年	タレーラン、ウィーン会議（〜 1815 年）にて「イエナ橋」を破壊から防ぐ。	リフレーミング（→ 291 ページ）
1876 年	マーク・トウェイン『トム・ソーヤーの冒険』。第 2 章のペンキ塗りのエピソードは卓越したリフレーミングの例。	リフレーミング（→ 291 ページ）
1879 年	エジソン、白熱電球を発明。	力まかせ探索（→ 113 ページ）
1883 年	フランスの数学者リュカ、ゲーム『ハノイの塔』を発売。問題解決を情報処理のプロセスとして捉える立場から、初期の認知心理学では、問題解決を問題状態の変換（の連鎖）と考えたが、その際に「ハノイの塔」は研究の題材としてよく用いられた。	〈問題解決研究の歴史〉
1891 年	ペアノ『数の概念について』で自然数を公理化。	まえがき（→ 2 ページ）
1897 年	マッハ、論文「思考実験について（Über Gedankenexperimente）」を発表	100 年ルール（→ 24 ページ）
1898 年	エドワード・ソーンダイク『動物の知能』。問題箱に入れたネコに箱から脱出する方法を見つけさせる実験を通じて、問題解決過程を、試行錯誤を通じて刺激と反応の適切な連合を形成する過程と捉えた。	〈問題解決研究の歴史〉

問題解決史年表

年	出来事	関連項目・補足
1910 年	デューイ『われわれはいかに考えるか』で問題解決型学習を提唱。	〈問題解決研究の歴史〉
1913 年	エレナ・ホグマン・ポーター『少女パレアナ（ポリアンナ）』刊行。主人公の Glad Game（いいとこ探し）に由来する Pollyannaism という言葉は過度の楽観主義を意味するものとして 1920 年代から使われるようになった。	ミラクル・クエスチョン（→ 272 ページ）
1914 年	ヴィーザー『社会経済論』で機会費用の概念を提起。	機会費用（→ 184 ページ）
1914 年	マリノフスキー、ニューギニア東部のトロブリアンド諸島に赴き実地調査を開始（〜 1918 年）。この調査により参与観察型エスノグラフィーの嚆矢となった。	エスノグラフィー（→ 352 ページ）
1917 年	ケーラー『類人猿の知恵試験』。チンパンジーがバラバラに置かれた棒や箱といった道具をうまく組み合わせて餌をとることができることなどを実験的に示し、こうした実験から、ケーラーは洞察により場面の構造を見通すことが問題解決につながるとした。	〈問題解決研究の歴史〉
1919 年	国家禁酒法（ボルステッド法）。翌年のアメリカ合衆国憲法修正第 18 条とあわせて、いわゆる禁酒法となる。高邁な理想を掲げて失敗した典型例として知られる。	キャメロット（→ 50 ページ）
1919 年	マックス・ウェーバー『職業としての政治』。その行為がどのような結果をもたらすかを予見した上で行動し、行為の結果を他者（神、運命、社会、他人など）に転嫁せず、行為者自身が責任を負う〈責任倫理〉を、政治を天職とする者に不可欠の徳と説く。	まえがき（→ 2 ページ）
1924 年	シューハート、生産管理に管理図を導入。	特性要因図（→ 91 ページ）

年	出来事	関連項目・補足
1926 年	ウォーラス『思考の技術』。創造的過程の 4 段階モデル（①準備期、②孵化期、③啓示・開明期、④検証期）を提唱。	本書の構成について（→ 19 ページ）
1933 年	ジェームズ・ヒルトン『失われた地平線』。この作品に登場する「シャングリラ」は理想郷の代名詞として知られる。	キャメロット（→ 50 ページ）
1934 年	アメリカでグラス・スティーガル法により、連邦預金保険公社が設立。現在のような形の預金保険制度のはじまり。	因果ループ図（→ 326 ページ）
1935 年	カール・ドゥンカー「放射線問題」の論文で、問題解決のファミリー・ツリーを示す。	ロジック・ツリー（→ 81 ページ）
1936 年	「ニーバーの祈り」が使われ始める。	ニーバーの仕分け（→ 32 ページ）
1938 年	デューイ『論理学──探究の理論』。探究の 6 段階説として①問題状況、②問題設定、③仮説、④推論、⑤実験（実行）、⑥保証付き言明（仮説の評価）を提唱。	本書の構成について（→ 19 ページ）
1930 年代後半	スキナー、スキナー箱を用いた行動研究の基礎を確立。	行動デザインシート（→ 231 ページ）
1941 年	小宮山正、白馬岳山頂に風景指示盤の台石を運び上げる（新田次郎『強力伝』のモデル）。	問題解決のタイムライン（→ 255 ページ）
1945 年	フェルミ、トリニティ原爆実験で、爆発の衝撃波で吹き飛ばされた紙片から爆発のエネルギーを概算。	フェルミ推定（→ 122 ページ）
1945 年	ポリヤ『いかにして問題をとくか』。	まえがき（→ 2 ページ）
1945 年	マックス・ウェルトハイマー『生産的思考』。問題に対する見方を変え問題の意味（本質）を理解する過程を「中心転換」として概念化。	〈問題解決研究の歴史〉

年	出来事	関連項目・補足
1946 年	メイシー会議開催（〜 1953 年）。ベルタランフィ、ラポポート、ボールディング、アシュビー、マーガレット・ミードらとともに、グレゴリー・ベイトソンが参加し、サイバネティックスや一般システム理論を議論。	リフレーミング（→ 291 ページ）、因果ループ図（→ 326 ページ）
1946 年	日本科学技術連盟（日科技連）設立。日本における品質管理の研究・普及の拠点となる。	特性要因図（→ 91 ページ）
1953 年	ウィトゲンシュタイン『哲学探究』。ウィトゲンシュタインの死後、アンスコムとリースが遺稿をまとめたもの。この中で展開された言語ゲーム論は哲学内外に広く影響を与えた。	リフレーミング（→ 291 ページ）
1954 年	ベイトソン、論文「遊びと空想の理論」発表。	リフレーミング（→ 291 ページ）
1955 年	ベイトソン、ヘイリー、ウィークランド、精神科医ミルトン・エリクソンに継続的にインタビュー（〜 1968 年）。	ミラクル・クエスチョン（→ 272 ページ）
1956 年	石川馨、特性要因図を考案。	特性要因図（→ 91 ページ）
1956 年	ベイトソンら論文「精神分裂病の理論化に向けて」でダブル・バインド理論を提唱。	リフレーミング（→ 291 ページ）
1956 年	フォレスター、システムダイナミクスを創案。	因果ループ図（→ 326 ページ）
1956 年	ニューウェル、サイモンら世界初の人工知能 Logic Theorist を開発。	力まかせ探索（→ 113 ページ）
1957 年	サイモンらコンピュータ上に問題解決できるプログラム General Problem Solver（GPS: 一般問題解決器）を開発。	キャメロット（→ 50 ページ）
1958 年	社会心理学者のケプナーと社会学者のトリゴー、ケプナー・トリゴー法の研修とコンサルティングを行う KT 社を設立。	ケプナー・トリゴーの決定分析（→ 195 ページ）

年	出来事	関連項目・補足
1958 年	ウォルピ、当事者が障害の程度を数値化する主観的障害単位（subjective unit of disturbance: SUD）を開発。	スケーリング・クエスチョン（→ 341 ページ）
1962 年	ロジャーズ『イノベーションの普及』第 1 版を刊行。	エスノグラフィー（→ 352 ページ）
1963 年	ティンバーゲン、論文「エソロジーの目的と方法について」発表。	ティンバーゲンの 4 つの問い（→69 ページ）
1965 年	キャントリル、主観的幸福感の尺度を発表。後にギャラップ世論調査に「キャントリルの階梯」として組み込まれるもの。	スケーリング・クエスチョン（→ 341 ページ）
1965 年	M. エリクソン、症状処方のテクニックを発表。	症状処方（→ 384 ページ）
1967 年	川喜田二郎、KJ 法を発表。	KJ 法（→ 159 ページ）
1967 年	ロバート・フロイド、非決定性のアルゴリズムを書くための一般的方法を開発。	フロイドの解き直し（→ 262 ページ）
1968 年	近藤次郎、東大紛争の最中、過程決定計画図を考案。	過程決定計画図（→ 210 ページ）
1969 年	マッキンゼー・アンド・カンパニーのカーター・ベイルら、『イシュー分析のガイド』刊行。	ロジック・ツリー（→ 81 ページ）
1969 年	ローバッハ、ブレインライティング法の一つ、Methode 635 を発表。	ブレインライティング（→ 143 ページ）
1969 年	オムら、行動契約を開発。	オデュッセウスの鎖（→ 220 ページ）
1970 年	川喜田二郎『続発想法——KJ 法の展開と応用』でW 型問題解決モデルを提唱。	本書の構成について（→ 19 ページ）
1970 年代はじめ	ノヴァク、コンセプトマップを考案。	コンセプトマップ（→ 149 ページ）

年	出来事	関連項目・補足
1970 年	セン、自由主義的権利とパレート原理との両立不可能性を示す自由主義のパラドクスを証明。	お山の大将（→ 167 ページ）
1970 年	マクフォール、セルフモニタリングが望ましい行動を増やし、望ましくない行動を減らすことを確認。	セルフモニタリング（→ 244 ページ）
1972 年	カルメラウアーとルーセル、プログラミング言語 Prolog を開発。	フロイドの解き直し（→ 262 ページ）
1972 年	メドウズ、ワールドダイナミクスの成果を『成長の限界』として出版。この中で要素間の関係を示すために因果ループ図を使用。	因果ループ図（→ 326 ページ）
1974 年	ブザン、BBC テレビで彼がホストの番組でマインドマップを紹介。	マインドマップ（→ 136 ページ）
1974 年	ワッラウィックら『変化の原理』刊行。	リフレーミング（→ 291 ページ）
1975 年	大前研一『企業参謀――戦略的思考とはなにか』刊行。日本語におけるイシュー・ツリー／ロジック・ツリーの初出。	ロジック・ツリー（→ 81 ページ）
1977 年	佐藤允一『問題の構造学』刊行。	佐藤の問題構造図式（→ 62 ページ）
1977 年	キドランドとプレスコット、動学的不整合の概念を提起。	オデュッセウスの鎖（→ 220 ページ）
1977 年	ホルップ、アルプスで道に迷ったハンガリー軍小隊についての詩を発表。	ピレネーの地図（→ 375 ページ）
1978 年	ド・シェイザーやバーグら、ブリーフファミリーセラピーセンター (BFTC) を開設。	ミラクル・クエスチョン（→ 272 ページ）
1970 年代	アンドレ・デルベクとアンドリュー・ファン・デ・フェン、ノミナル・グループ・プロセスを開発。	ノミナル・グループ・プロセス（→ 41 ページ）

年	出来事	関連項目・補足
1982 年	アージリス、「推論の梯子」のメタファーを提案。	推論の梯子（→ 283ページ）
1984 年	ブランスフォードら『頭の使い方がわかる本』。	ニーバーの仕分け（→ 32 ページ）
1990 年	ホワイトとエプストン『物語としての家族』で「ナラティブ」アプローチを導入。	問題への相談（→ 305 ページ）
1990 年	エリヤフ・ゴールドラット『What is This Thing Called Theory of Constraints and How Should it be Implemented ?』TOC(制約条件の理論) の思考プロセスを提示。	現状分析ツリー（→ 314 ページ）
1999 年	プロクター・アンド・ギャンブル社、フロア掃除につかうシート Swiffer を開発。	エスノグラフィー（→ 352 ページ）
2004 年	ホワイト、二重傾聴のテクニックを発表。	二重傾聴（→ 366ページ）
2006 年	レジーナ・ブレット が書いた「45 Life Lessons Written by a "90-Year-Old" Woman（90 歳の女性が書いた 45 の人生教訓)」がソーシャルメディアで拡散。	100 年ルール(→ 24ページ)
2010 年	Panasonic 社のインド向けエアコン Cube 発表（2011 年 2 月から供給開始)。	エスノグラフィー（→ 352 ページ）
2011 年	ペリー、最も重要な仕事を後回しにすることでそれ以外の仕事を片づける「構造化された先延ばし」でイグ・ノーベル賞文学賞を受賞。	ぐずぐず主義克服シート(→ 202 ページ)
2014 年	ソフトバンク社、感情認識ロボット Pepper を発表。	フロイドの解き直し（→ 262 ページ）
2016 年	中華民国・鴻海（ホンハイ）精密工業が日本の電機メーカーであるシャープを買収。	ティンバーゲンの4 つの問い（→ 69ページ）

問題解決史年表

索 引

《人物関連》

あ

アーサー王 52-53, 396
クリス・アージリス 283, 404
アリストテレス 118
アルキメデス 133, 395
安西祐一郎 257
ウィリアム・フェルプス・イーノ 6
石川馨 91, 96, 99, 401
フリードリヒ・フォン・ヴィーザー 184, 187, 399
ルートヴィヒ・ウィトゲンシュタイン 300, 401
ウェルギリウス 228
マックス・ウェルトハイマー 400
グレーアム・ウォーラス 19, 400
ジョセフ・ウォルピ 346-347, 402
トーマス・エジソン 113, 116-118, 120-121, 362, 398
デイビッド・エプストン 305, 310, 404
ミルトン・エリクソン 280-281, 384, 391, 401-402
デイヴィッド・オーズベル 155
大野克嗣 76
大前研一 86, 403
ロイド・オム 220, 402

か

川喜田二郎 19, 159-160, 164-165, 402
キケロ 118
フィン・E・キドランド 224, 403
ハドレー・キャントリル 347, 402

さ

アーサー・C・クラーク 228
チャールズ・ハッチソン・クラーク 147
黒岩涙香 308
アルフレッド・W・クロスビー 394
ヴォルフガング・ケーラー 399
ジョージ・フロスト・ケナン 36
チャールズ・ケプナー 195, 401
エリヤフ・ゴールドラット 314, 323, 404
サミュエル・テイラー・コールリッジ 53, 398
ダン・コバーク 167
近藤次郎 210, 216, 402

さ

H・F・サールズ 390
ハーバート・A・サイモン ... 4, 54-55, 65, 119, 207, 401
佐藤允一 62, 66, 403
ジェラルド・ザルトマン 362
スティーヴ・ド・シェイザー 61, 272, 279-281, 341-342, 347, 350, 403
エドワード・ジェンナー 398
ウォルター・シューハート 96-97, 399
ヘルムート・シュリックサップ 147
アーサー・シュレジンジャー 37
ジェイムズ・ジョイス 228
スティーブ・ジョブズ 362
サミュエル・ジョンソン 24, 27, 29, 397
菅原道真 396
バラス・スキナー 238-241, 400
ジョセフ・スワン 116
ケント・セルツマン 50, 53

ミゲル・デ・セルバンテス 56, 397

アマルティア・セン 172, 176, 403

荘子 53, 396

キース・ソーヤー 19, 260

エドワード・ソーンダイク 399

ソフォクレス 395

た

メアリー・ダグラス 303

シャルル・モーリス・ド・タレーラン 294-296, 398

タレス 395

チャットマン 111-112

アラン・チューリング 266-267

パウル・ティリヒ 36

ニコ・ティンバーゲン 69, 73-74, 402

ルネ・デカルト 88-89, 397

エドワーズ・デミング 98

ジョン・デューイ 19, 399-400

アンドレ・デルベク 41, 46, 403

カール・ドゥンカー 81, 87, 400

エイモス・トベルスキー 201

ベンジャミン・トリゴー 195, 401

な

ラインホルド・ニーバー 32, 36-38

レイモンド・S・ニッカーソン 182

新田次郎 257-259, 400

アレン・ニューウェル 54, 119, 401

アイザック・ニュートン ...108-109, 156, 397

キャリー・ネイション 58-59

ジョセフ・ノヴァク 149, 155, 402

は

インスー・キム・バーグ...272, 279, 341, 403

デビッド・バーンズ 202

ジム・バグナル 167

パッポス 396

ジリアン・バトラー 24, 27

カール・バルト 36

ジェームズ・ヒルトン 400

アンドリュー・ファン・デ・フェン 41, 47, 403

フィッシャー 225

エンリコ・フェルミ 122, 125, 134, 400

ヘンリー・フォード 362

ジェイ・フォレスター 333-334, 401

トニー・ブザン 136, 140-141, 403

ロバート・フック...........................108, 397

ニコラ・プッサン 109

プラトン 53, 395

ベンジャミン・フランクリン 110, 177, 180, 187, 189

ロバート・H・フランク 229

J・D・ブランスフォード 19, 38, 404

ジョセフ・プリーストリ 180, 397

エドワード・C・プレスコット 224, 403

レジーナ・ブレット 28-29, 404

オイゲン・ブロイラー 390

プロテスタント 36-37

プロメテウス......................................37

グレゴリー・ベイトソン....277, 279, 281, 291, 300-301, 336-338, 390-391, 401

ジョン・ペリー 208, 404

フリードリヒ・ヘルダーリン 57

ベルナール 109, 396

エレナ・ホグマン・ポーター 399

ジェイムズ・ボズウェル.................27, 397

カール・ポパー 39, 57-60

ジョージ・ポリヤ...................19, 396, 400

ポルピュリオス 140, 396

マイケル・ホワイト ...260, 310, 366, 372-373, 404

ま

ロバート・マートン 112
リチャード・マクフォール 244, 403
ブロニスワフ・マリノフスキー 352, 359, 361, 399
水木しげる 28-29
ヘンリー・ミンツバーグ 378
バーバラ・ミント 86
デニス・メドウズ 326, 403
トマス・モア 53, 397
ハンス・モーゲンソー 37

や

カール・ヤスパース 390

ら

ピーター・ラムス 89, 397
ルセイカー兄弟 390
ライムンドゥス・ルルス 88, 140, 142, 397
バリー・レイモンド 334-335
ベルント・ローバッハ 143, 402
コンラート・ローレンツ 73-74
エベレット・M・ロジャーズ 363, 402
サリヤン・ロス 305, 310

わ

エドワード・ヤング 205, 397

カール・E・ワイク 375, 378
ポール・ワッラウィック 291, 403

《事物関連》

123

100年ルール...24-31
101Creative Problem Solving Techniques ...50, 53
3すくみ 171-172, 174
5分ルール 26, 30

ABC

Cube 357
GPS 54-55, 401
how-how ツリー 82-83
KJ法 145, 158, 159-166
MECE の原則 82, 86, 90, 135
Methode 635 143-148
MRI派 243, 279-280, 301
Panasonic 社 357

Pepper 266
Prolog 266
Swiffer 357
why-why ツリー 82-83

あ

『アーサー王の死』..................................52
アーティファクト 355-356
相手を狂気に追いやる努力 390
『アエネーイス』................................ 228
悪循環ループ 112, 254, 316-317, 322
小豆洗い 308
『頭の使い方がわかる本』.................38, 404
アトランティス 53, 395
油すまし 308
蟻の一穴 351
アルコール中毒 251

アルゴリズム 118-120, 171, 263-268, 395

アルプス山脈 376, 380

安全眼鏡 274-276

イエナ橋の弁護 294

『いかにして問題をとくか』 19, 400

意思決定規則 197-199

イシュー・ツリー 86, 403

『イシュー分析のガイド』................ 402

一反木綿 29

一般問題解決器 54, 401

命の価値 193

『イノベーションの普及』................363, 402

イノベーター理論 363

因果ループ 7-9, 90, 277-278, 298-299, 329, 333-334, 339, 371-374,

因果ループ図 326-340, 400-401, 403

インタビュー 281, 306-308, 310-311, 355-356, 358, 361-362, 401

『失われた地平線』................................400

うつ気分 245, 249-251

ウロボロス 277

影響相対化質問 311-312

『エイサゴーゲー』........................140, 396

エウクレイデス（ユークリッド）の互除法 395

液晶ディスプレイ 79

エスノグラフィー.....352-365, 399, 402, 404

「エソロジーの目的と方法について」..... 402

円環的因果性 7, 9, 278

『オイディプス王』................................395

目標と現状のギャップ 4, 7, 9, 65-66

『オデュッセイア』...........................226, 395

オデュッセウス 226-228

オデュッセウスの鎖... 220-230, 395, 402-403

お山の大将 167-176, 403

オリオン 109

オルドワン石器 394

か

解決志向アプローチ ... 274, 278, 349-350, 373-374

解決ツリー 42-43

解決の木 87

外在化 260, 290, 310-313

花王 364-365

掻きむしり 248

確証バイアス 182-183

拡張循環 328, 332-333, 339-340

学業成績 250

『学問の樹』 142

過剰行動 237

『数の概念について』...................... 5, 398

仮設トイレ 130, 132

仮想的市場評価法....................... 194

課題分析 206

葛藤状況 390

過程決定計画図 210-219

亀山モデル 78-79

枯れた問題解決 108

鑷子転ばし 308

管理図 96-98, 399

記憶障害 388

機会費用 184-194, 399

擬人化 306-307, 310-311

喫煙 127-130, 229, 237-238, 245, 250

キャメロット 50-61, 395-401

キャントリルの階梯 347, 402

ギャンブル 386-388, 392

究極要因 70, 72-73, 75-78

強化／弱化の原理 240-242

競合反応 240

強迫観念 251, 388
巨人の肩の上 108-109, 396-397
銀行倒産 330-333, 339-340
禁酒法 57-60, 399
『クーブラカーン』.............................. 398
スケーリング・クエスチョン 341-351, 402
ぐずぐず主義 204-206, 208
ぐずぐず主義克服シート 202-209, 397, 404
クリスタル・ボール（水晶玉）テクニック 280
グループディスカッション 47
系統学 72, 76
系統進化要因 70, 72-73, 75-79
ケダリオン 109
ケプナー・トリゴーの決定分析 195-201, 401
限界効用 190
限界状況 390
現状分析ツリー 314-325, 404
構造化された先延ばし 208, 404
交通安全 6
交通事故 6, 191, 193-194
行動経済学 190, 201
行動契約 227-229, 402
行動実験 206
行動生態学 72-73, 76
行動デザインシート 231-243, 395, 400
構文解析 263-264, 266-267
効用加算ルール 197, 199-201
『強力伝』.....................257-259, 400
心の代数 180, 182-183, 397
故障木図 84
個人攻撃の罠 311-313
国会図書館サーチ 102-103
困った新人 368-369
コミットメント 48, 253

コレクティブ・ノート 147
コンセプトマップ...................149-158, 402
根本原因 9, 276-278, 312, 316-317, 322, 338, 371

さ

サーキュラーな問題解決 ....7-9, 19-22, 第 II 部
再帰 5, 11, 55, 266
雑草 104-107
佐藤の問題構造図式 62-68
ザナドゥ 53, 398
サンクコスト 190
参与観察 354-355, 359-361, 363, 399
シートベルト 51
至近要因 70-71, 73, 75, 77-78
字句解析 264
思考実験 30, 398
『思考の技術』..............................400
自己成就的予言 112, 371
自己と世界の物語 370
自傷行為 251
システムダイナミクス 333-334, 401
自然主義的誤謬 76
シャープ 78-80, 404
『社会経済論』..............................399
社会的悪循環 242-243
車輪の再発明 111
シャングリラ 53, 400
シャンバラ 52
自由主義のパラドクス 175
住民参加 44
重要成功要因思考..............................335
主観的障害単位 346-347, 402
手段目標分析 55
種痘 398

循環的因果性 336-339

症状処方 384-393, 398, 402

『少女パレアナ（ポリアンナ）』.............. 399

情報貧困者 111-112

『職業としての政治』............................ 399

しらみつぶし探索.................................. 118

人工知能.................55, 119, 266, 401

人生帳簿.............................182-183, 397

診断ツリー 82-83

心配症の椅子 392-393

人文主義的誤謬 76

推論の梯子 283-290, 404

『数学集成』.. 396

『2001年宇宙の旅』.......................... 228

『砂の計算者』.........................133, 395

スローガン 382

成功者の体験談 382-383

生産工程.........................97-100, 323

『生産的思考』.................................... 400

『生、死、永生に関する夜想詩』....204-205, 397

正常性バイアス 39

『精神の生態学』...................... 291, 337, 390

生存バイアス.........................378, 383

性的機能に関する問題 388

制約条件 63-64, 67-68, 196

制約条件の理論.........................323, 404

生理学 71-75, 238-239

セルフモニタリング 244-254

宣言的知識 155

先行子 240

戦時規格 97

全体最適化 323

総当たり攻撃 115

相互依存 323-324

創造性....................... 49, 141, 158, 381, 388

ソールズベリのジョン 109, 396

属性値による排除ルール.........197, 199-200

ソフトバンク社 266, 404

ソロモンの知恵 395

損失回避 190

た

大英博物館アルゴリズム....................... 119

大学進学.................................186, 188

タイムアウト 242

多属性効用理論 197

ダブルバインド 301, 390-391

ダメな計画 379

力まかせ探索.................. 113-121, 398, 401

チック 245, 250, 388

『チャタレイ夫人の恋人』.........172, 175-176

中核問題.........................316-317, 322

チューリング賞 266-268

直線的因果性 7, 278, 338

治療的ダブルバインド 390-391

付喪神 30

釣瓶落とし 308

『ティマイオス』.................................... 395

ティンバーゲンの4つの問い 69-80

テーママップ 103-104

デカルトの4規則.................................. 89

てこの原理 133, 154,

デシジョンエイド.................................. 171

テスト不安 25-26, 30, 393

『哲学原理』.................................88, 397

『哲学探求』.. 300

動学的不整合 224-226, 395, 403

東大紛争 216, 402

動物行動学 73-74, 301

『動物の知能』.. 398
特性要因図 91-100, 399, 401
図書館............. 3-4, 103, 105, 110-111, 395
『トム・ソーヤーの冒険』........ 293, 299, 398
豊川信用金庫事件.................................... 340
トラウマ 296, 372-373
取りつけ騒ぎ 330
トリニティ原爆実験...................134, 400
トロブリアンド諸島.............. 359, 361, 399
ドン・キホーテ 56-57, 397

な

ナラティブ・セラピー 310-311, 370, 372
ナンパに失敗する.................................... 386
ニーバーの祈り 35, 38, 40, 400
ニーバーの仕分け............... 32-40, 400, 404
二重傾聴 366-374
鶏と卵の関係 8
認識論的誤謬 336-337
認知行動療法 27, 181, 206
認知資源 268, 282, 311, 381-382
『ノヴム・オルガヌム』........................... 397
ノキア社 363
ノミナル・グループ・プロセス. 41-49, 403

は

ハイジャック 213-216
白熱電球 116-117, 398
バックトラッキング 265-266
発生学 71-72, 75
発生要因 70-71, 73, 75-76, 78, 80
パニック 330, 339-340, 347, 381
ハノイの塔 54, 398
パレートの法則 100
ハンガリー軍................... 376, 378, 380, 403

反応努力 240
ピアノの台数.................................. 124-127
引きこもり 34-35, 310
非決定性のアルゴリズム.........265-266, 402
非補償型規則.................................. 199-201
肥満 250, 318-322
ヒュームの法則 77
ヒューリスティック.................. 165, 171
ピレネー山脈...................................... 377
ピレネーの地図 375-383
広場恐怖症 250
品質管理 7, 96-100, 219, 401
品質特性 96-97
ファシリテーター.....................................46
フェルミ推定 122-135, 395, 400
フォルト・ツリー解析...........................84
不足行動 231-233, 236-237
不眠 250, 388
フランクリンの功罪表 177-183, 397-398
ブリーフファミリーセラピーセンター..... 279,
403
震えを止める 385
ブレインストーミング 46-47, 147,
ブレインライティング... 46-47, 143-148, 402
ブレインライティング・プール........... 147
プレスター・ジョンの国......................... 53
プレゼンでの失敗.................................. 286
フロイドの解き直し... 262-270, 395, 402-404
プロクター・アンド・ギャンブル（P&G）社.....
357, 404
文化人類学 160, 301, 336, 359-361
文献調査 101-112, 396-397
平衡循環.................................328-329, 332
平静の祈り 35-36
『弁証論的分割法』...........................89, 397

放射線問題 87, 400
『方法序説』............................. 397
方法を生み出す方法 4-5, 7
ホシムクドリ 71-72, 76-77
補償型規則 199-201
ポルピュリオスの樹 140, 396
鴻海精密工業 78, 404

ま

マインドマップ... 136-142, 157-158, 396-397, 403
マタイ効果 111-112
マネジメント 151-153
未来志向 350
未来分析ツリー 324-325
ミラクル・クエスチョン 272-282
無可有郷 53, 396
無限の猿定理 118, 120
『メタロギコン』.......................109, 396
もう１つの物語 368, 372
『物語としての家族』.................310, 404
『問題解決の心理学』...........................257
問題解決のタイムライン..........255-261, 400
『問題の構造学』...........................403
問題の染み込んだ物語 374
問題への相談 305-313, 394, 404

や

有意味受容学習理論 155
『ユートピア』.................................397
ユートピア 39-40, 53, 56-60, 396-397

『ユリシーズ』.............................. 228
よい例外 342, 349-350

ら

羅列思考 67, 334-335, 338
『ランスロまたは荷車の騎士』.............. 396
ランドリーリスト思考 67, 334
リーダー 378
理性と感情 151
理想主義 36-38, 56
リニアな問題解決......... 7-10, 19, 21, 第Ⅰ部
リファレンス・カウンター 103
リフレーミング ...291-304, 394, 398, 401, 403
リベラリスト 38
両価性................................... 390
利用可能性ヒューリスティック 165
『類聚国史』............................... 396
『類人猿の知恵試験』............................. 399
ルーティンワーク 108, 206
ルーラル電子図書館 105
『列王記』............................... 395
ロウソク問題 87, 90
ロジカル・シンキング 84
ロジック・ツリー ...81-90, 123-124, 324, 397, 400, 402-403
『ロビンソン・クルーソー』...........181, 397
『論理学──探求の理論』.....................400

わ

ワークショップ 44, 46, 48
『われわれはいかに考えるか』.............. 399

読書猿

正体不明、博覧強記の読書家。メルマガやブログなどで、ギリシャ哲学から集合論、現代文学からアマチュア科学者教則本、日の当たらない古典から目も当てられない新刊まで紹介している。人を食ったようなペンネームだが、「読書家、読書人を名乗る方々に遠く及ばない浅学の身」ゆえのネーミングとのこと。知性と謙虚さを兼ね備えた在野の賢人。
処女作『アイデア大全』はロングセラーとなっており、主婦から学生、学者まで幅広い層から支持を得ている。

読書猿 Classic: between / beyond readers
http://readingmonkey.blog45.fc2.com/

問題解決大全

2017 年 12 月 1 日　初版発行
2017 年 12 月 24 日　4 刷発行

著　者　読書猿
発行者　太田　宏
発行所　フォレスト出版株式会社
　　　　〒 162-0824　東京都新宿区揚場町 2-18　白宝ビル 5F
　　　　電話　03-5229-5750（営業）
　　　　　　　03-5229-5757（編集）
　　　　URL　http://www.forestpub.co.jp
印刷・製本　中央精版印刷株式会社

©Reading Monkey 2017
ISBN978-4-89451-780-6　Printed in Japan
乱丁・落丁本はお取り替えいたします。

読書猿の処女作にして大好評ロングセラー

アイデア大全
創造力とブレイクスルーを生み出す42のツール

THE IDEA TOOL DICTIONARY

読書猿 =著
DOKUSYOZARU

1700円（税抜）

どんな時でも誰にでも、必ず"！"が降りてくる。

発想法や創造性開発の分野だけでなく、本書では類書が扱う範囲を超え、科学技術、芸術、文学、哲学、心理療法、宗教、呪術など多くの分野を渉猟し、新しい考えを生み出す42の技法をまとめました。
単なるマニュアルには留まらない、眠ってしまった創造力と知的探求心を挑発し、呼び起こす、アイデアの百科事典。

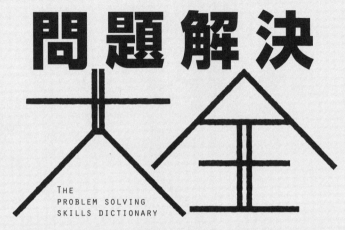

問題解決大全

THE PROBLEM SOLVING SKILLS DICTIONARY

読者限定無料プレゼント

PDFファイル
一目でわかる 問題解決ステージマップ

あなたの問題はどこに潜んでいる？
そして何が必要？
あなたを解決へと導く道標です。

※PDFファイルはHPからダウンロードしていただくものであり、小冊子をお送りするものではありません。
※無料プレゼントのご提供は予告なく終了となる場合がございます。あらかじめご了承ください。

無料プレゼントを入手するには
コチラへアクセスしてください

http://frstp.jp/problem